Kennen wir uns?

AF627168

Timon Krause

Kennen wir uns?

Eine Anleitung zur Menschenkenntnis

Campus Verlag
Frankfurt/New York

»give magic.«

MIX
Papier | Fördert gute Waldnutzung
FSC® C089473

ISBN 978-3-593-51263-1 Print
ISBN 978-3-593-44499-4 E-Book (PDF)
ISBN 978-3-593-44498-7 E-Book (EPUB)
ISBN 978-3-593-51325-6 Audiodownload

Das Werk einschließlich aller seiner Teile ist urheberrechtlich geschützt. Jede Verwertung ist ohne Zustimmung des Verlags unzulässig. Das gilt insbesondere für Vervielfältigungen, Übersetzungen, Mikroverfilmungen und die Einspeicherung und Verarbeitung in elektronischen Systemen. Die Beltz Verlagsgruppe behält sich die Nutzung ihrer Inhalte für Text und Data Mining im Sinne von § 44b UrhG ausdrücklich vor.
Trotz sorgfältiger inhaltlicher Kontrolle übernehmen wir keine Haftung für die Inhalte externer Links. Für den Inhalt der verlinkten Seiten sind ausschließlich deren Betreiber verantwortlich.
Copyright © 2020. Alle Rechte bei Campus Verlag GmbH, Frankfurt am Main.
Umschlaggestaltung: *zeichenpool, München
Umschlagfoto: © Marina Weigl
Satz: DeinSatz Marburg | tn
Druck und Bindung: Beltz Grafische Betriebe GmbH, Bad Langensalza
Beltz Grafische Betriebe ist ein Unternehmen mit finanziellem Klimabeitrag (ID 15985-2104-1001).

Printed in Germany

Campus Verlag® / www.campus.de

Inhalt

Vorwort

Sturzflug von Hamburg nach Auckland

2020, Hamburg, Deutschland

Das Erste, was mir auffällt, sind die Paare. Gegenüber sitzt ein langhaariger Typ, Bart, kariertes Hemd, Arm lässig auf die Lehne des Sofas gelegt, ein Bein seitlich auf die Sitzfläche geworfen. Neben ihm eine junge Frau, ihre Dreadlocks im Pferdeschwanz schimmern im unterbelichteten Raum. Sie hat ihren Körper leicht gedreht, wendet sich ihm zu, Handflächen offen, Hals leicht entblößt. Die Profile der beiden zeichnen sich im starken Kontrast gegen die nackte Wand dahinter ab. Das Gemurmel der anderen Barbesucher und die laute Musik (ich frage den Barkeeper, was das sei – »Dark Jazz« –, der leicht zur Seite gezogene Mundwinkel deutet an, dass ich das doch bitte hätte wissen müssen) verhindern, dass meine neugierigen Ohren am Gespräch gegenüber teilhaben können. Trotzdem würde ich in diesem Moment meine linke Hand darauf verwetten, dass dort ein erstes Date stattfindet, und meine rechte darauf, dass der Abend noch lange nicht gelaufen ist.

Ein Sofa weiter sitzt eine zweite Mann-Frau-Konstellation. Von meinem Aussichtspunkt aus prognostiziere ich den beiden weniger hoffnungsvolle Aussichten. Statt zueinander gewandt blicken sie in dieselbe Richtung, Mimik vergleichsweise starr, sie schaut ab und zu auf ihr Handy, er formt mit seinem Bein (vermutlich unbewusst) eine Grenze zwischen ihnen. Ich würde auch hier auf ein Date tippen (seien wir ehrlich: Das gedimmte Licht in der »Möwe Sturzflug« sowie die gemütlichen Sofas in Kombination mit dem langsamen Dark Jazz bieten sich dafür einfach an), nur stimmt ihre Chemie nicht so ganz. Ich würde ja gerne hingehen und fragen, aber das wäre irgendwie komisch, und außerdem kommt da grade mein Drink: Virgin Strawberry Colada – weil ich keinen Alkohol trinke, aber trotzdem genau weiß, wie man das Leben in vollen Zügen genießt …

»Danke, Vierauge«, sage ich. Henning boxt mir gegen den Oberarm und lässt sich neben mir aufs Sofa fallen. Wir schauen uns in die Augen, stoßen an, trinken, blicken zusammen in den Raum. Henning zeigt mit seinem Strohhalm auf das zweite Pärchen: »Läuft nicht so gut da, oder?«

»Nope«, sage ich, während ich eine Erdbeere vom Rand meines Glases fische. Eigentlich ist Henning der Bandleader meiner Theatershows, weil er sowohl unfassbar gut Piano spielt als auch komponiert – aber außerhalb der Bühne sind wir einfach beste Freunde. Dieses Wochenende haben wir uns zusammen freigenommen.

»Da vorne läuft's wohl«, sagt er, auf Dreadlocks-und-Pferdeschwanz weisend, ihre Hand mittlerweile auf seinem Knie. »Jap«, sage ich und beiße in die Erdbeere. Henning hat eine verdammt gute Beobachtungsgabe für Menschen entwickelt. Wir blicken nach links, noch ein Pärchen, augenscheinlich schon weit am ersten Date vorbei, und dann zum Tisch direkt neben uns, an dem sich grade zwei Typen umständlich umarmen. »Schön, dich kennen zu lernen«, schwappt es rüber. Noch mehr Dates.

»Eigentlich möchte jeder doch nur geliebt werden«, philosophiere ich. Henning schaut mich an. Seine Brille funkelt, ein bisschen gefährlich, ein bisschen weise. Er setzt zu einem Schluck von seiner Colada (nicht Virgin) an, hält inne, lässt seinen Blick erneut durch die Bar schweifen. Dann stellt er sein Glas ab, lehnt sich nach vorne und antwortet: »Nee. Nicht geliebt. Eigentlich möchte jeder bloß *verstanden* werden.«

Und er hat Recht.

2010, Auckland, Neuseeland

Irgendwo zwischen aufgeregt und nervös steige ich aus dem Auto. In meinem Kopf dreht sich immer wieder dieselbe Frage: »Was, wenn der Club das rausfindet?«

»Der Club«, das ist der Waikato Sunrise Rotary Club Hamilton, der mich für mein Austauschjahr in Neuseeland als Gastkind angenommen hat. Wirklich nette Menschen, aber zum Großteil hochchristlich, was zur Folge hat, dass sie von meinen jugendlichen Hypnoseexperimenten nicht allzu begeistert sind. Hypnose, heißt es, komme vom Teufel, und was vom Teufel kommt, wirft bekanntlich (?) kein gutes Licht auf den Club. Es wird bestimmt, dass ich während meines Jahres in Neuseeland keine Hypnose mehr praktizieren darf. Strafe bei Brechen dieser Regel: Mein Auslandsjahr wird abgebrochen und ich verfrüht nach Hause geschickt.

Die Entscheidung war fast einstimmig getroffen worden.

Aber eben nur fast. Maria, eine Buchverlegerin, spricht mich an. Sie ist von meiner Leidenschaft für den menschlichen Geist angetan und findet das Hypnoseverbot sei – Zitat – *complete and utter bullshit.* Maria kennt einen Mentalisten in Auckland, dem sie mich gerne vorstellen möchte. Seit einem gemeinsamen Buchprojekt weiß sie, dass er auch Hypnose lehrt. Seine Spezialität ist allerdings das Handlesen. ›Handlesen?‹, denke ich, ›ist das nicht alles Quatsch? Aber hey, besser als nichts.‹

Maria macht einen Termin aus, an dem wir zusammen nach Auckland fahren. Ich muss ihr versprechen, dass der Club nichts davon erfährt – offiziell zeigt sie mir bloß Neuseelands Hauptstadt.

›Was, wenn der Club das rausfindet?‹, denke ich zum gefühlt hundertsten Mal, als die Autotür ins Schloss fällt. Vor uns erhebt sich ein großes, nein, ein *gigantisches* Haus hinter einem langen Rasen. Mehrere üppige Feijoa-Bäume in voller Blüte säumen den Backsteinweg hinauf zu zwei hölzernen Flügeltüren. Was dieser ominöse Mentalist wohl neben seiner Handleserei betreibt, um sich diese Festung leisten zu können?

Marias Sohn, Alex, drei Jahre jünger als ich, ist auch dabei. Er rennt voraus und ist kurz davor, einen der beiden metallenen Türklopfer zu bedienen, als seine Mutter ihn rufend auf die Klingel weist. Er klopft trotzdem (und wer kann es ihm verdenken? Wer die Wahl zwischen Klingel und Klopfer hat, der sollte stets den Klopfer wählen – für den Stil, für das Feeling und für die Magie, die damit einhergehen).

Hinter dem kleinen Fenster in einer der Türen regt sich etwas. Ich bin gespannt, wie ein echter neuseeländischer Mentalist wohl aussieht. Meine Erfahrung mit lebensechten Mentalisten hält sich bislang in Grenzen, doch aus dem Fernsehen weiß ich, dass sie tunlichst viel

Schwarz tragen sollten, Ketten und Ringe, am besten mit Pentagramm drauf, oder einen gemusterten Anzug, gerne in Kombination mit Fedora und Taschenuhr.

Die Flügeltüren öffnen sich. In einem Spiegel gegenüber dem Eingang reflektiert kurz die Sonne und blendet mich. Gegen das Licht kommt eine schwarze Silhouette auf uns zu. Dann tritt sie aus der Spiegelung: »Hi. I'm Richard. Would you like some tea?« Vor uns steht ein älterer Herr in Kaki-Shorts, einem kurzärmligen, gestreiften Hemd und, Himmel hilf, grünen Crocs.

Wenige Minuten später sitzen wir, flankiert von zwei gewaltigen Bücherschränken, jeder mit einer Tasse Tee in der Hand auf einem Sofa. Richard sitzt uns gegenüber und beobachtet uns. Es ist merkwürdig: Er sollte alt sein, alles Äußere weist darauf hin, doch er wirkt irgendwie jung. Neugierig. Wach.

»Maria sagt, du möchtest Mentalist werden?«, fragt er nach einer Weile.

Im Brustton der Überzeugung, den nur sehr junge und sehr naive Menschen beherrschen, antworte ich wie aus der Pistole geschossen: »Ich *bin* Mentalist.« Richard lächelt sanft – ein echtes, warmes Lächeln, welches ich über die nächsten Jahre mehr und mehr zu schätzen lernen werde.

»Dann weißt du bestimmt auch, was Cold Reading ist?«, fragt er weiter und nimmt einen Schokokeks vom Tisch.

»Klar«, sage ich, »alles Barnum-Statements. Man muss nur vage genug sprechen, und dann kauft einem der Gesprächspartner alles ab.«

Richard setzt an, von seinem Keks abzubeißen, dann hält er inne, hält seine Hand auf und fragt: »Darf ich mal deine Handfläche sehen?« Skeptisch strecke ich ihm meine Hand entgegen. Er studiert eindringlich die Linien. Er dreht und wendet meine Hand in diese, dann in jene Richtung. Er drückt gegen meinen Daumen und tastet das Kissen auf meiner Handfläche ab.

Dann liest er mich. Akkurat. Genau. Zu 100 Prozent korrekt. *Spezifisch.*

»Jetzt ich!«, ruft Alex und streckt Richard begeistert beide Hände entgegen. Das Schauspiel wiederholt sich, erst mit Alex, dann mit Maria. Richard liest souverän unseren Charakter. Ich bin zutiefst verblüfft, auch begeistert, doch am meisten bin ich überrascht. Ist vielleicht doch etwas am Handlesen dran?

Als Maria und Alex sich wenige Zeit später verabschieden, um einen Familienfreund in Auckland zu besuchen, bleibe ich alleine mit Richard zurück. »Are you psychic? Kannst du wirklich aus der Hand lesen?«, frage ich ihn. Er lacht, sanft, schüttelt den Kopf, füllt unsere Tassen wieder auf. »Nein. Auch wenn es so aussieht, als würde ich die Linien deiner Hand lesen, ist eigentlich alles, was ich mache, Cold Reading. Wenn du willst, bringe ich es dir bei.« Ich verschlucke mich fast an meinem Tee, als ich begeistert nicke. Richard lässt seinen Blick durch sein Wohnzimmer schweifen, entlang der Bücherregale, hin zur Tür, beinahe verschwörerisch, als würde er sichergehen wollen, dass uns niemand bespitzelt. Dann stellt er seine Tasse ab, lehnt sich nach vorne, und meine Ausbildung beginnt.

»Lektion eins. Eigentlich möchte jeder bloß verstanden werden.«

Kapitel 1

Was ist Cold Reading – oder: Von Eselsohren und Lachfalten

Herzlich willkommen in *Kennen wir uns?*, meinem buchförmigen Kurs zur intuitiven Menschenkenntnis. Zuallererst: Danke für dein Vertrauen und für die Zeit, die du schon jetzt mit diesem Buch verbringst. Das ist nicht selbstverständlich. Ich verspreche dir im Gegenzug, mein Bestes zu tun, dir mein System der Menschenkenntnis so effektiv wie möglich nahezubringen. Nach dem Lesen von *Kennen wir uns?* sollte es dir möglichst leichtfallen, dich in andere Menschen hineinzuversetzen, sie zu verstehen und (das ist besonders wichtig) ihnen auch das Gefühl geben, dass du sie tatsächlich verstehst. Der Drang, verstanden und gesehen zu werden, ist eine zutiefst menschliche Eigenschaft, die wir alle miteinander teilen. Wer anderen das Gefühl geben kann, sie wirklich verstanden zu haben, dem werden sich privat, im Alltag und im professionellen Bereich ohne viel Aufwand eine Vielzahl neuer Türen öffnen.

Bevor wir in wenigen Seiten damit beginnen, uns umfassend mit den Themen Menschenkenntnis und Cold Reading auseinanderzusetzen, möchte ich dir an dieser Stelle einige Wegweiser für deine Arbeit mit meinem Buch geben. Sieh dieses Kapitel als eine Art Briefing, welches dir eine Übersicht über das, was dich erwartet, verschafft.

Dein(e) Lehrer

Vielleicht hast du eine ungefähre Vorstellung davon, wer hier grade zu dir spricht (oder schreibt). Falls nicht, dann wirf ganz kurz einen Blick aufs Cover – das bin ich. Darunter steht mein Name, Timon Krause (weil man das bei Büchern so macht). Falls du meine Arbeit noch nicht kennst, erlaube mir, mich dir hier kurz vorzustellen: Den Großteil meiner Arbeitszeit verbringe ich als Mentalist auf der Bühne. Ich ziehe mit meiner Show durch verschiedene Theater. Menschen können sich dann Tickets kaufen (ich bin immer wieder dankbar und etwas überrascht, wenn da eine Vielzahl an Leuten sitzt, die an diesem Abend auch etwas anderes hätten tun können) und verbringen dann einen Abend mit mir (und meistens zwei Live-Musikern), während ich die PINs ihrer Bankkarten errate, Freiwillige hypnotisiere und versuche, subtil ihre Handlungen zu beeinflussen. Mir macht das unbeschreiblichen Spaß, dem Publikum hoffentlich auch.

Meinen Weg zum Mentalisten habe ich mit 12 Jahren begonnen, als ich eine Hypnose-Show besuchte und das Gesehene unbedingt selbst lernen wollte. Die meisten Ausbilder befanden mich allerdings für zu jung, um an einem Seminar teilzunehmen. Störrisch wie ich war (bin?), machte ich mich auf, die Kunst der Hypnose auf eigene Faust zu erlernen. Dabei lief einiges sehr gut, einiges sehr schief, und vier Jahre später fand ich mich auf einem Auslandsjahr in Neuseeland mit einem religiös motivierten Hypnoseverbot wieder. Wenn du das Vorwort gelesen hast (ich gestehe zu meiner tiefen Schande, dass ich Vorworte selber häufig überspringe), weißt du, dass ich dort einen Handleser namens Richard Webster kennen lernte.

Richard ist Experte im sogenannten Cold Reading – einer Technik, die oft von Wahrsagern, Handlesern und Astrologen genutzt wird, um es so aussehen zu lassen, als hätten sie tiefe Einblicke in dein Leben und deine Psyche. Ich verbrachte das Jahr in Neuseeland als Lehrling von Richard, der mir die psychologischen Techniken des effektiven Cold Reading beibrachte und mir half, zum Ende meines Aufenthalts im Alter von 16 mein erstes Buch für andere Mentalisten zu veröffentlichen.

Einer meiner Kampfsportlehrer sagte mir einmal, dass du nur dann richtig gut in etwas wirst, wenn du das Mindset eines Anfängers behältst: offen, neugierig, Neues wie ein Schwamm aufsaugend. Sobald du dich als Meister siehst, stehst du still, und Stillstand ist tödlich für jede Entwicklung. Ich handhabe das seitdem genauso und freue mich, immer weiter lernen zu dürfen. Richard sehe ich immer noch als meinen Mentor.

Heute bin ich 25 (bei Erscheinen dieses Buches 26). Nach meiner Rückkehr aus Neuseeland bin ich nach Amsterdam gezogen, habe dort vier Jahre lang Theater studiert und erst einen Bachelor, dann einen Master in Philosophie erworben und weitere Bücher geschrieben und Shows entwickelt. Manchmal trete ich als Speaker auf und lüfte ein wenig den Schleier meiner Mentalistentechniken. Ab und zu mache ich Musik auf einer meiner Handpans. Wenn du mir irgendwo über den Weg läufst, dann stehen die Chancen gut, dass ich grade in einem Café sitze, lese oder schreibe und obszöne Mengen Kaffee zu mir nehme. Einige Künstlerklischees entsprechen eben einfach der Wahrheit.

Dass ich 25 bin, bedeutet, dass ich mehr als die Hälfte meines Lebens damit verbracht habe, mich dem menschlichen Geist und seinen Prinzipien zu widmen. 13 Jahre sind immerhin 13 Jahre. Es bedeutet aber auch, dass es Menschen gibt, die mehr als dreimal so viel Zeit hatten, über eben jene Themen nachzudenken – zum Beispiel Richard Webster.

Manche von ihnen schreiben Bücher oder lehren in Kursen, manche halten sich aber auch eher bedeckt; ein bekanntes und weit verbreitetes Symptom unter Mentalisten. Ich weiß zwar einiges über Cold Reading und Menschenkenntnis, aber noch lange nicht alles (ich glaube und hoffe, dass das für immer so bleibt – wer seine Neugier verliert, steht still). Deshalb ist es mir eine absolute Ehre, in diesem Buch Cold-Reading-Experten aus aller Welt als deine und meine Gastlehrer willkommen heißen zu dürfen. In mehreren Interviews stellen sie ihre eigenen Techniken und Ansätze vor und teilen großzügig ihre besten Tipps und Tricks zur angewandten Menschenkenntnis. Du hast also nicht nur mich als Lehrer, sondern eine Vielzahl noch erfahrenerer Lehrer, die dir ihre persönlichen Erfahrungen mitgeben.

Was ist Cold Reading?

Jetzt aber mal zur Sache! Cold Reading, Cold Reading, Cold Reading – gefühlt tausendmal habe ich das Wort benutzt, dir aber noch keine Definition geliefert. Das hole ich jetzt nach. Cold Reading bedeutet in direkter Übersetzung das »kalte« Lesen einer Person.

Kalt verweist dabei nicht auf etwaige Temperaturverhältnisse, sondern auf das Fehlen vorheriger Informationen. Unter Mentalisten umschreibt »Hot Reading« nämlich das Lesen einer Person mit Vorabinformationen. Diese Informationen können zum Beispiel über Körpersprache, Aussehen oder Reaktionen der zu lesenden Person erlangt werden. Es kann sich dabei aber auch um handfeste Fakten handeln. Weiß ich zum Beispiel, dass mein Gegenüber männlich ist, als Bäcker arbeitet und leidenschaftlich gerne Saxophon spielt, so habe ich beim Lesen dieser Person schon einen Vorsprung. Meine Analyse, oder mein *Reading*, dieser Person ist jetzt warm oder »hot«, weil ich schon etwas über sie weiß.

Der Clou bei den Techniken des Cold Reading ist, dass sie auch dann funktionieren würden, wenn wir überhaupt keinen direkten Kontakt zu der anderen Person hätten. Trotzdem ist das gegebene Reading akkurat. Das funktioniert, weil wir beim Cold Reading auf universelle menschliche Erfahrungen zurückgreifen, die wir alle miteinander teilen. Die angewandten Prinzipien liefern uns Menschenkenntnis in seiner reinsten Form. Keine Sorge, wenn das jetzt erstmal verwirrend klingt. Wie solche Techniken genau aussehen und funktionieren, besprechen wir in den nächsten Kapiteln.

Kann jeder Cold Reading lernen?

Das Schöne am Cold Reading ist, dass es in seiner reinsten Form sehr einfach zu lernen und anzuwenden ist. Die einfachsten Techniken verlangen nichts weiter als, verzeih, stumpfes Auswendiglernen (keine Sorge, ich helfe dir dabei, und *so* stumpf wird es nicht) und erzielen trotzdem schon einen großen Effekt beim Gegenüber. Darüber hinaus gibt es vielseitige Anwendungsmöglichkeiten und Chancen, die Basistechniken des Cold Reading auszuweiten und noch wirkungsvoller zu machen. Es kann also jeder Mensch Cold Reading lernen: garantiert und zu 100 Prozent.

Wieso sollte ich überhaupt Cold Reading lernen?

Gute Frage! Die Vorteile des Cold Reading sind äußerst vielfältig. Im Grunde bietet dir das Cold Reading die Möglichkeit, jederzeit und überall sofort mit deinen Mitmenschen auf eine Wellenlänge zu kommen. Cold Reading lehrt dich zum einen zu verstehen, was in deinen Mitmenschen vorgeht, und zum anderen, wie du deinen Mitmenschen auch *zeigst*, dass du sie verstehst. In einer Zeit, in der sich viele von uns trotz der immer stärkeren Verbindung über Social Media stets isolierter fühlen, wird es ungemein wertgeschätzt, wenn du deinem Gegenüber das Gefühl geben kannst, es wirklich und innig verstanden zu haben.

Cold Reading hilft dir sowohl im privaten als auch im beruflichen Umfeld. Wir alle möchten uns instinktiv mit Menschen umgeben, die ein bisschen wie wir selbst ticken. Die Menschen, die uns verstehen, sind meistens die, die ähnlich denken wie wir. Wenn du lernst, deine Mitmenschen authentisch zu verstehen, dann wird man wiederholt deine Nähe suchen. Die Vorteile der hier beschriebenen Cold-Reading-Techniken erstrecken sich also vom mühelosen Knüpfen neuer Freundschaften bis zum reibungslosen Beginn geschäftlicher Beziehungen (manchmal wird Cold Reading sogar im Polizeiverhör benutzt, um schnell und effizient die Tür zum Vertrauen des Verdächtigen zu öffnen. Später im Buch treffen wir einen Experten, der regelmäßig der Polizei und dem FBI Kurse in dieser Technik gibt).

Je intensiver du dich mit dem Cold Reading beschäftigst, desto besser werden deine Menschenkenntnis sowie deine zwischenmenschlichen Fähigkeiten werden. Wie die anderen Mentalistentechniken (zum Beispiel das Lernen von Hypnose) lehrt dich Cold Reading obendrein viel über dich selbst und dein eigenes Innenleben. Die Erkenntnisse, die du über andere gewinnst, kannst du immer auch auf dich selbst beziehen.

Was ich dir beibringe (und in welcher Reihenfolge)

In *Kennen wir uns?* zeige ich dir die Basis des Cold Reading, meine Variationen dieser psychologischen Technik und wie ich diese Kommunikationstaktik in den Alltag einbinde, um elegant zwischenmenschliche Türen zu öffnen. Ich werde dir dabei helfen, sogar fortgeschrittene Techniken des Cold Reading in so kurzer Zeit wie möglich zu meistern. Obwohl Cold Reading an sich sehr praxisbezogen ist, ist es manchmal nötig, dass wir uns eine Weile mit Psychologie und der Theorie hinter den verschiedenen Techniken beschäftigen. Mein persönliches Ziel ist es, dir nicht nur zu zeigen, dass Cold Reading funktioniert, sondern auch wie und warum es funktioniert. So erlangst du ein tieferes und intuitives Verständnis der Technik und kannst sie mit größtmöglicher Flexibilität nutzen. Von Zeit zu Zeit gebe ich dir Praxisübungen und lade dich ein, das Gelernte direkt auszuprobieren. Über diese Übungen wirst du zu eigenen Einsichten finden und erkennen, was für dich besonders gut funktioniert.

Außerdem werde ich dir einige Randgebiete des Cold Reading zeigen, insbesondere wie du diese Techniken nutzt, um dich selbst zu lesen. Es geht dabei um Selbsterkenntnis und Selbstreflexion. Du wirst Übungen kennen lernen, mit denen du dein eigenes Unterbewusstsein entschlüsseln kannst, um interne Konflikte zu lösen.

Die vollständige Quellenangabe zu allen wissenschaftlichen Untersuchungen, auf die ich in *Kennen wir uns?* verweise, findest du am Ende dieses Buches.

Wie du das meiste aus diesem Buch rausholst

Du könntest dieses Buch einfach lesen, schließen und seinen Inhalt dann wieder vergessen. Du könntest es auch als Türstopper benutzen oder um deinen wackligen Tisch zu stabilisieren. Das wäre, meiner Ansicht nach, alles sehr schade. Dieses Buch ist, wie schon mein erstes Buch, als Gebrauchsgegenstand gedacht. Mach dir Notizen, klebe kleine Zettelchen rein, nimm es mit auf Reisen, gib ihm Eselsohren

(Eselsohren an Büchern sind wie Lachfalten bei Menschen), mal einen Schnurrbart auf mein Gesicht. Aber vor allem: Probiere das, was du lernst, aktiv aus! Mentalismus und Cold Reading sind keine exakten Wissenschaften. Manchmal funktioniert eine Sache für mich gut, die für andere gar nicht funktioniert, oder umgekehrt. Teste die hier gezeigten Techniken in deinem Umfeld, im Alltag und im Beruf. Wenn du dich traust, dann spring direkt ins kalte Wasser. Du wirst dich vielleicht selbst damit überraschen, wie gut Cold Reading für dich funktioniert und wie schnell sich deine Menschenkenntnis verbessert. Wenn du es lieber langsam angehen möchtest, dann lass mich dich Schritt für Schritt in die Praxis leiten. Egal, ob du direkt reinspringst oder lieber langsam immer weiterpaddeln möchtest: Verlass dich nicht nur auf mich, sondern probiere es immer selbst.

Und jetzt, wo wir uns ein kleines bisschen kennen: Vorhang auf für *Kennen wir uns?*!

Kapitel 2

Die Psychologie des Wahrsagens – oder: Von Möpsen und Dinosauriern

Der Geruch gebrannter Mandeln liegt in der Luft, Kinder rennen lachend mit Zuckerwatte durch die Gegend (und, zack, legen sich hin – irgendwo lacht eine böse Seele), vor dir erhebt sich ein bunt gestreiftes Zelt in schwindelerregende Höhen: Der Zirkus ist in der Stadt. Die Massen strömen zum baldigen Showanfang in das Hauptzelt (sie erinnern dich an eine Armee popcornknabbernder Lemminge), doch dein Blick wird von einem bescheidenen Schild neben einem unauffälligen Zelt am Rande des Zirkusplatzes angezogen. Während du nonchalant pfeifend hinüberspazierst, liest du die geschwungenen Buchstaben auf dem Schild davor: »Der Krause – Wahrsager – Liest deinen Charakter – 100 % akkurat – 50 cent«

Du greifst in deine Tasche und, oh Wunder, findest eine 50-Cent-Münze. Schicksal? Zufall? Wie dem auch sei, ziehst du die Klappe am Eingang des Zeltes zur Seite, duckst dich hinein — und findest dich im Reich des Wahrsagers wieder. Dir gegenüber sitzt ein (auffallend gutaussehender) junger Mann. Gekleidet ist er ganz in Schwarz, um seinen Hals hängt eine Mala, an seinen Händen glänzen zahlreiche Ringe, die meisten davon zeigen das Pentagramm. »Sei gegrüßt, Wanderer, lass mich dir dein Schicksal offenba…«, beginnt er, doch in diesem Moment schlägt dir die geballte Ladung der zwanzig im Raum verteilten Räucherstäbchen entgegen (du meinst noch zu erkennen, dass es sich um den Geruch von Magnolia und Sandelholz handelt), und du bekommst einen sofortigen, kettenraucher-gleichen Hustenanfall.

Der Wahrsager seufzt. Er zieht sich seinen Turban vom Kopf, deutet auf vier auf dem Tisch liegende Tierbildchen und setzt neu an: »Scheiß drauf, ist ja auch egal. Such dir halt einfach das Tier aus, mit dem du dich am meisten identifizierst, und ich sag' dir, wie du tickst. Bist du ein Mops, ein Dinosaurier, eine Schildkröte oder ein Murmeltier?«

Und du, der du dich jetzt in einem Wahrsagerzelt irgendwo am Rande der Welt befindest, aber ja auch zugleich irgendwie dieses Buch liest, darfst dir unten *eine* der vier kurzen Charakteranalysen durchlesen. Entscheide dich, ob du dich in diesem Moment am ehesten mit einem Mops, mit einer Schildkröte, mit einem Dinosaurier oder mit einem Murmeltier identifizierst, und lies dir den kurzen Text darunter mit einem offenen Mindset durch. Überspringe für den Moment die anderen drei Analysen, du kannst sie dir später noch anschauen.

Sobald du deine persönliche Analyse gelesen hast, geht es unten, hinter der vierten Analyse, für dich weiter.

TYP »MOPS«

Du bist auf deine Erfolge stolz und zeigst das auch. Ab und an kann das falsch bei anderen Leuten rüberkommen. Dabei bist du dein eigener größter Kritiker und erwartest vergleichsweise viel von dir selbst. Du versuchst, dich jeden Tag zu entwickeln und zu verbessern. Weil du weißt, dass du nicht perfekt bist, tust du dein Bestes, um deine Schwächen auszugleichen. Kompliment! Manchmal fühlst du dich aber trotzdem, als würden die Leute um dich herum nicht erkennen, wie viel Mühe du dir gibst.

TYP »SCHILDKRÖTE«

Noch hast du nicht all deine Fähigkeiten und Talente zur vollen Blüte gebracht. Du neigst dazu, so sehr über das Hier und Jetzt nachzudenken, dass du vergisst, wie viel da eigentlich noch in dir steckt! Deine Freunde sind manchmal frustriert, weil sie dein Potenzial viel stärker erkennen als du selbst. Das liegt vielleicht daran, dass es dir manchmal schwerfällt, wichtige Entscheidungen schnell zu treffen. Vielleicht weil du das Gefühl hast, in der Vergangenheit hier und da die falsche Entscheidung getroffen zu haben? Deine Freunde sehen in dir eine Schulter zum Anlehnen, manchmal wünschst du dir aber, dich auch selber mal an eine Schulter lehnen zu können. Deine eigenen Gefühle kommen nicht immer zum Zuge, weil du zu sehr damit beschäftigt bist, für deine Lieben da zu sein.

TYP »DINOSAURIER«

Du bist schon immer ein bisschen unkonventionell gewesen, manchmal sogar auf eine Art, die Leute um dich herum nicht sofort erkannt haben. Deine persönliche Freiheit ist dir extrem wichtig. Du kannst es nicht haben, wenn man dir sagt, was du tun sollst. Deine unabhängige Denke lässt dich manchmal stur erscheinen, dabei ist es dir einfach wichtig zu wissen, was wirklich Sache ist (auch, wenn du damit hier und da in unangenehme Situationen gerätst). Du hast gelernt, dass es nicht immer eine gute Idee ist, dich neuen Menschen gegenüber zu offen zu zeigen. In der Vergangenheit hast du es schonmal bereut, Menschen zu schnell in den engen Kreis deines Vertrauens zu lassen.

TYP »MURMELTIER«

Deine Freunde schätzen dich für deine Unabhängigkeit. Du lässt diese Unabhängigkeit allerdings nie zwischen dich und deine Lieben kommen! Obwohl du dir selbst stets hohe Ziele steckst, hast du gemerkt, dass deine Freunde und Familie manchmal einfach Priorität haben müssen. Trotz deiner unabhängigen Natur hast du private und berufliche Stabilität im eigenen Leben schätzen gelernt.

Du trägst eine leidenschaftliche Ader in dir. Dennoch fällt es dir manchmal schwer, deine Emotionen richtig zum Ausdruck zu bringen. Dein Bedürfnis, begehrt und geliebt zu werden, hat manchmal die falsche Person in dein (Liebes-)Leben gebracht.

HIER GEHT ES WEITER! Hast du dir die Analyse zu deinem Typen durchgelesen? Es handelt sich hierbei natürlich nur um eine grobe Skizzierung einiger weniger deiner Charaktereigenschaften. Du darfst dir jetzt mental eine Notiz davon machen, wie passend du die Analyse auf einer Skala von 0 bis 5 findest. Eine 0 bedeutet dabei »gar nicht zutreffend«, und eine 5 bedeutet »trifft voll zu«.

Als du das Zelt wieder verlässt, räuspert sich hinter dir der vermeintliche Wahrsager.

»Das macht dann 50 Cent …«

Im Klassenzimmer mit Dr. Bertram Forer

Hättest du 1948 in der Los Angeles Veteran's Administration, einer Klinik für US-amerikanische Veteranen, studiert, dann hättest du dich für das einleitende Psychologieseminar von Dr. Bertram Forer (1914 bis 2000) einschreiben können. Als Student in Forers Seminar hättest du deinen Professor irgendwann, ganz beiläufig, den »Diagnostic Interest Blank Test« erwähnen hören: einen psychologischen Test, der es erlaubt, über eine Reihe von Fragen die charakterlichen Dynamiken des Testsubjekts detailliert und akkurat zu bestimmen. Vielleicht hättest du, wie viele andere Studenten damals auch, darum gebeten, dass Dr. Forer den Diagnostic Interest Blank Test bei dir abnimmt. In der nächsten Woche hätten du und deine Mitstudenten jeder ein individuelles D. I. B.-Formular bekommen. Ihr würdet die darauf gestellten Fragen nach bestem Wissen und Gewissen beantworten und eine weitere Woche auf die Ergebnisse warten. Seinem Versprechen treu bleibend würde Dr. Forer dir und deinen 38 Klassenkameraden dann während des nächsten Unterrichts jeweils eine kurze, persönliche Charakteranalyse von ungefähr einer DIN-A4-Seite aushändigen.

Ihr würdet euch im Stillen eure jeweilige Analyse durchlesen. Dr. Forer würde euch danach bitten, auf einer Skala von 0 (sehr schlecht) bis 5 (perfekt) zweierlei zu bewerten: erstens, wie effektiv der D. I. B.-Test eurer Meinung nach darin ist, Charakteranalysen *generell* zu erstellen und zweitens, inwiefern die vorliegende Analyse euren *eigenen* Charakter beschreibt. Eure Tests würden wieder eingesammelt werden, und Forer bäte euch darum, die Hand zu heben, wenn ihr den Test als akkurat empfandet. Beinahe alle Hände würden in die Luft schießen.

Erst dann offenbart euch Dr. Forer, was du jetzt, beim Lesen dieses Buches, vielleicht schon ahnst: Ihr alle habt genau *dieselbe* Analyse bekommen. Herzlich willkommen zum Forer-Effekt.

Der Forer-Effekt und Barnum-Statements

Der Forer-Effekt beschreibt unsere Neigung, allgemeingültige oder hinreichend vage Statements so zu interpretieren, dass sie als passend wahrgenommen werden. Falls du auf der nächsten Party angeben willst: Der Fachbegriff für den Forer-Effekt ist »Täuschung durch persönliche Validierung« (aber keiner mag Angeber).

Natürlich hieß dieser Effekt zu Dr. Bertram Forers Zeiten noch nicht Forer-Effekt. Er wurde ja schließlich, du ahnst es, nach der Veröffentlichung einer Studie von Bertram Forer in 1949 (ein Jahr nach seiner erstmaligen, obig beschriebenen Ausführung) nach ihm benannt.

Dabei war Forer gar nicht der Erste, der ein Experiment in dieser Richtung ausführte: 1947, ein Jahr vor Forers mittlerweile als Klassiker der Psychologie bekanntem Experiment, bat ein gewisser Ross Stagner eine Reihe Personalmanager darum, einen vermeintlichen Persönlichkeitstest auszufüllen. Auch in Stagners Experiment hatten die ausgehändigten Resultate nichts mit dem Test zu tun, sondern basierten auf rein zufällig ausgewählten Horoskopen. Stagner führte sein Experiment zwar vor Forer aus, veröffentlichte seine Studie allerdings erst 1958. Der Vollständigkeit halber soll er natürlich dennoch nicht unerwähnt bleiben. Wie sagt man so schön? Der frühe Vogel fängt den Wurm, aber die zweite Maus kriegt den Käse (und bei genauerem Hinsehen passt keines dieser beiden Sprichwörter hier zu 100 Prozent, aber du weißt ja, wie ich's meine).

Forer selbst war als ehemaliger Soldat von den zahlreichen damals im Militär durchgeführten Persönlichkeitstests zu seinem Experiment inspiriert. Er fragte sich, ob diese Tests tatsächlich genaue Analysen lieferten oder ob sie eher vage und willkürliche Ergebnisse hervorbrachten. Letzteres war (und ist noch immer bei den meisten modernen Persönlichkeitstests) der Fall.

Eine weitere bekannte, wenn auch ungleich düsterere, Version des Forer-Experiments führte der französische Psychologe Michel Gauquelin 1968 durch. Seine Versuchspersonen bekamen ein »persönliches« astrologisches Horoskop und wurden gebeten zu bewerten, ob jenes Horoskop auf sie zuträfe. 94 Prozent der 150 teilnehmenden Personen bejahten dies. Tatsächlich bekamen die Versuchspersonen allerdings jeweils ein Horoskop, das auf Basis der Geburtsdaten des Serienmörders Marcel Petiot erstellt wurde. Makaber? Vielleicht. Auch ein bisschen witzig? Auf jeden Fall.

Neben dem Namen »Forer-Effekt« wird dieses Phänomen der Psychologie oft auch als »Barnum-Effekt« bezeichnet. Dabei handelt es sich um eine Hommage an den Zirkusbesitzer P. T. Barnum, der seinen Zirkus sowie sein Museum damit bewarb, dass immer für jeden etwas dabei sei. Eben genauso, wie bei Forers angeblichen Charakteranalysen immer für jeden etwas dabei war. Ich benutze selbst meist »Forer-Effekt«, wenn ich vom Phänomen selbst rede, und den Ausdruck »Barnum-Statements«, wenn ich auf die spezifischen horoskop-ähnlich konstruierten Aussagen verweise, welche sich auf den Forer-Effekt verlassen.

Der MSDMT

Die »individuelle Persönlichkeitsskizze«, die Dr. Forer seinen Studenten 1948 präsentierte, bestand aus 13 weitgehend allgemeingültigen Charakterzügen, welche in den meisten Fällen auf uns alle zutreffen. Und was nicht passt, wird passend gemacht. Wie bereits erwähnt umschreibt der Forer-Effekt den Prozess, durch den unser Hirn vage Aussagen zu unserer Person so interpretiert, dass sie als auf uns persönlich zutreffend erscheinen. Wieso genau das so ist, erkläre ich dir in Kürze, zum Großteil hat das aber mit dem Streben nach persönlichem Prestige (will sagen: Wir wollen gut dastehen. Viele Barnum-Statements verlassen sich deshalb auf schmeichelhafte Aussagen) und der Musterfindungsfähigkeit unseres Geistes zu tun. Außerdem greifen einige der Barnum-Statements auf tatsächlich universale menschliche Erfahrungswerte zurück. Denn es gibt innere Erfahrungen, die wir alle, *jeder Mensch*, miteinander teilen (dazu in Kapitel 3 und 4 mehr).

Für den Moment möchte ich mit dir dein Testresultat für den MSDMT besprechen. MSDMT steht kurz für Mops-Schildkröte-Dinosaurier-Murmeltier-Test. Du hast diesen kleinen Selbsttest am Anfang dieses Kapitels gemacht. Hast du deine mentale Notiz noch und erinnerst dich, als wie treffend du die Beschreibung deines Charakters fandst? Im besten Fall hast du dem Test eine Bewertung von 4 oder 5 gegeben. Forers ursprüngliche Beschreibung bekam eine durchschnittliche Genauigkeitsbewertung von ungefähr 4,3 auf 39 Studenten verteilt. Nur fünf der Studenten gaben ihrer Beschreibung eine Wertung unter 4.

Vermutlich hast du mittlerweile schon durchschaut, dass es sich beim MSDMT um eine Variation des Forer-Experiments handelt. Tatsächlich habe ich für diesen Test schlicht Forers ursprüngliche 13 Aussagen genommen, sie neu formuliert und etwas ausgeweitet, sie danach in vier Gruppen aufgeteilt und vier zufällige Tiere darübergeschrieben (zugegeben, die Tiere waren nicht ganz zufällig gewählt: Möpse sind, wie schon Loriot wusste, unfassbar süß, meine Familie hat eine Schildkröte, die älter ist als mein Vater, ich *liebe* Dinosaurier und auf unserem WG-Balkon steht eine hölzerne Murmeltier-Figur mit einer langen Geschichte und einem dunklen Geheimnis).

Welches Tier du ausgewählt hast, hatte also absolut nichts mit der Persönlichkeitsbeschreibung zu tun, die du letzten Endes gelesen hast. Du hättest dich mit jeder der anderen drei Beschreibungen vermutlich genauso leicht identifizieren können. Wenn du magst, ist jetzt ein guter Moment, um noch einmal zurückzublättern und dir die Beschreibung unter den anderen drei Tieren durchzulesen. Lies die Beschreibungen wieder mit einem offenen Mindset, und sei ehrlich zu dir selbst. Wahrscheinlich wirst du merken, dass jede der vier Beschreibungen gleich gut zu dir gepasst hätte.

Forers 13 Statements

Bei den Beschreibungen im obigen Selbsttest handelt es sich, wie bereits erwähnt, um etwas detailliertere Versionen von Forers ursprünglichen 13 Statements. Was folgt, sind Forers ursprüngliche Statements. Die Studenten in Dr. Forers Psychologieseminar bekamen also alle exakt diese Beschreibung, nachdem sie den angeblichen Diagnostic Interest Blank Test ausgefüllt hatten.

FORERS 13 STATEMENTS

1. Du bist auf die Zuneigung und Bewunderung anderer angewiesen.
2. Du hast eine Neigung zur Selbstkritik.
3. Du hast beträchtliche Fähigkeiten, die du noch nicht zu deinem Vorteil nutzt.
4. Deine Persönlichkeit weist einige Schwächen auf, die du aber allgemein auszugleichen weißt.
5. Deine sexuelle Entwicklung hat dir Schwierigkeiten bereitet.
6. Nach außen hin bist du diszipliniert und kontrolliert, innerlich neigst du dazu, dich besorgt und unsicher zu fühlen.
7. Manchmal zweifelst du stark an der Richtigkeit deines Tuns und an deinen Entscheidungen.
8. Du bevorzugst ein gewisses Maß an Abwechslung und Veränderung und bist unzufrieden, wenn dich Regeln und Verbote einengen.
9. Du bist stolz auf dein unabhängiges Denken und nimmst die Aussagen anderer nicht ohne Beweis hin.
10. Du hast die Erfahrung gemacht, dass es unklug sein kann, dich anderen allzu bereitwillig zu öffnen.
11. Manchmal verhältst du dich extrovertiert, redselig und aufgeschlossen, dann wieder introvertiert, auf der Hut und zurückhaltend.
12. Einige deiner Hoffnungen sind ziemlich unrealistisch.
13. Sicherheit ist eines deiner größten Ziele im Leben.

Was meinst du? Hätte dich Forers Analyse überzeugt? Als ich erstmalig von diesem Experiment hörte, war meine erste Reaktion, dass mich diese vage Beschreibung niemals überzeugt hätte. Dabei vergaß ich aber dreierlei: Erstens las ich die Umschreibung schon mit dem Hintergrundwissen, dass es sich dabei um allgemein gültige Statements mit wenig Details handelte. Zweitens hatten Forers Studenten zuvor einen angeblichen Charaktertest ausgefüllt und waren der Ansicht, dass es sich bei ihrer Beschreibung um einen speziell auf sie persönlich zuggeschnittenen Text handelte. Drittens war Dr. Forer als Professor der Klasse natürlich eine Autoritätsperson. Was er seinen Studenten erzählte, wurde aufgrund des Kontexts mit viel weniger Skepsis betrachtet, als wenn einfach »irgendwer« daherkäme und jemandem diese vage Charakterbeschreibung als individuelle Umschreibung präsentieren wollen würde.

Vor diesem Hintergrund fällt es leicht zu sehen, wieso Forers Studenten – und die vielen Versuchspersonen in vergleichbaren Tests seit der Veröffentlichung von Forers ursprünglicher Studie – die Testergebnisse für präzise und persönlich passend befanden. Trotz meines Vorwissens musste ich selbst ziemlich schnell feststellen, dass ich nicht gegen den Forer-Effekt gewappnet war und ihn bei Weitem noch nicht ganz verstanden hatte.

Was in meiner Hand geschrieben stand

Als ich Richard Webster, dem neuseeländischen Mentalisten und meinem späteren Mentor, erstmalig begegnete, las er sowohl meine Hand als auch die von meiner Gastmutter Maria und ihrem Sohn Alex. Vielleicht erinnerst du dich noch aus dem Vorwort an die Geschichte. Ich hatte dir versprochen, dir zu offenbaren, was Richard damals in meiner Hand las. Eigentlich weißt du es schon. Richard nutzte für jeden von uns einige wenige der klassischen Barnum-Statements und formulierte sie so um, dass jeder von uns ein unterschiedliches fünfminütiges Reading bekam. Statt uns einen Charaktertest ausfüllen zu lassen, begründete er seine vermeintlich spontanen Erkenntnisse über die Kreuzung von Schicksals- und Herzlinie, die Schwingung meiner Kopflinie und meine auffällig stark ausgeprägten Liebeslinien – oder so ähnlich. Tatsächlich handelte es sich dabei um eine elegante Performance, die es bloß so aussehen ließ, als läse Richard all das, was er sagte, aus unseren Händen. Richard ist ein Meister darin, die unterliegende Message eines einzigen Barnum-Statements zu nehmen und über mehrere Minuten auszudehnen.

Obwohl es in der Populärliteratur oft so dargestellt wird, erstreckt sich das technische Repertoire der vermeintlichen Wahrsager übrigens weit über die geschickte Anwendung von Barnum-Statements hinaus. So wendet auch Richard dank seiner jahrzehntelangen Erfahrungen noch eine Anzahl anderer Techniken an, um sich effizient in seinen Gesprächspartner hineinzuversetzen und ihn zu lesen.

HANDLESEN IN 4 EINFACHEN SCHRITTEN

Schritt 1: Schau möglichst mysteriös in die Hand deines Gegenübers.

Schritt 2: Zeige auf eine der Linien und tu so als wärst du leicht besorgt. »Oh ... deine Lebenslinie ist verblüffend kurz.«

Schritt 3: Folge mit einem vagen, aber inspirierenden Zitat, zum Beispiel: »Nur du allein kannst es schaffen, aber du schaffst es nicht allein.«[1]

Schritt 4: Behalte möglichst dein Pokerface.

Weder Richard noch ich glauben an Handlesen als System an sich. Richard beschreibt Handlesen als eine Art Spiel, welches es ihm und vielen anderen ermöglicht, mit dem Gegenüber über seinen Charakter zu sprechen und darüber zu reflektieren.

Warum Dr. Forer auch Wahrsager war

Um das, was Bertram Forer 1948 wissenschaftlich belegte, wussten Wahrsager auf der ganzen Welt schon lange Zeit vor ihm. Dabei spreche ich nicht nur von der Effektivität von Barnum-Statements, sondern vor allem von den vier wichtigen Ecksteinen, um dem Gegenüber ein überzeugendes Reading zu geben. Wenn du jemals im echten Leben einen Wahrsager besucht hast, dann erkennst du vielleicht einige oder alle dieser vier Ecksteine wieder. Ein erfolgreicher Wahrsager benötigt:

1. Autorität,
2. Orakel,
3. Performance,
4. das richtige Feedback.

1 Danke, Yogi Tea.

Mit *Autorität* ist in diesem Fall nicht gemeint, dass es sich beim Wahrsager um eine dominante, laute oder anderweitig klassisch autoritäre Figur handeln muss. Vielmehr geht es darum, dass der Wahrsager oder die Wahrsagerin vom Kunden als Autorität oder Expertin auf seinem oder ihrem Gebiet angesehen wird. Meistens ist das schon von vornherein gegeben: Der Kunde würde nicht spezifisch diese Person aufsuchen, wäre er nicht davon überzeugt, dass es sich um jemanden mit Expertenwissen handelt. Diese Art von Autorität sorgt dafür, dass das Gesagte schneller die Schwelle kritischen Denkens beim Kunden überwindet.

Jeder Wahrsager braucht außerdem ein *Orakel*, sozusagen die Quelle, aus der das »mystische« Wissen hervorgeht. Ein Orakel kann viele Formen haben: Tarotkarten, die klassische Kristallkugel, die Geister der Toten. Im Mittelalter fand sogar das Vorhersagen der Zukunft durch das Lesen der Löcher im Käse großen Anklang (es sei allerdings erwähnt, dass der griechische Hellseher Artemidorus das Wahrsagen mit Käse als nicht zuverlässig empfand und dieses mit in seine Liste der »falschen Orakel« aufnahm. Artemidorus zufolge war das Lesen der Leber ein viel präziseres Orakel …). Das Orakel ist aus drei Gründen wichtig. Erstens gibt es dem Kunden eine Begründung, an die geglaubt werden kann. Statt sich auf den Wahrsager (der ja auch nur Mensch ist) zu verlassen, kann der Kunde an die mystische Kraft der Tarotkarten glauben – oder an die Weisheit der Engelbegleiter, je nachdem was gerade *in* ist. Zweitens erlaubt die Nutzung eines Orakels es dem Wahrsager, eventuelle Patzer elegant abzutun. Wenn in einem Reading ein Fehler unterläuft, liegt das nicht etwa daran, dass die Methode nicht funktioniert, sondern daran, dass die Ergebnisse falsch gedeutet wurden. Das Orakel bleibt unantastbar, und der Kunde glaubt trotz Fehltritt weiter daran.

Drittens kommt es auf die richtige *Performance* an. Es muss auf den Kunden wirken, als würde sich das Medium große Mühe geben, um die Antworten aus dem Jenseits zu liefern. Große (scheinbare) Mühen deuten darauf, dass da »wirklich« etwas passiert. Warum sonst würde das Medium sich so schwertun? Die Performance verkauft dem Kunden den gesamten Ablauf des Wahrsagens als echt.

Zu guter Letzt muss das richtige verbale *Feedback* an das Gegenüber geliefert werden. Eine der effektivsten Formen dieses Feedbacks sind, wie wir bereits gesehen haben, Aussagen in der Form von Barnum-Statements. Mit der richtigen Formulierung kann so immer ein Volltreffer gelandet werden.

Ich möchte an dieser Stelle übrigens nicht behaupten, dass alle Wahrsager und Wahrsagerinnen bewusst Barnum-Statements nutzen, um ihre Kunden zu betrügen. Tatsächlich gibt es Fälle, in denen praktizierende Wahrsager erst im Nachhinein realisierten, dass sie sich intuitiv Techniken des Cold Reading angeeignet hatten. Dieses Phänomen nennt sich *Transcendental Choice*, zu Deutsch: die »transzendentale Entscheidung«, also die unbewusste Entscheidung zu glauben, man habe selbst übernatürliche Fähigkeiten, statt zu erkennen, dass es sich möglicherweise um sehr stark ausgeprägte (aber natürliche) Menschenkenntnis handelt. Das Phänomen der transzendentalen Wahl ist nicht selten. Es ist einfach sehr verführerisch, sich selbst glauben zu lassen, man habe paranormale Talente. Das ehemalige Medium Karla McLaren berichtet zum Beispiel davon, wie sie sich sozusagen »aus Versehen« selbst beibrachte, ihren Kunden in Fragen gepackte Barnum-Statements zu präsentieren. In Kombination mit ihrer natürlichen Beobachtungsgabe erweckte sie so den Eindruck übernatürlicher Talente, ohne es selber zu wissen. Nach ihrer Einsicht schwenkte sie um, mittlerweile leitet sie auf Sozialwissenschaft basierte Kurse zu Empathie und emotionaler Intelligenz.

Was hast das jetzt alles mit Dr. Forers Experiment zu tun? Nun, wenn du genau hinschaust, dann siehst du, dass Forers Versuch ziemlich genau die uralte Struktur der erfolgreichsten Wahrsager widerspiegelt. Dabei hat Forer als Professor die nötige Autorität, um das Feedback zu verabreichen. Sein modernes Orakel ist der erfundene D. I. B.-Test, den er seinen Studenten als authentischen Persönlichkeitstest präsentiert. Die Performance ist sowohl das Ausfüllen des Tests als auch die Tatsache, dass die Studenten eine Woche auf die Ergebnisse warten müssen, da Forer angeblich erst jedes einzelne Formular auswertet. Die richtige Art Feedback kommt in der Form von 13 puren Barnum-Statements. Forer würde mir wahrscheinlich zustimmen: Auf eine Art war er ein moderner Wahrsager.

Ich erkläre dir diese Struktur, damit du den Forer-Effekt eingehend verstehen lernst. Vielleicht klingt das in diesem Moment überwältigend oder als müsste es sehr schwierig sein, diesen Effekt im Alltag selber einzusetzen. Ich verspreche dir aber, dass dem nicht so ist. Ganz im Gegenteil! Die Anwendung des Forer-Effekts im Alltag ist ziemlich schnell erlernbar. Gegenüber Forer und allen Wahrsagern der Welt hast du außerdem einen sehr entscheidenden Vorteil: Du brauchst nicht zwingend richtig zu liegen oder gar einen Kunden zu beeindrucken. Niemand wird wissen, dass du Barnum-Statements in deiner Kommunikation nutzt. Vielleicht am wichtigsten: Dein Ziel ist es nicht, dein Gegenüber zu manipulieren oder auszunehmen, sondern es zu verstehen und aufrichtig und unverfälscht mit ihm auf dieselbe Wellenlänge zu kommen. Dabei kann uns der Forer-Effekt wunderbar, leicht und effizient helfen.

Was wir mittlerweile über den Forer-Effekt gelernt haben

Seit der erstmaligen Beschreibung des Forer-Effekts sind mehr als 70 Jahre vergangen. Die Wissenschaft saß in dieser Zeit natürlich nicht still. Deshalb hat sich bis heute ein großer Schatz an Wissen bezüglich des Forer-Effekts angesammelt. Bevor wir im nächsten Kapitel Forers 13 ursprüngliche Barnum-Statements im Detail untersuchen, möchte ich dir hier kurz drei für uns relevante Einsichten präsentieren.

Der Forer-Effekt ist replizierbar

Erstens ist das Forer-Experiment erfolgreich zu replizieren. Viele Experimente in der Psychologie leiden darunter, dass sie bei Wiederholung des Versuches unschlüssige oder gar gegenteilige Ergebnisse aufbringen. Das kann zum Beispiel daran liegen, dass in der ursprünglichen Studie eine zu geringe Anzahl an Versuchspersonen eingebunden wurde, oder daran, dass bestimmte Daten während der Auswertung bewusst oder unbewusst nicht beachtet werden. Das klassische Forer-Experiment wurde seit seiner Entstehung regelmäßig wiederholt und erzielt generell dieselben Ergebnisse wie schon vor mehr als 70 Jahren. Wieso ist das für uns relevant? Weil uns diese Tatsache zeigt, dass der Forer-Effekt mehr als Pseudowissenschaft ist. Es handelt sich um ein tatsächlich vorhandenes und somit für uns praktisch anwendbares Phänomen der Psychologie. Du kannst das selber ganz einfach ausprobieren, indem du deine Freunde den MSDMT am Anfang dieses Kapitels machen lässt.

Wenn du dich selbst vom Forer-Effekt überzeugen möchtest, dann wiederhole das Experiment doch mit Menschen aus deinem Umfeld! Schicke ihnen dafür einfach ein Foto vom Mops-Schildkröte-Dinosaurier-Murmeltier-Test (oder lass sie den Test live mit Buch in der Hand machen), und lass sie das Tier wählen, mit dem sie sich am ehesten identifizieren. Schicke ihnen dann ein Foto von der entsprechenden kurzen Charakterumschreibung (oder von einer der anderen drei Umschreibungen, weil ja die Beschreibung und das Tier rein gar nichts miteinander zu tun haben), und lass sie auf einer Skala von 0 bis 5 bewerten, wie zutreffend sie die Umschreibung empfinden.

Hier noch ein kleiner Test, den ich manchmal durchführe, wenn Menschen versuchen, mich von der vermeintlichen Gültigkeit von Astrologie zu überzeugen.

Das nächste Mal, wenn du irgendwo eine Illustrierte mit astrologischem Horoskop drin liegen siehst, frag deine Begleitung nach ihrem Sternzeichen (oder such online nach einem entsprechenden Horoskop). Dann liest du ihr Horoskop vor. Tatsächlich liest du aber das Horoskop eines *anderen* Sternzeichens vor. Wenn deine Begleitperson ein bisschen an Astrologie glaubt, wird sie dir vermutlich sagen, dass das Horoskop perfekt passt. So kannst du ganz einfach selbst testen, wie stark der Effekt der persönlichen Validierung ist. Ob du deinen kleinen Kunstgriff für dich behältst oder offenbarst, ist dann an dir. Wenn du ihn offenlegst, sei dabei sanft und erkläre den Hintergrund des Experiments: Niemand möchte einfach nur ein »Reingefallen!« ins Gesicht gedrückt bekommen.

Der Forer-Effekt ist universell

Zweitens ist der Forer-Effekt tatsächlich universell. Nachdem das Forer-Experiment an Popularität gewann, kam schnell der Verdacht auf, dass es sich dabei vielleicht um ein vor allem in der westlichen Welt auftauchendes Phänomen handeln könnte. Dem scheint nicht so zu sein. Eine Vielzahl von Wissenschaftlern in verschiedenen Kulturen hat Forers ursprüngliche Barnum-Statements Menschen aus aller Welt präsentiert. Die Resultate waren, mit einer Einschränkung, dieselben. Der Forer-Effekt tritt universell auf. Ich sage »mit Einschränkung«, weil zwar der Effekt selbst universell auftritt, allerdings nicht alle von Forers ursprünglichen Barnum-Statements als universell befunden wurden. Mehr dazu besprechen wir in Kapitel 4. Dass der Forer-Effekt universell gültig ist, bedeutet, dass wir daraus eine äußerst anwendbare Kommunikationstaktik erstellen können. Wir brauchen nicht darauf zu warten, eine besonders leichtgläubige oder gar einfach zu lesende Person zu finden. Wenn wir uns in der Kommunikation auf den Forer-Effekt verlassen, kommen wir garantiert an unser Ziel. Die Tatsache, dass der Forer-Effekt universell ist, hatte für mich immer etwas Beruhigendes: Es zeigt wieder, erstens, dass wir alle doch im Grunde ähnlich ticken und, zweitens, dass wir alle von Natur aus mit ähnlichen Unsicherheiten kämpfen.

Jede Person kann erfolgreich Barnum-Statements vermitteln

Drittens und letztens weist eine Anzahl Untersuchungen darauf hin, dass es keinen großen Unterschied zu machen scheint, wer das Feedback in Form von Barnum-Statements gibt. Alter, Geschlecht und Herkunft scheinen keinen spürbaren Einfluss darauf zu nehmen, als wie passend oder unpassend die gegebenen Barnum-Statements empfunden wurden. Das bedeutet, dass wir alle (du, ich, völlig egal wer) den Forer-Effekt nutzen können, um schnell Vertrauen aufzubauen und die Tür zur authentischen Verbindung mit unseren Mitmenschen zu öffnen.

Kapitel 3

Stützpfeiler des Forer-Effekts – oder: Ode an die Menschlichkeit

Wer sich nur im Vorbeigehen mit dem Forer-Effekt beschäftigt, bekommt schnell den Eindruck, dass er durch die Naivität oder gar Leichtgläubigkeit der Menschen ermöglicht werde. Bei oberflächlicher Betrachtung scheint es wahrscheinlich, man müsse besonders simplen Gemüts sein, um auf schlichte Barnum-Statements hereinzufallen.

Du weißt natürlich mittlerweile, dass dies nicht der Fall ist. Der Forer-Effekt hat nichts mit »reinfallen« zu tun. Das bestätigen uns zahlreiche Versuche und Untersuchungen, die spezifisch darauf abzielten herauszufinden, ob Leichtgläubigkeit oder Suggestibilität (die Empfänglichkeit einer Person für bestimmte Ideen) der Versuchsperson einen Einfluss auf den Forer-Effekt haben. Weder die Wirkung des Forer-Effekts noch die Bewertung der Barnum-Statements werden maßgeblich durch den Faktor Leichtgläubigkeit beeinflusst. Das Einzige, was beeinflusst wird, ist, mit welcher Wahrscheinlichkeit das Subjekt die für den Test benutzte vermeintliche Orakelmethode als authentisch bewertet. Will sagen: Besonders leichtgläubige Personen waren leichter davon zu überzeugen, dass (zum Beispiel) tatsächlich Astrologie im Spiel war. Wenig überraschend waren auch diejenigen, die von vornherein schon an das benutzte Orakel glaubten, eher geneigt, den Test als positiv und akkurat zu bewerten. Das ist logisch. Wenn ich schon an die vermeintlich prophezeiende Kraft der Lenormandkarten glaube, werde ich versuchen, sogenannte *kognitive Dissonanz* zu vermeiden, indem ich den auf Lenormandkarten basierenden Test mit weniger Skepsis betrachte.

Worauf, wenn nicht auf der Leichtgläubigkeit der Testpersonen, basiert der Barnum-Effekt dann? Für die Erklärung wenden wir uns wieder den tatsächlichen Weisheiten der Wahrsager zu. Denn auch wenn an ihren Orakeln vielleicht nicht so viel Übernatürliches dran ist, wie gerne der Anschein erregt wird, so haben sie doch schon lange vor der modernen Psychologie vier wichtige und durch alle Zeiten konsistente Faktoren der menschlichen Natur erkannt. Diese vier Faktoren formen die Stützpfeiler der Wahrsagekunst und liefern uns auch die erklärenden Stützpfeiler des Forer-Effekts:

1. Natürliche Selbstfixierung.
2. Drang nach Verständnis.
3. Geteilte menschliche Grunderfahrungen.
4. Instinktive Mustererkennung.

Lass uns jeden dieser vier Punkte gemeinsam unter die Lupe nehmen, bevor wir uns in Kapitel 4 detailliert den 13 Barnum-Statements aus Forers Studie zuwenden.

Unser Lieblingsthema sind wir selbst

Ein Sprichwort besagt, dass du, um erfolgreich zu neuen Menschen Kontakt zu knüpfen, nicht selber *interessant,* sondern an ihnen *interessiert* sein sollst (*be interested, not interesting*). Das liegt daran, dass wir gerne und viel über uns selber reden. Wenn du dich selbst ständig in den Vordergrund spielst und als besonders interessant darstellst, bist du in den Augen deiner Mitmenschen bestenfalls wie alle anderen, schlimmstenfalls ein um Aufmerksamkeit Heischender. Wenn du dich aber stattdessen durch Fragen und aufmerksames Zuhören als unverfälscht interessiert an deinem Gegenüber zeigst, wird man dich als äußerst sozial und angenehm erfahren. Immerhin gibst du deinem Gesprächspartner eine Bühne, um nach Herzenslust über sich selbst zu berichten.

Wahrscheinlich ist es nachvollziehbar, dass wir einen Drang haben, über uns selbst zu sprechen. Schließlich sind wir den Großteil der Zeit mit uns, unseren Gedanken und unseren Erfahrungen alleine. Wir sind uns selbst die einzige konstante Begleitperson im Leben. Oftmals sind wir uns selbst das größte Mysterium im Leben. Wir versuchen, uns selbst zu verstehen und kennen zu lernen. Wenn sich eine Möglichkeit zum verbalen Austausch ergibt, so scheint es naheliegend, in erster Linie von sich selbst zu berichten.

Glaube mir, wenn ich dir sage, dass du viel größere Vorteile durchs Zuhören als durch das Sprechen erlangst. Kennst du die Momente, in denen sich zwei Menschen unterhalten, es aber eigentlich so ist, dass die zuhörende Person nur darauf wartet, bis sie endlich mit dem Sprechen an der Reihe ist? Viele Menschen glauben, dass sie ihr Gegenüber privat oder geschäftlich mit eigenen Stories beeindrucken müssen. Dabei ist es meistens viel beeindruckender (und um ein Vielfaches erfrischender), wenn du aufmerksam zuhören kannst und gezielte Fragen stellst, die dein Interesse beweisen. Was dein Gegenüber dir dann offenbart, kannst du, wenn du gut hingehört hast, später oftmals dazu nutzen, mit größerer Eleganz und Leichtigkeit in der Kommunikation an dein Ziel zu kommen. Sobald du redest, redest du dann mit Ziel und Verstand statt einfach drauflos.

Cold Reading macht von unserer natürlichen Fixierung auf uns selbst Gebrauch. Du erzählst deinem Gesprächspartner von einer Einsicht, die du in ihn hast, und öffnest ihm so weit die Tür zu seinem liebsten Gesprächsthema: sich selbst.

Wir möchten verstanden werden

Ganz nah am vorigen Punkt liegt dieser Stützpfeiler des Forer-Effekts: Wir sehnen uns danach, verstanden zu werden. Das liegt zum Teil daran, dass wir mit unseren Gedanken immer ein bisschen isoliert von unseren Mitmenschen sind. Wir erfahren nur unser eigenes Innenleben und können es zwar durch Worte, jedoch nicht eins zu eins miteinander teilen.

Zum anderen liegt es evolutionär bedingt in der menschlichen Natur, kommunizieren zu wollen. Für unsere Vorfahren war es von Vorteil, wenn sie sich mit ihren Artgenossen austauschen konnten. Dafür waren Kommunikation und das gegenseitige Verständnis essenziell.

Wer sich nicht verständlich machen konnte … ging drauf. Noch heute binden wir uns instinktiv schneller an jene Leute, die uns zu verstehen scheinen und die wir selbst verstehen. Auch wenn es (meist) nicht mehr um Leben und Tod geht, suchen wir noch immer den Vorteil, der sich daraus ergibt, sich »mit jemandem zu verstehen«.

Cold Reading gibt deinem Gegenüber genau dieses Gefühl des Verstandenwerdens. Durch die Anwendung von Barnum-Statements signalisierst du deinem Gegenüber, dass ihr euch gegenseitig versteht und ineinander hineinversetzen könnt: die perfekte Basis für eine persönliche oder geschäftliche Beziehung. Wenn das an dieser Stelle etwas manipulativ klingt, kann ich dich beruhigen. Wie du bald sehen wirst, handelt es sich bei den Barnum-Statements und den hier gezeigten Cold-Reading-Techniken um Beschreibungen zutiefst menschlicher Erfahrungen, die wir alle miteinander teilen. Du belügst dein Gegenüber also weder, noch gaukelst du ihm etwas vor. Vielmehr formt Cold Reading metaphorisch gesprochen eine Brücke, die ihr beide nutzen könnt, um die mal schmale, mal etwas größere zwischenmenschliche Kluft mit Leichtigkeit zu überwinden.

Im Kleinen sind wir verschieden, im Großen sind wir gleich

Wenn du dir nur einen einzigen Satz aus *Kennen wir uns?* merkst, dann hoffe ich, dass es dieser ist: »Im Kleinen sind wir verschieden, aber im Großen sind wir alle gleich.« Das ist die wohl wichtigste Lektion, die ich in meinem Leben als Mentalist bisher gelernt habe. Es ist völlig egal, mit wem auf der Welt du sprichst, es gibt immer Dinge, die ihr teilt, sowie bestimmte allgemeine Prinzipien, die eurem Denken und Handeln zugrunde liegen. Auf eine Art kann das ein unangenehmer Gedanke sein (Wer möchte im ersten Moment schon etwas mit einem religiösen Extremisten oder auch nur einem Fan der verfeindeten Fußballmannschaft teilen?), aber wenn du länger darüber nachdenkst, wirst du erkennen, dass darin eine Art Poesie steckt: Ist es nicht beeindruckend und irgendwie schön zu wissen, dass dich *etwas* mit jedem Menschen auf dieser Welt verbindet? Dass eure Erfahrungen sich auf eine grundlegende Art kreuzen? Dass ihr ähnliche Denkmuster, Unsicherheiten und menschliche Grunderfahrungen miteinander teilt?

Natürlich sind dem Grenzen gesetzt. Wie schon angedeutet sind wir alle im Großen gleich, die Details sind aber wunderbar verschieden. Ich würde es nicht anders wollen: Die Kleinigkeiten machen uns individuell und garantieren ein farbenfrohes (wenn auch manchmal menschlich frustrierendes) Lebenserlebnis. Wir sind gleich in einigen unserer fundamentalen mentalen Prinzipien (zum Beispiel dem Grundprinzip der Konditionierung), einem Großteil unserer instinktiven Körpersprache (so jubeln sogar von Geburt an blinde Athleten mit nach hinten geworfenem Nacken und in die Luft gestreckten Armen, obwohl sie das nie bei jemand anderen haben sehen können), unserer instinktiven Mimik (Dr. Paul Ekman identifizierte sechs Basisemotionen und stellte fest, dass diese auf der ganzen Welt mimisch gleich ausgedrückt und erkannt werden) und, du ahnst es, einigen internen Erfahrungswerten. Letztere werden zum Teil durch Forers Barnum-Statements beschrieben. Es ist diese Dimension geteilter Menschlichkeit, die geteilten Erfahrungswerte, denen wir uns in diesem Buch widmen und die wir als Basis unseres Models der Menschenkenntnis nutzen.

Die Menge der geteilten Erfahrungen vergrößert sich, je näher zwei Individuen kulturell oder demografisch gesehen beieinander liegen. Zwei weiße, mittelalte Männer teilen mehr miteinander als mit einem dunkelhäutigen, jungen Mädchen. Dennoch teilen auch diese zwei (unglücklichen gesellschaftlichen) Gegenpole einige unterliegende Grunderfahrungen, Basisemotionen und fundamentale psychologische Prozesse.

Ein anderes Beispiel zum fünften Barnum-Statement in Forers Experiment »Deine sexuelle Entwicklung hat dir Schwierigkeiten bereitet«. Mit großer Wahrscheinlichkeit haben wir alle *die eine oder andere* Komplikation oder einen Moment der Verwirrung hinsichtlich unserer Sexualität erfahren. Ob es dabei nur um den Schmerz junger, unerwiderter Liebe oder das oftmals ungleich schwierigere Comingout eines jungen homosexuellen Menschen handelt, ist dabei natürlich unterschiedlich bestimmt. Die Erfahrung *Schwierigkeiten bezüglich Sexualität* ist dabei aber breit genug, dass die allermeisten Menschen sich zumindest ab dem jugendlichen Alter damit identifizieren können.

Hier haben wir eine großartige Möglichkeit, vom Forer-Effekt zu lernen: nämlich wie ähnlich wir uns sind und was wir miteinander teilen. Dass »die Andere« oder »der Fremde« uns gar nicht so fremd sind. Dass »Mensch« einfach »Mensch« ist. Dass wir trotz unserer faszinierenden individuellen Details irgendwie aus dem gleichen Holz geschnitzt sind. Mit Leichtgläubigkeit hat das alles nichts zu tun. Stattdessen ist der Forer-Effekt eine Ode an die Menschlichkeit.

Wir geben der Welt durch Muster eine Bedeutung

Was nicht passt, wird passend gemacht! Würden wir beide, du und ich, zu ein und demselben Wahrsager gehen und würde dieser Wahrsager uns beiden ein und dasselbe Reading geben, so könnten wir jenen Wahrsager dennoch mit dem Eindruck verlassen, dass er uns von Grund auf unterschiedliche Dinge »wahrsagte«. Das liegt daran, dass unser Gehirn darauf ausgelegt ist, Muster zu erkennen und Unbekanntes in ein vorgegebenes Muster hineinzuinterpretieren. Bekanntes Beispiel: Ein Lied wird rückwärts gespielt, und plötzlich hören wir im Geräuschchaos satanische Nachrichten. Unsere »Mustererkennungssoftware« im Gehirn ist in solchen Fällen einfach etwas übereifrig und lässt uns denken, dass alles, was *ein kleines bisschen* so wie ein Wort klingt, tatsächlich auch ein Wort ist. Das hat, wie so viele unserer psychologischen Funktionen, einen evolutionären Grund. Statt jede Situation neu zu analysieren, erlaubt uns das Zurückgreifen auf bekannte Muster schnellere und effizientere Reaktionen. Wir brauchen bloß zu erkennen, dass wir schon einmal in einer ähnlichen Situation waren, und können auf Abruf eine hoffentlich angemessene Reaktion umsetzen. Wenn wir erstmalig einem Tiger begegnen, ihn streicheln wollen und dann aber gebissen werden, ist es uns zum Vorteil, wenn wir dieselbe Situation beim nächsten Mal erkennen und anders reagieren können.

Dieses Erkennen von altbekannten Mustern zieht sich von der Einschätzung neuer Situationen hin zur Einschätzung von Menschen (auf diese Art bilden wir mentale Stereotypen) und der visuellen Schnelleinschätzung visueller oder auditiver Informationen (so hören wir Worte im Rauschen oder erkennen instinktiv ein Gesicht aus, zum Beispiel, drei Fruchtgummis in der richtigen Anordnung auf dem Tisch – oder sehen gar ein böses Omen im Kaffeesatz).

Ähnlich wie mit den versteckten Teufelsnachrichten verhält es sich, wenn wir beim Wahrsager ein vages Reading bekommen. Wir suchen instinktiv danach, wie das Gesagte auf unsere bekannten Muster (oder unsere Lebenssituation) passt. In unserem Kopf klingen die Prophezeiungen dann plötzlich spezifisch und bedeutungsschwer. Wo womöglich Löcher wären, füllen wir automatisch die Details selber ein und gehen im Nachhinein davon aus, dass das Medium genau diese Details meinte.

Auch dieses Phänomen der Musterfindung kommt uns beim Cold Reading im Alltag zugute. Wenn wir in unserer Kommunikation ein Barnum-Statement nutzen, braucht es nicht hundertprozentig spezifisch zu sein. Ganz im Gegenteil: Wir geben ein unspezifisches Statement ab, welches auf unsere geteilte menschliche Erfahrung verweist, und vertrauen darauf, dass unser Gegenüber das Statement auf eine für sich passende Art interpretiert. Wir brauchen unser Gegenüber also im ersten Moment gar nicht tiefergehend zu verstehen, sondern müssen bloß wissen, welche allgemeinen Erfahrungen wir mit großer Wahrscheinlichkeit miteinander teilen. Unser Gegenüber wird sich selber davon überzeugen, dass wir uns sehr ähnlich sind und uns auf unerklärliche Weise verblüffend gut kennen.

Es sind diese vier Stützpfeiler (unsere natürliche Selbstfixierung, unser Wunsch verstanden zu werden, unsere geteilten Grunderfahrungen und unsere Mustererkennungsnatur), die das Cold Reading zu so einer erfolgreichen Technik in der Kommunikation machen.

Kenne dich selbst. Im Cold Reading und mit wachsendem Verständnis deiner Menschenkenntnis gewinnst du nicht nur Einsichten über deine Mitmenschen, sondern über den menschlichen Geist im Ganzen. Das bedeutet: Was du über dich selbst lernst, lernst du zugleich auch über viele deiner Mitmenschen und umgekehrt!

Nimm dir deshalb einen Moment Zeit, jeden der vier oben beschriebenen Stützpfeiler des Cold Reading zu reflektieren. Frage dich, wann in deinem Leben du diese Phänomene vielleicht schon erlebt hast, oder halte heute die Augen auf und versuche sie in deinem Umfeld zu erkennen. Erkennst du diese Phänomene schon in deiner eigenen Natur oder musst du erst noch genauer hinschauen?

Natürliche Selbstfixierung: Wann hast du zuletzt erlebt, dass dein Gegenüber sofort und ganz von selbst im Detail aus seinem eigenen Leben berichtet? Wann hast du das vielleicht selber getan? Probiere aus, was passiert, wenn du aktiv zuhörst. Versuche interessiert statt interessant zu sein.

Drang nach Verständnis: Wann hast du zuletzt das Gefühl gehabt, voll und ganz (oder so gar nicht) verstanden zu werden? Welcher Teil in der Kommunikation mit deinem Mitmenschen hat dir dieses Gefühl gegeben? Teste privat und im Beruf aus, was zwischenmenschlich passiert, wenn du versuchst, deinem Gegenüber das Gefühl zu geben, dass du es wirklich verstehst, statt in erster Linie zu versuchen, deine eigene Sichtweise zum Ausdruck zu bringen.

Geteilte Grunderfahrungen: Finde eine Person in deinem Umfeld, die dir in Geschlecht, Alter, Herkunft recht ähnlich ist. Kannst du erkennen, wo ihr euch im Kleinen wie im Großen ähnelt? Jetzt such dir eine Person, die dir bezüglich Geschlecht, Alter, Herkunft so unähnlich wie möglich ist. Kannst du auch hier trotzdem erkennen, welche menschlichen Züge ihr miteinander teilt?

Instinktive Mustererkennung: Versuche dein Hirn bei der Arbeit zu erwischen. Achte auf die Momente, in denen du automatisch auf ein bekanntes Muster zurückgreifst, um eine neue Situation zu bewerten – zum Beispiel, wenn du neue Menschen triffst. Wie schnell und auf welcher Basis schätzt du diese Person ein?

Wenn du willst, schau dir online oder in einer Zeitschrift ein kurzes Horoskop für alle zwölf klassischen Sternzeichen an. Lies jedes Horoskop so, als wäre es dein eigenes. Beobachte, wie einfach es dank deiner Mustererkennungsnatur ist, das Horoskop so zu drehen, als wäre es ganz für dich persönlich geschrieben!

Kapitel 4

Die 13 originalen Statements – oder: Der Teufel steckt im Detail

Du weißt mittlerweile, dass Cold Reading eine Kommunikationstaktik beschreibt, die es dir erlaubt, treffende Aussagen über deine Mitmenschen zu machen, ohne irgendetwas über sie als Individuum wissen zu müssen. Das funktioniert, weil wir alle bestimmte menschliche Denkprozesse und Grunderfahrungen miteinander teilen. Das Wissen um diese Grunderfahrungen erlaubt es uns, eine fundamentale und über die ganze Welt gültige Menschenkenntnis zu entwickeln. Menschenkenntnis bezieht sich in diesem Sinne nicht nur auf den spezifischen Menschen vor dir, sondern auch auf »den Menschen« als Ganzes: Cold Reading gewährt dir Kenntnis über jeden Menschen einfach deshalb, weil er Mensch ist.

Des Weiteren hast du die vier psychologischen Stützpfeiler des Cold Reading kennen gelernt: unsere natürliche Selbstfixierung, unseren Drang, verstanden zu werden, die Existenz unserer geteilten menschlichen Grunderfahrungen und die Tatsache, dass wir konstant instinktiv nach Mustern in der Welt suchen.

In diesem Kapitel arbeiten wir daran, dein Verständnis jener ursprünglichen 13 Barnum-Statements zu vertiefen, die Bertram Forer 1948 in seinem Experiment seinen Studenten als individuelle Persönlichkeitsskizze präsentierte. Sobald du verstanden hast, welche allgemeinen menschlichen Erfahrungen hinter diesen 13 Aussagen stecken, wird es dir leichtfallen, sie auswendig zu lernen und sie auf deine Art neu- und umzuformulieren. Keine Sorge, denn auch dabei lasse ich dich nicht im Stich. In Kapitel 5 zeige ich dir meine einfache Technik, um diese 13 Barnum-Statements problemlos und schnell in deinen Kopf zu bekommen (und es kommt noch besser: Wenn du es dir zum Anfang wirklich leicht machen möchtest, brauchst du sogar nur 8 Statements zu lernen), und zeige dir einige meiner liebsten Umformulierungen.

Sobald du diese Statements verinnerlicht hast, hast du einen weiteren großen Schritt zur erfolgreichen Anwendung des Cold Reading in deinem persönlichen Alltag getan. Um deiner Kommunikation den nötigen Kick zu geben, brauchst du von da an nämlich nur noch eines deiner Barnum-Statements abzurufen und es deinem Gegenüber im Gespräch zu präsentieren. So machst du ihm sofort verständlich, dass ihr euch genau auf einer Wellenlänge befindet und einander vertrauen könnt.

Forers 13 Barnum-Statements

Forers 13 ursprüngliche Statements formen, was unter Mentalisten oft das »klassische Reading« genannt wird. Ein Mentalist, der die Techniken eines Wahrsagers demonstrieren möchte, könnte – mit angemessener Theatralik und kristallkugel-geleiteter Beratung mit den höheren Mächten – seinem Gegenüber einfach eine Charakterbeschreibung aufgrund der von Forer genutzten Barnum-Statements geben und damit einige Treffer landen (unter Statement 6 teile ich mit dir eine Geschichte, wo ich genau das getan habe – mit einem dramatischem Endergebnis). Sie formen deshalb eine gute Basis, um Cold Reading zur Anwendung in der alltäglichen Kommunikation zu lernen. Um diese Barnum-Statements erfolgreich anzuwenden, ist es wichtig, dass du verstehst, was sich hinter ihnen verbirgt. An dieser Stelle gebe ich dir eine Erklärung und Analyse jedes der 13 Statements. Außerdem biete ich dir meine persönlichen Gedanken und Reflexionen sowie meine Erfahrungen mit jedem Statement an.

Lies aufmerksam mit und überprüfe, wo du dich besonders stark (oder vielleicht auch nur ein kleines bisschen) erkennst. Wenn du magst, dann denk beim Lesen auch an eine Person, die du gut kennst, und überlege, wie diese Statements auf diesen Menschen passen würden.

Statement 1: »Du bist auf die Zuneigung und Bewunderung anderer angewiesen.«

Mit diesem Statement gibt uns Forer eine fundamental wichtige Einsicht bezüglich der Natur des Menschen. Nämlich dass wir tief in unserm Innersten *soziale* Wesen sind. Wir benötigen unsere Mitmenschen um uns herum. Doch nicht nur das: Wir brauchen auch die Anerkennung und Zuneigung der Menschen um uns herum. Es gehört zu den psychologisch schlimmsten Erfahrungen, die ein Menschen machen kann, wenn er oder sie sich als ungeliebt und nicht anerkannt – will heißen: nicht wertvoll – erfährt. Das Gefühl, man habe der Welt nichts zu bieten, führt potenziell in eine mentale Abwärtsspirale, aus der man mitunter nur schwer wieder herauskommt. Aus genau diesem Grund ist eines der effektivsten Mittel gegen tiefe innere Traurigkeit das Kreieren von etwas Neuem (zum Beispiel Kunst) oder anderen Menschen zu helfen. Diese Art von Tätigkeit führt nämlich dazu, dass wir uns über unsere Arbeit oder Wohltätigkeit doch von der Welt erkannt, geliebt und geschätzt fühlen. Die einfachste Form dieses Barnum-Statements wäre: *Du benötigst Anerkennung.*

Anerkennung braucht dabei nicht zu heißen, dass du mit Komplimenten überhäuft oder ein Fernsehstar werden möchtest. Anerkennung bezieht sich eher darauf, dass du dich wertig fühlst und von deinen Mitmenschen ein gewisses Maß an menschlicher Nähe oder Zuneigung (nicht unbedingt im romantischen Sinne) erfährst. Dieses Streben nach Zuneigung ist – ob du dir dessen bewusst bist oder nicht – für dich genau wie für viele deiner Mitmenschen sowohl privat als auch professionell ein großer Motivationsfaktor.

Für unsere Kommunikation können wir aus diesem Statement die Wichtigkeit von Zuneigung und gezeigter Anerkennung mitnehmen.

Ein erstgemeintes spontanes Kompliment kann für deinen Gesprächspartner die Welt bedeuten. Das gilt auch außerhalb der Cold-Reading-Techniken. Komplimente zu machen, kannst du üben: Nimm dir vor, mindestens einmal pro Tag eines zu verteilen. Dabei ist wichtig, dass du das Kompliment ernst meinst. Dein Gegenüber wird merken, falls du dir einfach irgendwas aus den Fingern saugst. Das wirkt sofort falsch. Im Gegenzug merkt dein Gegenüber aber auch, wenn du ein echtes Kompliment gibst. Du wirst merken, dass es dir immer leichter fallen wird, Komplimente zu geben, je mehr du es übst. Du wirst lernen, bewusst das Schöne an deinen Mitmenschen zu entdecken. Das allein ist unglaublich viel wert!

Eine Zeitlang trug ich kleine bedruckte Kärtchen mit der Aufschrift »Wunderschön« bei mir. Auf der Rückseite stand: »Gib diese Karte einer Person, die sie verdient«. Diese Kärtchen teilte ich auf der Straße an Fremde aus – meistens eine pro Tag. Egal welchen Alters, Geschlechts oder Herkunft: Ich gab die Karten Menschen, die ich aus irgendeinem Grund *wunderschön* fand. Sei es ihr Aussehen, ein Instrument, das sie spielten, etwas, das sie sagten, ihre Stimme, wie sie ihrem Kind Zuneigung zeigten, völlig egal. Ich habe dank dieser Karten viele schöne (und, zugegeben, manchmal verwirrte) Momente erleben dürfen. Vielleicht möchtest du das auch mal probieren?

Statement 2: »Du hast eine Neigung zur Selbstkritik.«

Ich bin seit Jahr und Tag mein eigener größter Kritiker. Bestes Beispiel: Lange Jahre konnte ich nach einer Show, völlig egal wie gut es dem Publikum oder der Presse gefiel, wortwörtlich am Boden zerstört sein, wenn ich meiner Ansicht nach nicht zur absoluten Perfektion abgeliefert hatte. Mit den Jahren kam die Einsicht, dass Selbstkritik zwei Formen annehmen kann. Auf der einen Seite treibt sie uns zur ständigen und konstruktiven Verbesserung unseres Selbst und unserer Arbeit. In diesem Fall nimmt die Selbstkritik die Form gesunder, rationaler Selbstreflexion an. Auf der anderen Seite kann sie zur Verbissenheit und Unzufriedenheit mit sich selbst führen. Das ist, was mir in den ersten Jahren meines Künstlerlebens passierte. In diesem zweiten Fall nimmt die Selbstreflexion eine Form der Selbstbeschuldigung an. Für alles, was nicht läuft, beschuldigt man sich konstant selbst. Du kannst dir vorstellen, wie ungesund so ein Mindset ist.

MIT KRITIK UMGEHEN WIE EIN KÜNSTLER

Was mir dabei geholfen hat, meine überentwickelte Selbstkritik in den Griff zu bekommen, war die folgende Erkenntnis: Als Künstler gestalte ich mit meiner Show ein Kunstwerk. Auch wenn ich dort selbstverständlich viel Herzblut investiere, ist es wichtig, mich nach der Performance von meinem Kunstwerk zu distanzieren. Bei aller Kritik (positiv wie negativ), die vom Publikum gegeben wird, handelt es sich ausschließlich um Kritik am Kunstwerk, nie um Kritik an mir persönlich. Wie denn auch? Alles, was das Publikum sieht, sind meine Show und meine Bühnenfigur.

Sogar wenn mir jemand nach einer Show das Feedback gibt, dass er oder sie mich auf der Bühne total unsympathisch fand, darf ich das nicht persönlich nehmen – vielleicht würden wir uns privat überraschenderweise bestens verstehen, oder eben auch nicht, aber darum geht es nicht. Es geht darum, dass ich als Künstler schnell an die Grenzen meiner Energie kommen würde, wenn ich alle Kritik als persönlich auf mich bezogen annehmen würde.

Stattdessen nehme ich Kritik offen an und frage mich dann im Nachhinein, ob das, was beim Publikum anscheinend ankam, auch das Kunstwerk ist, das ich erschaffen wollte. Falls ja – perfekt. Falls nein, dann ändere ich es gegebenenfalls. So schaffe ich den Schritt zur rationalen und konstruktiven Selbstkritik. Diese Sichtweise beschränkt sich natürlich nicht nur auf Künstler und ihre Werke. Du kannst sie in deinem Leben genauso anwenden.

Distanziere dein Innerstes von deiner Außenwirkung! Es gibt Menschen, die völlig deprimiert sind, wenn auf der Arbeit zum Beispiel ihr Vortrag kritisiert wird. Es gibt Menschen die unfassbar wütend werden, wenn ihr Partner eine ihrer Handlungen anzweifelt. In solchen Fällen wird oft fälschlicherweise Kritik an einer *externen* Arbeit oder Handlung als Kritik an den *internen* Werten und der Wertigkeit einer Person interpretiert. Unsere natürliche Neigung zur Selbstkritik kann uns dann sehr schnell den Rest geben. Diesen Menschen würde es guttun, sich daran zu erinnern, dass ihre Arbeit zwar von ihnen gemacht wird, aber dass sie nicht gleichgestellt mit ihr sind – egal, mit wie viel Herzblut man dabei ist.

Probier es aus! Schon bald wirst du viel mehr in dir selber ruhen.

Statement 3: »Du hast beträchtliche Fähigkeiten, die du noch nicht zu deinem Vorteil nutzt.«

Ich würde mich wundern, einer Person zu begegnen, die schon ihr volles Potenzial ausgeschöpft hat. Auf eine Art fände ich das auch schade. Es ist doch grade spannend, sich selbst immer weiter zu pushen und in neue Höhen zu wachsen! Dieses spezifische Barnum-Statement wird, so mein Verdacht, besonders häufig und unkritisch akzeptiert, weil es neben seiner Barnum-Funktionalität dem Gegenüber auch noch ein Kompliment macht: Da steckt noch mehr in dir, du kannst noch mehr erreichen, vielleicht bist du zu Größerem bestimmt. Auf jeden Fall ein Gedanke, den wir uns alle ab und an einmal ins Gedächtnis rufen sollten, um uns statt zum persönlichen Stillstand zum persönlichen Wachstum zu motivieren.

Statement 4: »Deine Persönlichkeit weist einige Schwächen auf, die du aber allgemein auszugleichen weißt.«

Wie im vorigen Kapitel besprochen, sind wir im Großen gleich, in den Details aber verschieden. Das gilt auch für unsere Charaktereigenschaften. Wir alle teilen bestimmte von Grund auf gegebene Charakterzüge. Neugierde, Selbstbewusstsein, Selbstständigkeit, Kreativität und Loyalität sowie Arroganz, Zynismus und Sturheit sind nur einige davon. Wir alle tragen diese Charaktereigenschaften in uns. Die Frage ist also nicht, *ob* wir sie haben, sondern *wie ausgeprägt* diese Charaktereigenschaften bei uns sind. Ein Teil davon kommt womöglich durch Veranlagung, ein großer Teil ganz sicher auch durch unsere Erziehung und unser Umfeld. Keine dieser Charaktereigenschaften ist in Stein geschlagen. Jeder Charakterzug kann sich während des Lebens den Umständen entsprechend so weit verstärken, dass er die anderen überschattet, oder sich so weit abschwächen, dass er fast nicht vorhanden zu sein scheint. Das Potenzial bleibt aber. Wir sind nicht »arrogant« oder »nicht arrogant« oder »optimistisch« oder »nicht optimistisch«. Charaktereigenschaften sind nicht absolut. Stattdessen sollten wir sie auf einer Skala von »minimal ausgeprägt« bis »maximal ausgeprägt« verstehen. Das ist übrigens auch einer der Gründe, aus dem viele der über die letzten Jahrzehnte populär gewordenen Persönlichkeitstests mittlerweile als ineffektiv oder gar verfälschend angesehen werden. Diese Tests arbeiten oftmals mit einer binären Endinterpretation und liefern Ergebnisse im Stile von »Du bist wohl/nicht introvertiert« oder »Du bist wohl/nicht kommunikativ«.

Ein Test, der auch seitens der Wissenschaft großen Zuspruch gefunden hat und der Charaktereigenschaften prozentual von 0 bis 100 in ihrer Ausprägung misst, ist der sogenannte OCEAN-Test, auch Big Five Test oder Fünf-Faktor-Modell genannt. Er misst die Persönlichkeit in Bezug auf die fünf Faktoren Offenheit für Erfahrungen, Gewissenhaftigkeit, Extraversion, Verträglichkeit und Neurotizismus. Diese Faktoren sind über das Leben einer Person hinweg meistens stabil. Um die Persönlichkeit zu messen, benutzt der Big-Five-Test eine lange Fragenliste sowie eine riesige Menge statistischer Daten. Das macht ihn wissenschaftlich haltbar und fundiert, zugleich aber leider für unsere hier besprochenen Zwecke nicht praktisch brauchbar. Wenn dich Persönlichkeitstests interessieren, lohnt es sich dennoch, dich etwas in diesen spezifischen Test zu vertiefen.

Statement 5: »Deine sexuelle Entwicklung hat dir Schwierigkeiten bereitet.«

Wie oft denkst du, wenn auch nur kurz, täglich an Sex? Damit meine ich nicht nur Sex als den Akt, sondern auch Romantik, deinen Partner, deinen Schwarm, alles was eben in diesen Bereich fällt. Vermutlich denkst du, genau wie ich, vergleichsweise häufig daran. Das geht uns allen so. Unser Sexualtrieb ist uns evolutionär mitgegeben. Zum Glück! Immerhin geht es dabei um das Fortbestehen der Art sowie das Weitergeben der eigenen Gene. Dass uns unsere sexuelle Entwicklung mitunter Probleme bereitet – sei es in Form von Liebeskummer oder tatsächlichen sexuellen Komplikationen –, ist wohl kaum abzustreiten.

Statement 6: »Nach außen hin bist du diszipliniert und kontrolliert, innerlich neigst du dazu, dich besorgt und unsicher zu fühlen.«

2017, Tokyo, Japan

Ich saß nach einer erfolgreichen TV-Aufzeichnung für ein Neujahrs-Special mit meinem damaligen Manager sowie dem Chef der Produktion in einem als Geheimtipp gehandelten Restaurant. Tatsächlich so geheim, und das meine ich völlig ernst, dass man, um dorthin zu kommen, durch eine verborgene Tür in der Wand eines *anderen* Restaurants gehen muss, woraufhin man durch ein künstliches Höhlensystem geleitet wird, über eine Brücke mit unterirdischem Fluss, bis in einen in den Fels eingelassenen privaten Raum mit gedecktem Tisch, beleuchtet vom Licht zweier Öllaternen. Die Stimmung war feierlich. Ich war in die Sendung eingeladen worden, um vor laufender Kamera den berühmten japanischen Schauspieler und Regisseur Takeshi Kitano sowie einen angesehenen Professor von meinen Fähigkeiten als Gedankenleser zu überzeugen. Trotz meiner ursprünglichen Besorgnis, weil ich für all meine Demonstrationen mit einer Übersetzerin arbeiten musste, war das Resultat ein großer Erfolg.

Nach viel Sake und mehreren für meinen Gaumen kuriosen, aber schmackhaften Gängen forderte mich der Produktionschef auf, ihm etwas über seine Persönlichkeit zu erzählen. Ich bat ihn darum, eine dreistellige Zahl aufzuschreiben. Die Zahl, ich weiß es noch heute, war die 126. Ich war vom Drehtag müde und nutzte diese Zahl, um, ohne dass er es wusste, drei Barnum-Statements auszusuchen: Nummer 1 (»Du bist auf die Zuneigung und Bewunderung anderer angewiesen«), 2 (»Du hast eine Neigung zur Selbstkritik«) und 6 (»Nach außen hin bist du diszipliniert und kontrolliert, innerlich neigst du dazu, dich besorgt und unsicher zu fühlen«). Mit jedem Statement, das ich dem Produktionschef gab, war er mehr und mehr davon überzeugt, dass ich ihn auf unheimliche Weise nur aufgrund seiner dreistelligen Zahl durchschaut hätte. Als ich aber zum letzten Statement, Nummer 6, kam, änderte sich seine Mimik. Tränen begannen über seine Wangen zu strömen. Er schüttete uns sein Herz aus: Er und seine Frau befanden sich in einer Ehekrise, die vermutlich zur Scheidung führen würde, weil sie ihn betrogen hatte. Weil ich ihm mitgeteilt hatte, dass er zwar nach außen hin diszipliniert, innerlich aber besorgt war, fühlte er sich verstanden und erlaubte es sich, seine professionelle Maske abzusetzen. Im Nachhinein entschuldigte sich der Produktionschef ausgiebig für seine vermeintliche Unprofessionalität. Die Entschuldigung war aber gar nicht nötig. Ich glaube, dass es ihm nach unserem Gespräch viel besser ging.

Dramatischer Moment, ja, aber er zeigt effektiv die Kraft des Cold Reading und was passieren kann, wenn du deinem Gegenüber das Gefühl geben kannst, wirklich als Mensch verstanden zu werden.

Statement Nummer 6 erinnert uns daran, dass sich sowohl hinter unserer eigenen Maske, aber vor allem auch hinter der Maske all unserer Mitmenschen mehr versteckt, als wir auf den ersten Blick sehen. Wir alle machen uns Sorgen und teilen oft dieselben Unsicherheiten – auch wenn man das nicht direkt sieht (und auch, wenn es durch die moderne Maske der sozialen Medien nochmal stärker so aussieht, als hätten alle Menschen um uns herum ein perfektes Leben).

Statement 7: »Manchmal zweifelst du stark an der Richtigkeit deines Tuns und an deinen Entscheidungen.«

Wie in Statement 2 (»Du hast eine Neigung zur Selbstkritik«) und im vorangegangenen Barnum-Statement auch geht es hier um den inneren Monolog, den wir alle ständig mit uns selbst führen: Habe ich einen Fehler gemacht? Was, wenn das schiefgeht? War das wirklich die richtige Entscheidung? Dass es diesen internen Monolog gibt, ist eigentlich eine gute Sache: Wenn wir uns mit voller Überzeugung, ohne die geringste Vorsicht und ohne einen Moment des Nachdenkens in alle Entscheidungen hineinwerfen würden, könnte so einiges schiefgehen.

Auch hier werden wir daran erinnert, dass es nicht nur uns, sondern auch den allermeisten unserer Mitmenschen so geht. Ob es sich dabei um große oder kleine Zweifel handelt, ist von Fall zu Fall unterschiedlich. Das unterliegende Muster ist aber dasselbe. Zweifeln ist eben menschlich.

Statement 8: »Du bevorzugst ein gewisses Maß an Abwechslung und Veränderung und bist unzufrieden, wenn dich Regeln und Verbote einengen.«

Es gefällt in der Regel niemandem so recht, gesagt zu bekommen, was man zu tun hat. Bei diesem Statement geht es um Unabhängigkeit und persönliche Entscheidungsfreiheit. Wir alle teilen eine natürliche Wertschätzung unserer Freiheit. Es gibt Menschen, bei denen dieser Drang negativ ausgeprägt ist. Vielleicht kennst du sie: der Typ Mensch, der, egal was du vorschlägst, erst einmal auf die Barrikaden geht und dann genau das *Gegenteil* davon machen möchte. Diese Personen fühlen sich bei jedem noch so sanften Vorschlag so, als wolle man sie ihrer persönlichen Entscheidungsfreiheit berauben. Im Grunde ist das Streben nach Freiheit natürlich positiv. Den größten positiven Einfluss auf unser Leben hat dieses Streben, wenn wir nicht nur nach unserer eigenen, sondern auch nach der Freiheit der anderen streben lernen.

Statement 9: »Du bist stolz auf dein unabhängiges Denken und nimmst die Aussagen anderer nicht ohne Beweis hin.«

Dieses Statement wird, in meiner Erfahrung, in der oben beschriebenen Form verblüffend häufig abgewiesen. Natürlich funktioniert es in vielen Fällen, im Vergleich zu den anderen hier benannten Barnum-Statements hat es aber eine niedrigere Erfolgsquote. Trotzdem gibt uns Bertram Forer auch hier einen wertvollen Hinweis. Das Statement an sich ist positiv und als Kompliment formuliert. Wie in unserer Analyse von Statement Nummer 1 bereits erwähnt, haben ernst gemeinte Komplimente einen extrem großen, positiven Einfluss auf deine Kommunikation mit deinem Mitmenschen. Jedes der Barnum-Statements kann eher positiv oder eher negativ formuliert werden. Statt »Du bist stolz auf dein unabhängiges Denken und nimmst die Aussagen anderer nicht ohne Beweis hin« könnte man auch sagen »Du bist ziemlich dickköpfig und musst immer tausendmal nachhaken«. Rate mal, mit welcher Variante du mehr Erfolg in der Kommunikation haben wirst?

Natürlich mit der positiven. Sobald du so weit bist, die Technik des Cold Reading im Alltag einzusetzen, beachte Folgendes: Wo möglich, formuliere die Barnum-Statements positiv. Dein Gegenüber wird sich dir so schneller öffnen.

Statement 10: »Du hast die Erfahrung gemacht, dass es unklug sein kann, dich anderen allzu bereitwillig zu öffnen.«

Hier geht es um Privatsphäre und, damit einhergehend, Verletzlichkeit. Das Leben lehrt uns oftmals, dass es weniger riskant ist, wenn wir uns bedeckt halten, statt die Karten offen auf den Tisch zu legen. Wir fürchten uns manchmal davor, uns unseren Mitmenschen voll und ganz zu öffnen – aus Sorge, wir könnten verletzt werden. Mit diesem Mechanismus versuchen wir uns selber zu schützen. Ein Partner, der uns betrügt, eine vermeintliche Freundin, die schlecht über uns spricht, ein Familienmitglied, das uns enttäuscht, ein Geschäftspartner, der uns zu seinem eigenen Vorteil ausnutzt: All diese Erfahrungen führen bei vielen Menschen zum Aufbau zwischenmenschlicher Mauern und Grenzen. Das ist eine der größten Hürden, die wir in unserer Kommunikation privat wie geschäftlich zu bewältigen versuchen. Cold Reading hilft genau dabei. Oftmals führt die Nutzung dieses Barnum-Statements, also das offene Ansprechen der kommunikativen Schutzwälle, genau dazu, dass diese Mauern beim Gegenüber einbrechen. Es fühlt sich verstanden und sicher, weil wir ihm offen zeigen, dass wir dieselben Erfahrungen gemacht haben. Auf diese Art sagen wir: Wir sind uns ähnlich und können uns einander ohne Gefahr öffnen.

Statement 11: »Manchmal verhältst du dich extrovertiert, redselig und aufgeschlossen, dann wieder introvertiert, auf der Hut und zurückhaltend.«

Wie schon unter Statement 4 (»Deine Persönlichkeit weist einige Schwächen auf, die du aber allgemein auszugleichen weißt.«) besprochen, sind unsere Charakterzüge niemals absolut. Unsere allgemeinen

Charaktereigenschaften bewegen sich auf einer fließenden Skala. Untereinander unterscheiden wir uns bloß in der jeweiligen Ausprägung der etwaigen Charakteristiken. Statement 11 verweist wieder auf genau dieses Phänomen: Manchmal sind wir extrovertiert, in anderen Situationen introvertiert, und wir bewegen uns fließend (manchmal von Minute zu Minute) vom einen zum anderen Ende der Skala.

Statement 12: »Einige deiner Hoffnungen sind ziemlich unrealistisch.«

Hierbei handelt es sich um ein Statement, das in seiner ursprünglichen Form ebenfalls vergleichsweise häufig abgelehnt wird. Wahrscheinlich, weil wir nicht aktiv auf etwas hoffen würden, wenn wir es ernsthaft als unrealistisch sehen würden. Oder weil wir nicht unbedingt hören möchten, dass unsere Träume unrealistisch sind. Immerhin geben sie uns etwas, woran wir uns in schwierigen Zeiten festhalten können.

Effektivere Varianten dieses Barnum-Statements mit demselben Grundgedanken wären: »Einige deiner *Träume* sind ziemlich unrealistisch« (»Träume« impliziert mehr Realitätsferne als »Hoffnungen«) oder »Einige deiner Hoffnungen sind ziemlich *ambitioniert«* (Hier wird impliziert, dass die Hoffnungen vielleicht schwierig. aber nicht unmöglich zu erreichen sind).

Selbstverständlich haben wir alle Hoffnungen und Träume, die manchmal ziemlich hoch gegriffen sind. Sie treiben uns an, stetig weiterzumachen und uns selbst zu übertreffen. Diese hohen Ziele treffen wir in allen Bereichen des Lebens an: finanziell, romantisch, mit Hinblick auf einen Traumjob, ein materielles Ziel, eine Reise, eine Bestmarke im Sport. Manchmal müssen wir diese großen Ideale gar nicht erreichen, um trotzdem an unser Ziel zu kommen. Eine Frau, die von finanzieller Unabhängigkeit als Milliardärin träumt, ist vielleicht eigentlich schon bei finanzieller Sicherheit und Stabilität für sich und ihre Familie am Ziel. Ihr großer Traum hilft ihr dabei, die realistisch nötigen Ziele zu erreichen.

Und manchmal hilft uns das mutige Stecken großer Ziele dabei, unser volles Potenzial zu entfalten. Ein guter Freund lehrte mich einmal:

»Dream big to achieve bigger.« – »Hab große Träume, damit du sie übertreffen kannst.«

Statement 13: »Sicherheit ist eines deiner größten Ziele im Leben.«

Auch dieses Barnum-Statement hat über die Jahre etwas von seiner Wirksamkeit verloren. Du musst bedenken, dass Bertram Forer seinen ursprünglichen Test kurz nach Beendigung des Zweiten Weltkrieges durchführte. Zu dieser Zeit war vermutlich *Sicherheit* wirklich eines der wichtigsten Ziele im Leben vieler Menschen. Mit Verstreichen der Zeit traten wieder Unabhängigkeit und Abenteuerlust in den Vordergrund. Trotzdem baut jede Abenteuerlust immer auf eine Art Sicherheit auf – sei es die Sicherheit eines gut gefüllten Kontos, die Sicherheit, dass man sich selbst zu versorgen weiß, oder die Sicherheit, dass in der Heimat Haus und Familie auf einen warten.

In letzter Zeit habe ich bei meiner Arbeit bemerkt, dass dieses spezifische Barnum-Statement langsam wieder mehr Anklang bei meinem Publikum findet. Das hängt womöglich mit der gegenwärtigen politischen Instabilität sowie den wachsenden Umweltkatastrophen zusammen. Das Statement »Sicherheit *für deine Lieben* ist eines der größten Ziele im Leben« wird, in meiner Erfahrung, noch häufiger vom Gegenüber als treffend empfunden. Vor allem wenn es um Familie und enge Freunde geht, haben wir die Neigung, ihr Wohl noch über unser eigenes zu stellen.

Es ist wichtig, dass du dir darüber im Klaren bist, was für ein mächtiger Motivator Sicherheit für sich selbst oder ihre Lieben im Leben vieler Menschen ist. Sowohl beruflich als auch privat wird eine beeindruckende Anzahl der Entscheidungen aufgrund von Überlegungen zur Sicherheit (finanziell, gesundheitlich, emotional) der involvierten Partien getroffen.

Bedeutet das, dass wir alle auf diese 13 Statements zu reduzieren sind?

Natürlich sind wir nicht auf nur 13 Statements zu reduzieren. Unsere individuellen Persönlichkeiten sind um ein Vielfaches komplexer als diese 13 Barnum-Statements es jemals beschreiben könnten. Es treffen nicht einmal alle Statements gleich gut auf jede einzelne Person zu. Einige Menschen werden sich mehr mit diesen, andere mit jenen Statements identifizieren. Es handelt sich hier, wie du bald sehen wirst, auch nicht um die einzigen gültigen und effektiven Barnum-Statements. Sie geben dir nur einen Startpunkt, um dein Cold-Reading-Talent zu schärfen und um die Technik praktisch in die Tat umzusetzen.

Alles, was diese Statements in ihrer Wirksamkeit zeigen, ist, dass wir im Großen gleich sind. Wir teilen aufgrund unserer Menschlichkeit bestimmte Erfahrungen. Über diese geteilten Erfahrungen können wir Verbindungen zueinander schaffen. Und genau das ist das Ziel von Cold Reading und der Anwendung von Barnum-Statements in deiner Kommunikation: authentische, zwischenmenschliche Verbindungen.

Kapitel 5

Gedächtnisstütze 1 – oder: Dein erster Bungee-Sprung

Jetzt, wo du dir ein Verständnis der 13 Barnum-Statements aus Bertram Forers Feder angeeignet hast, ist es an der Zeit, dass du diese Statements verinnerlichst. Ich freue mich zwar, wenn du deine Ausgabe von *Kennen wir uns?* stetig bei dir trägst, aber im Gespräch mit deinem Gegenüber wäre es dann doch sehr unpraktisch, wenn du auf einmal das Buch herausholen würdest – »Warte kurz, ich muss nur schnell ein passendes Barnum-Statement finden«. Besser, du hast das alles im Kopf.

Mit Köpfchen oder mit Herzchen?

Viele Mentalisten, die das Cold Reading erlernen möchten, hadern damit, dass sie glauben, eine Reihe von Barnum-Statements exakt Wort für Wort auswendig lernen zu müssen. Das ist nicht nur Quatsch, sondern es würde auch zu sehr steifen und, naja, auswendig gelernt klingenden Gesprächen führen. Es reicht, wenn du die Grundidee der jeweiligen Statements verstehst und verinnerlichst. Die Grundsteine dafür haben wir im vorigen Kapitel gelegt. Im Gespräch lässt du dann weitestgehend eigene Formulierungen dieser Grundideen entstehen. Das klingt natürlicher und lässt dir viel mehr Flexibilität. Statt also dein Köpfchen dafür zu nutzen, Wort für Wort stur Barnum-Statements auswendig zu lernen, nutzt du dein Herzchen, um ihre Grundgedanken zu fühlen und diese Gedanken dann auf deine Weise auszusprechen.

Ich gebe dir in diesem Kapitel zu jedem Statement einige Vorschläge für alternative Formulierungen mit derselben dahinterliegenden

Idee. So kannst du ein Gespür dafür bekommen, was ich meine, und dich für deine eigene Kommunikation inspirieren lassen.

Nicht zu viel und nicht zu wenig

Als ich anfing, mich eingehender mit dem Forer-Effekt zu befassen, stieß ich immer wieder auf Publikationen, in denen die 13 ursprünglichen Barnum-Statements als »universell gültig« beschrieben wurden. Nirgendwo fand sich jedoch eine genaue Definition dessen, was genau als »universell gültig« durchgeht. Wie viele Leute müssen sich mit einem Statement identifizieren, damit es allgemein gültig ist? Die Hälfte? Dreiviertel? Noch perplexer war ich, als mir auffiel, dass in keiner der Studien zum Forer-Effekt erklärt wurde, wieso denn genau diese 13 Statements und keine anderen zum goldenen Standard der Barnum-Statements ernannt wurden.

Tatsächlich scheint es dafür keinen anderen Grund zu geben, als dass Bertram Forer sie eben in seinem ursprünglichen Experiment nutzte. Der Effekt wurde erfolgreich demonstriert und zukünftige Researcher hinterfragten nicht weiter, wie allgemeingültig die einzelnen Statements an sich waren. Sie arbeiteten immer mit der Annahme, dass die 13 Statements als Ganzes den gewünschten Forer-Effekt hervorrufen würden. Tatsächlich heißt es manchmal, Bertram Forer habe seine Statements auf mehr oder weniger zufällige Weise in der Woche seines Experiments aus dem astrologischen Horoskop einer Illustrierten entnommen. Es ist also nicht so, als seien diese Aussagen aufgrund ihrer bewiesenen Allgemeingültigkeit gewählt oder zu diesem Zwecke formuliert worden.

Ein bisschen Glück muss sein: Forers Statements erzielten auf beeindruckende Weise ihren Effekt und gingen seitdem als Standard der Barnum-Statements in die Geschichte der Psychologie ein. Sie sind auch effektiv und formen tatsächlich eine gute Basis für deinen Einstieg in die Welt des Cold Reading. Deshalb halten wir uns für den Moment an diese Statements. Noch bevor du dieses Buch zu Ende gelesen hast, wirst du allerdings in der Lage sein, eigene, neue und oftmals effektivere Barnum-Statements zu entwickeln.

In meiner Suche nach Klarheit über die Allgemeingültigkeit von Forers 13 Statements wurde schnell klar, dass ich ganz wie erwartet nicht die erste Person war, die sich seit 1948 über die fehlende Erklärung dazu wunderte. 1979 untersuchten Donald Baucom und Roger Greene an der Texas Tech University, wie viele von Forers Statements tatsächlich als universell eingestuft werden könnten (sie ließen aus mir unbekanntem Grunde Statement Nummer 13, »Sicherheit ist eines deiner größten Ziele im Leben«, in der Untersuchung außen vor). Die von Baucom und Greene für Allgemeingültigkeit gesetzte Grenze waren 66,7 Prozent oder mehr als Zweidrittel. Das bedeutet, dass mehr als 66,7 Prozent der Versuchspersonen ein Statement als auf sie zutreffend bewerten müssen, damit ein Barnum-Statement als »allgemein« gültig eingestuft wird. Das Resultat: Nur sieben der zwölf untersuchten Statements wurden als universell gültig eingestuft. Fünf der Statements wurden von weniger als Zweidritteln der Versuchspersonen als zutreffend empfunden. Diese Untersuchung deckt sich weitestgehend mit meinen persönlichen Erfahrungen mit der Nutzung von Forers 13 Statements. Die sieben für allgemein gültig befundenen Aussagen sind obendrein auch noch jene Aussagen, die im privaten wie im beruflichen Umfeld die meiste Relevanz haben. Basierend auf diesen Erfahrungswerten teilen wir die 13 Statements in diesem Kapitel in zwei Gruppen ein. Eine erste Gruppe mit acht Aussagen (ich habe das ausgelassene Statement Nummer 13, »Sicherheit ist eines deiner größten Ziele im Leben« aufgrund der hohen Wichtigkeit des Faktors Sicherheit als Motivator mit in die Gruppe mit höherer Relevanz eingebunden) und eine zweite Gruppe mit fünf Aussagen. Wenn du es langsam angehen möchtest, empfehle ich, dass du zuerst die erste Gruppe lernst. Du wirst von diesen Statements vermutlich das meiste haben. So lernst du erstmal nicht zu viel und nicht zu wenig. Dass die Statements in der zweiten Gruppe etwas weniger als allgemeingültig sind, bedeutet bei Weitem nicht, dass sie unnütz sind. Wenn du ein Statement hast, welches 50 Prozent der Bevölkerung als auf sie zutreffend empfinden, dann hast du noch immer ziemlich gute Chancen.

Geschichtenerzähler und Auswendiglerner

Ich liebe es, Geschichten zu erzählen. Sei es eine Gute-Nacht-Geschichte, sei es die Geschichte einer Show oder die Geschichten, die ich hier mit dir teile.

Ich liebe es genauso sehr, Geschichten erzählt zu bekommen, sei es verbal, in einem Buch, in einem Film oder einfach vom Leben. Unsere Lebenswege formen ein ineinander verschachteltes Labyrinth von Geschichten in Geschichten in Geschichten; ein Wollknäuel aus Enden und Anfängen; Geschichten, die wir einander erzählen, und Geschichten, die wir uns selbst erzählen, fließen ineinander über und tauschen mitunter den Platz.

Der Punkt ist: Wir als Menschen sind Geschichtenerzähler. Es liegt in unserer Natur. Wir verstehen die Welt und unseren Platz in ihr über (meist stark vereinfachte) Geschichten. Indem wir scheinbar voneinander unabhängige Geschehnisse in einer Erzählung aneinanderreihen, geben wir den Begebenheiten sowohl einen Sinn als auch eine feste Ordnung. Neue Eindrücke müssen in dieses Netz von Geschichten eingesponnen und mit anderen Fäden verknüpft werden, damit wir sie uns merken können. Lose Fakten fallen durch die Löcher im Gewebe und werden vergessen.

Um uns das Auswendiglernen von 13 Statements so leicht wie möglich zu machen, verlassen wir uns auf unsere natürliche Gabe als Geschichtenerzähler. Die beiden Gruppen von Statements sind so arrangiert, dass sie jeweils eine kurze Geschichte formen. Du brauchst dir nur die Geschichte zu merken und, schwups, kannst du auf die darin enthaltenen Grundideen aller Barnum-Statements unproblematisch zurückgreifen. Sogar wenn du dein Bestes tun würdest, dir die Geschichten nicht zu merken, so würdest du am Ende des Kapitels dennoch feststellen, dass vieles schon nach dem ersten Lesen hängen geblieben ist. Also: Lass mich dir eine Geschichte erzählen …

Gruppe 1: Der Absprung

2011, Queenstown, Neuseeland

Kurz vor dem Absprung: zittrige Knie, schwitzige Hände, Rauschen in den Ohren. Der Bungee-Operator spricht mir ermutigend zu: »Du zählst einfach in deinem Tempo bis drei und dann, auf drei, springst du.« »Okay«, erwidere ich, ohne die Augen von dem sich vor mir erschreckend tief erstreckenden Abgrund zu nehmen. »Eins. Zw…« Eine sanfte, aber bestimmte Hand in meinem Rücken startet unerwartet meine Reise gen Boden. Wahrscheinlich ist das zu meinem Besten, sonst hätte ich womöglich bis 23 und weiter gezählt, ohne mich jemals vom Fleck zu rühren.

Manche Menschen sagen, dass sie beim Bungee-Sprung »frei wie ein Vogel« oder »zum ersten Mal richtig lebendig« waren. Das ist eindeutig gelogen. Wie es war? Ich sag mal so: Ich habe zumindest gut genug überlebt, dass ich dir heute noch dieses Buch schreiben kann (mein zweiter Bungee-Sprung war sechs Jahre später, mit meiner besten Freundin, auf einem Festival und von einem Kran statt von einer Klippe, was das alles aber auch nicht besser gemacht hat).

Jetzt lade ich dich aber ein, mental mit mir den Absprung am Bungee-Seil zu wagen. Unsere erste mnemonische Geschichte dreht sich nämlich um deinen (imaginären) Bungee-Sprung. Je mehr du dir die Geschichte beim Lesen ausmalst, desto leichter wird dir später das Erinnern fallen.

Hier sind die acht Stationen dieser Geschichte im Überblick:

1. Komfort ist schön, aber manchmal braucht es ein **Abenteuer** im Leben. Heute springst du zum ersten Mal Bungee.
2. Das sollen deine Freunde und Follower unbedingt **bewundern**. Livestream online!
3. **Safety** first: Die Bungee-Schlaufe muss richtig festgemacht werden.
4. Du hoffst, dass du beim Sprung für die Kamera die **perfekte** Figur hinlegst.
5. Als du an den Rand der Klippe trittst, fragst du dich: Ist das wirklich so eine gute Idee? Vielleicht doch lieber einen **Rückzieher** machen?

6. Obwohl dir die Knie zittern, **unterdrückst** du deine Angst und springst ab.
7. Im Flug merkst du plötzlich: Du bist ein **Naturtalent**! Mühelos legst du drei Saltos hin.
8. Deine **Gefühle wandeln** sich: Obwohl du grade noch angespannt und nach innen gekehrt warst, bist du nach dem Sprung aufgedreht und begeistert.

Eigentlich eine relativ einfache Story, oder? Du entscheidest dich, Bungee springen zu gehen, deine Freunde gehen mit, du schnallst dich an, Kamera an, zweifelst kurz vorm Absprung, springst trotzdem ab, legst drei Saltos hin und bist nach deinem Sprung begeistert. Der Ablauf dieser Geschichte ist ziemlich leicht zu merken.

Hier kommt trotzdem auch schon deine erste kleine Gedächtnisstütze! Ich habe in jeder Station dieser kurzen Geschichte ein wichtiges Schlüsselwort dick markiert. Die Wörter sind *Abenteuer, bewundern, Safety, perfekt, Rückzieher, unterdrücken, Naturtalent, Gefühlswandel.* Wie du gleich sehen wirst, verweisen diese Worte auf die Essenz jedes hier versteckten Barnum-Statements. Doch nicht nur das! Wenn du die Anfangsbuchstaben dieser Worte nacheinander liest, ergibt sich das Akronym »Absprung«:

***A** benteuer*
***B** ewundern*
***S** afety*
***P** erfekt*
***R** ückzieher*
***U** nterdrücken*
***N** aturtalent*
***G** efühlswandel*

Das Wort »Absprung« kannst du dir natürlich besonders leicht merken, weil es das übergreifende Thema in dieser Geschichte ist: der Absprung beim Bungee-Sprung. Wenn du also einmal in Verlegenheit gerätst und doch nicht mehr so recht weißt, wie die Geschichte ablief oder welche Barnum-Statements sich hier verstecken, dann hast du die Möglichkeit, dir das Wort »Absprung« vorzustellen und dir das dazugehörige

Schlüsselwort vor Augen führen (zum Beispiel A für »Abenteuer« oder R für »Rückzieher«). Das vergessene Statement wird sich dir mit großer Wahrscheinlichkeit wieder offenbaren.

Bevor wir uns an die einzelnen Statements begeben, nimm dir einen kurzen Moment und lies dir die Geschichte noch ein oder zweimal durch. Wenn du einen Stift und Zettel zur Hand hast, schreib sie dir vielleicht auf. Was du aufschreibst, behältst du automatisch besser im Kopf. Verinnerliche auch das Akronym »Absprung« noch einmal, bevor du weiterliest. Ich warte auf dich. (Du kannst das natürlich auch später machen, wenn du lieber erst das Kapitel zu Ende liest.)

Fertig? Dann geht's weiter. Hier bespreche ich mit dir Schritt für Schritt jede der acht Stationen unserer ersten Geschichte. Ich verrate dir, welches der acht relevantesten Barnum-Statements sich dahinter verbirgt, und mache dir einige Vorschläge, wie du dasselbe Statement anders ausdrücken könntest.

1. **Komfort ist schön, aber manchmal braucht es ein Abenteuer im Leben. Heute springst du Bungee.**

   (Barnum-Statement: Du bevorzugst ein gewisses Maß an Abwechslung und Veränderung und bist unzufrieden, wenn dich Regeln und Verbote einengen.)

Die Themen hier sind Abwechslung, Veränderungen, rebellische Charakterzüge und *Abenteuer* (dein Schlüsselwort). So könntest du den Gedanken hinter diesem Statement auch ausdrücken:

- Du bist schon immer anders gewesen, manchmal sogar auf eine Art, die deine Mitmenschen nicht bemerken.
- Du hast eine rebellische Seite, auch wenn du weißt, wann du sie besser unter Kontrolle hältst.
- Wenn du dich demotiviert oder traurig fühlst, liegt das oft daran, dass du dich zu sehr durch Regeln eingeengt fühlst.

2. Das sollen deine Freunde und Follower unbedingt bewundern. Livestream!

(Barnum-Statement: Du bist auf die Zuneigung und Bewunderung anderer angewiesen.)

Die übergreifenden Themen hier sind das Streben nach Nähe, Aufmerksamkeit und *Bewunderung* (dein Schlüsselwort) durch unsere Mitmenschen. Dieses Streben teilen sogar die introvertiertesten unserer Mitmenschen. Denselben Gedanken könntest du zum Beispiel auch so ausdrücken:

- Du magst es, der Mittelpunkt der Aufmerksamkeit zu sein.
- Manchmal fühlt es sich an, als ob deine Mitmenschen deine Mühen nicht wirklich zu schätzen wissen. Du wünschst dir ihren Respekt.
- Dir gefällt es, wenn du gebraucht wirst.

3. Safety first: Die Bungee-Schlaufe muss richtig festgemacht werden.

(Barnum-Statement: Sicherheit ist eines deiner größten Ziele im Leben.)

Hier geht es um den Wunsch nach Sicherheit/*Safety* (dein Schlüsselwort) für sich selbst und seine Mitmenschen, sowohl privat als auch professionell. Das könntest du auch folgendermaßen sagen:

- Obwohl du Abenteuer magst, weißt du die Sicherheit der eigenen vier Wände sehr zu schätzen.
- Du schläfst nur dann wirklich ruhig, wenn du weißt, dass es deinen Lieben gut geht.
- Du hast große Träume, weißt aber, dass du dafür ein stabiles Fundament benötigst.

4. Du hoffst, dass du beim Sprung für die Kamera die perfekte Figur hinlegst.

(Barnum-Statement: Du hast eine Neigung zur Selbstkritik.)

Die Themen bei diesem Statement sind Selbstkritik und eine perfektionistische (*perfekt,* dein Schlüsselwort) Erwartungshaltung an sich selbst. So könntest du das ausdrücken:

- Sogar wenn du deine Ziele erreichst, gönnst du dir keine Pause zum Genießen.
- Manchmal enttäuschen dich deine Mitmenschen, weil du an sie genauso hohe Erwartungen wie an dich selber hast.
- Wenn etwas nicht gelingt, gibst du oft dir selber die Schuld.

5. Als du an den Rand der Klippe trittst, fragst du dich: Ist das wirklich so eine gute Idee? Vielleicht doch lieber einen Rückzieher machen?

(Barnum-Statement: Manchmal zweifelst du stark an der Richtigkeit deines Tuns und an deinen Entscheidungen.)

Hier geht es um Selbstzweifel und den Zweifel an den eigenen Entscheidungen (und den Gedanken, vielleicht doch einen *Rückzieher,* Schlüsselwort, zu machen). Das könnte man auch folgendermaßen sagen:

- Manchmal wäre es gut für dich, weniger zu zweifeln und einfach mal zu machen.
- Manchmal hängst du zu sehr der Vergangenheit nach.
- Du machst dir oft so viele Sorgen um deine vergangenen Entscheidungen, dass du keinen Schritt nach vorne tun kannst.

6. Obwohl dir die Knie zittern, unterdrückst du deine Angst und springst ab.

(Barnum-Statement: Deine Persönlichkeit weist einige Schwächen auf, die du aber allgemein auszugleichen weißt.)

Es geht um das Wissen um die eigenen Schwächen sowie das *Unterdrücken* (dein Schlüsselwort) oder Überwinden derselben. So könntest du das formulieren:

- Du weißt, dass du nicht perfekt bist. Du tust aber dein Bestes, um das auszugleichen, auch wenn deine Mitmenschen das nicht immer zu bemerken scheinen.
- Es gibt Bereiche, in denen du gerne besser wärst. Manchmal vergisst du deshalb, dich für diejenigen Dinge zu schätzen, in denen du schon gut bist.
- Obwohl du weißt, dass niemand perfekt ist, fällt es dir manchmal schwer, dir selbst deine eigenen Schwächen einzugestehen.

7. Im Flug merkst du plötzlich: Du bist ein Naturtalent! Mühelos legst du drei Saltos hin.

(Barnum-Statement: Du hast beträchtliche Fähigkeiten, die du noch nicht zu deinem Vorteil nutzt.)

Die Themen hier sind versteckte Fähigkeiten und noch nicht entdeckte *(Natur-)Talente* (Naturtalent, dein Schlüsselwort). Hier sind einige Formulierungen für dieses Statement:

- Alles, was du brauchst, trägst du schon in dir, auch wenn es manchmal scheint, als hättest du keinen Zugriff darauf.

- Du hast noch nicht alle deine Talente zur vollen Blüte gebracht. Wenn du sie für dich entdecken würdest, könntest du noch viel größere Schritte im Leben machen.
- Deine Freunde sehen dein Potenzial viel deutlicher als du. Manchmal sind sie deshalb frustriert.

8. Deine Gefühle wandeln sich: Obwohl du grade noch angespannt und nach innen gekehrt warst, bist du nach dem Sprung aufgedreht und begeistert.

(Barnum-Statement: Manchmal verhältst du dich extrovertiert, redselig und aufgeschlossen, dann wieder introvertiert, auf der Hut und zurückhaltend.)

Es geht um die fließende Skala, auf der sich unsere Charakterzüge bewegen und deretwegen wir manchmal von Moment zu Moment einen kompletten *Gefühlswandel* (dein Schlüsselwort) vollziehen. So könntest du diesen Gedanken formulieren:

- Obwohl du dich bei deinen Mitmenschen möglichst aufgeschlossen gibst, hast du eine nachdenkliche, stille Seite, die du nur deinen Liebsten zeigst.
- Deine Freunde und Familie sind deine höchste Priorität. Trotzdem kannst du, wenn es passt, extrem selbstständig sein.
- Du magst es, sozial zu sein, brauchst aber auch regelmäßig Zeit für dich allein.

Jetzt weißt du, welches Barnum-Statement sich gedanklich hinter jeder der acht Stationen der Bungee-Sprung-Geschichte verbirgt. Nimm dir jetzt noch ein zweites Mal Zeit, dir sowohl die Geschichte als auch das Akronym »Absprung« im Detail anzuschauen. Wenn du magst, schreib beide noch einmal auf. Das hilft beim Lernen. Vermutlich wirst du schon jetzt feststellen, dass dir große Teile der Geschichte (und damit einige der Barnum-Statements) im Gedächtnis geblieben sind. Der Rest ist Wiederholung und Gewöhnung.

METHODE ZUM SCHNELLEREN AUSWENDIGLERNEN

An dieser Stelle gebe ich dir noch ein paar Tipps, um diese Geschichte möglichst effizient auswendig zu lernen (falls du die Tipps überhaupt brauchst! Vielleicht ist ja bei dir auch schon alles fest verankert).

Als Richard Webster mich 2011 die Grundtechniken des Cold Reading lehrte, gab er mir ein paar bedruckte Karteikärtchen. Jede Karte hatte eine der Handlinien auf der Vorderseite und ein dazugehöriges Barnum-Statement auf der Rückseite. Ähnlich wie du heute die Barnum-Statements anhand einer Geschichte auswendig lernst, lernte ich sie anhand der Bildchen verschiedener Handlinien. Sobald ich meinen Freunden ein Reading gab, brauchte ich nur ihre Handlinien zu sehen und das dazugehörige Barnum-Statement schoss mir in den Kopf.

Ich schlage dir heute einen ganz ähnlichen Ansatz zum weiteren Verinnerlichen deiner ersten acht Barnum-Statements vor. Diese Methode braucht etwas Einsatz deinerseits, kann dir aber die nötige Hilfestellung dabei geben, die Statements wirklich fix in deinen Kopf zu bekommen.

Besorg dir irgendwo acht Karteikärtchen und einen Stift. Jedes der Kärtchen wird eine der acht Stationen dieser Geschichte beinhalten. Auf die Vorderseite der Karten schreibst du jeweils die folgenden Informationen:

1. Die jeweilige Nummer der Station der Geschichte (von 1 bis 8).
2. Die szenische Umschreibung des jeweiligen Teils der Bungee-Geschichte. Zum Beispiel: »Komfort ist schön, aber manchmal braucht es ein Abenteuer im Leben. Heute springst du Bungee« oder »Obwohl dir die Knie zittern, unterdrückst du deine Angst und springst ab«. Du findest diese Beschreibungen zu jeder Station weiter vorn im Kapitel.
3. Das Schlüsselwort der jeweiligen Umschreibung. Entweder unterstreichst oder markierst du es in der Umschreibung, oder du schreibst es nochmal alleinstehend auffällig mit auf die Karte.
4. Ein Bild, das zur jeweiligen Szene passt. Hierbei braucht es sich um kein künstlerisches Meisterwerk zu handeln: Eine kleine Skizze mit Strichfiguren reicht völlig aus. Du könntest zum Beispiel für Station 2, »Das sollen deine Freunde und Follower unbedingt bewundern. Livestream!«, ein paar

Strichmännchen malen, die eifrig mit ihren Handys und Kameras beschäftigt sind.

Niemand außer dir braucht dieses Bild zu sehen. Es ist bloß so, dass es uns oftmals viel leichter fällt, uns Bilder statt Worte zu merken. Vor allem dann, wenn wir sie selber gemalt haben.

Auf die Rückseite der Kärtchen kommt Folgendes:

1. Das der Vorderseite entsprechende ursprüngliche Barnum-Statement, zum Beispiel »Du bevorzugst ein gewisses Maß an Abwechslung und Veränderung und bist unzufrieden, wenn dich Regeln und Verbote einengen«. Du findest das dazugehörige Barnum-Statement zu jeder Station unserer Geschichte weiter oben im Kapitel.
2. Mindestens drei mögliche Umformulierungen für das jeweilige Barnum-Statement, wie zum Beispiel »Du hast eine rebellische Seite, auch wenn du weißt, wann du sie besser unter Kontrolle hältst«. Wenn du möchtest, kannst du einige meiner Vorschläge aus diesem Kapitel übernehmen. Ich lade dich aber auch ein, dir pro Kärtchen eine oder mehrere eigene Formulierungen zu überlegen, die den Grundgedanken des jeweiligen Barnum-Statements widerspiegeln. Auf diese Art entwickelst du ein tiefes Verständnis dafür, welche geteilte menschliche Erfahrung sich hinter jedem Statement verbirgt und wie du sie im Gespräch mit deinem Gegenüber in deinen eigenen Worten zum Ausdruck bringen kannst.

Du könntest dir diese Kärtchen am Laptop designen und dann ausdrucken. Ich empfehle aber, dass du sie von Hand schreibst und malst. Das hat einen viel größeren positiven Effekt auf den Prozess des Auswendiglernens. Wenn ich einen Vortrag halte oder eine neue Show spiele, schreibe ich vorher immer zumindest die groben Stichpunkte sowie einzelne Sätze aus meinem Skript von Hand in ein Notizbuch, weil ich mir den Text dann viel schneller merken kann.

Du kannst deine Karteikärtchen auf verschiedene Arten einsetzen. Zum Anfang ist es hilfreich, wenn du sie in die Reihenfolge der Bungee-Geschichte legst, Vorderseite (mit Bild) zu dir weisend. Jetzt erzählst du dir mithilfe der Kärtchen selbst die Geschichte. Schau dir das vordere Kärtchen an, und versuche dich – ohne es umzudrehen – mithilfe des Bildes, der Szene und deines Schlüsselwortes daran zu erinnern, welches Barnum-Statement sich hier verbirgt. Sobald du das Statement raushast, versuche auf ein paar Umformulierungen für dieses Statement zu kommen. Falls du eine Starthilfe brauchst, kannst du dein Kärtchen umdrehen und die Rückseite betrachten. Wenn du mit dem Kärtchen fertig bist, leg es noch nicht weg. Versuche dich erst daran zu erinnern, welches Kärtchen als *nächstes* kommt, ohne es schon gesehen zu haben. Auf diese Weise verkettest du die Stationen der Geschichte untereinander. Wenn du dich später an eine Station erinnerst, erinnerst du dich automatisch auch an die nächste Station.

Sobald du dich ein bisschen mit den Kärtchen vertraut gemacht hast, kannst du anfangen, zufällig Kärtchen auszuwählen und dich daran zu erinnern, welches Barnum-Statement sich auf ihrer Rückseite verbirgt. Du kannst die Geschichte auch rückwärts von Station 8 bis 1 durchlaufen. Sobald du dich bereit fühlst, dreh die Kärtchen um: Jetzt beginnst du mit der Rückseite und versuchst dich daran zu erinnern, welche Nummer, welches Bild, welche Szene und welches Schlüsselwort zum sichtbaren Barnum-Statement gehören.

Das Lernen mit Karteikärtchen auf diese Art ist extrem effektiv. Es werden sowohl beim Kreieren der Kärtchen als auch beim Lernen mit ihnen eine Vielzahl an Verknüpfungen erstellt, die sicherstellen, dass die Barnum-Statements und die Bungee-Geschichte dir immer auf Abruf verfügbar sein werden. Nimm die Kärtchen in der Tasche oder im Rucksack mit und übe ab und an mit ihnen: beim Warten auf den Bus, in der U-Bahn, beim Warten auf den Kaffee. Du brauchst nicht lange am Stück mit ihnen zu üben, solange du oft und immer wieder für einen kurzen Moment mit ihnen arbeitest.

Kapitel 6

Praxis des Cold Reading – oder: Wie du in nullkommanichts ein Experte im Wahrsagen wirst

Vielleicht hast du beim Lesen der vorigen Kapitel schon ein paar kurze Versuche mit deinen Freunden durchgeführt, wie zum Beispiel den kurzen vermeintlichen Persönlichkeitstest aus Kapitel 2. In diesem Fall hast du schon ein Gefühl für die verblüffende Wirksamkeit der Barnum-Statements bekommen können. Falls nicht, bekommst du jetzt die Chance dazu.

Du hast dir bis hierher einen guten Überblick über die Theorie der Barnum-Statements verschafft. Das nutzt dir aber gar nichts, wenn du die Theorie nicht in der Praxis anzuwenden weißt. Deshalb wagen wir an dieser Stelle den Sprung ins kalte Wasser. Ich erkläre dir in diesem Kapitel zwei Übungen. Die erste der beiden Übungen führt dich spielerisch an die Anwendung von Barnum-Statements heran. Ich zeige dir, wie du deinen Freunden (scheinbar) über einen kurzen Test ihren Charakter analysierst, die Hand liest oder ihnen die Karten legst. In der zweiten Übung stelle ich dir ein allererstes Sprachmuster vor, welches du in Kombination mit den bisher gelernten Barnum-Statements nutzen kannst, um im Alltag auf die Schnelle eine Verbindung zu deinen Mitmenschen aufzubauen.

Der Drei-Zahlen-Test: Wie du deinen Freunden scheinbar die Karten liest (oder die Hand oder die Aura oder mit ihrem Spirit-Animal sprichst)

Weißt du noch, was mir damals in Tokyo passierte? Ich bat den Producer unserer Aufzeichnung um eine dreistellige Zahl und gab ihm, scheinbar auf seiner Zahl basiert, eine Analyse seines Charakters. Hier erkläre ich dir den »Trick« dahinter. In Wirklichkeit griff ich nämlich auf die mit seiner Zahl korrespondierenden Barnum-Statements in meinem System zurück. Denselben Ansatz lernst du jetzt – zur Unterhaltung deiner selbst sowie deiner Freunde. Wichtig ist, dass du dabei immer im Kopf hast, dass du nicht *wirklich* wahrsagst (statt die *Transcendental Choice* zu begehen und dich selbst von deinen vermeintlichen übernatürlichen Fähigkeiten zu überzeugen). Es geht bei dieser Übung um ein unterhaltsames Spiel. Wenn deine Freunde fragen, tust du gut daran, ihnen den faszinierenden psychologischen Hintergrund zu erklären, statt irgendetwas von Hellseherei zu erzählen.

Du trägst in deinem Kopf bisher acht Barnum-Statements, zusammengehalten durch die mnemotechnische Hilfestellung der Bungee-Geschichte. Du wirst jetzt einige dieser Barnum-Statements nutzen, um kurzzeitig in die Rolle eines Wahrsagers zu schlüpfen und deinen Freunden ein Reading zu geben. Erinnerst du dich an die vier Ecksteine erfolgreicher Wahrsager aus Kapitel 2? Um eine Wahrsage-Sitzung überzeugend rüberzubringen, benötigst du *Autorität,* ein *Orakel,* etwas *Performance* sowie das richtige *Feedback.*

Die Autorität für ein spielerisches Reading zu erlangen, ist relativ unkompliziert. Es reicht, wenn du beim nächsten Kaffee oder während des Vorglühens das Thema Wahrsagen kurz anschneidest: »Kennst du schon den Drei-Zahlen-Test? Ich habe da letztens einen Artikel zu gelesen. Das ist ein kurzer Test, der dir Sachen über deine Persönlichkeit verrät.«

Du könntest an dieser Stelle anbieten, diesen Test auszuprobieren. Viel besser wird das Ganze aber sein, wenn deine Freunde die Initiative ergreifen. Sobald sie dich darum bitten, den Test mit ihnen durchzuführen, haben sie nämlich schon selbst in seinen Erfolg investiert. »Okay«, sagst du, »ich bin aber kein Experte darin, hilf mir also ein bisschen und erwarte nicht zu viel.« Indem du die Erwartungshaltung senkst, nimmst du dir selber den Erfolgsdruck.

Das Orakel wäre in diesem Fall der Drei-Zahlen-Test. Diesen Test gibt es so nicht. Er klingt aber (mehr oder weniger) seriös, fungiert als Orakel und gibt dir eine einfache Hilfestellung, um deine Cold-Reading-Skills zu verfeinern.

Nun zur Performance. Jeder erfolgreiche Wahrsager muss zumindest ein wenig Brimborium um sein Orakel machen. Bitte dein Gegenüber darum, eine dreistellige Zahl auf einen Zettel zu schreiben. »Denk aber einen kurzen Moment darüber nach, welche Zahl. Es dürfen sich keine Ziffern wiederholen. Das ist wichtig.« – das reicht schon. Du kreierst den Eindruck, als gebe es ein bestimmtes System zu befolgen. Das ist so ähnlich, als wenn dich das Medium vor dem Lesen der Tarotkarten darum bittet, die Karten »mit Gefühl« zu mischen und dir dann »langsam und intuitiv« drei Karten auszusuchen. Plötzlich erscheint alles besonders legitim. Wieso sonst sollte man all diese Schritte so genau befolgen müssen?

Sobald dein Gegenüber drei Zahlen aufgeschrieben hat, nimmst du dir einen kurzen Moment, um sie scheinbar eingehend zu analysieren.

Zuletzt das Feedback. Vor dir siehst du eine dreistellige Zahl, ohne wiederholte Ziffern. Aufgrund jeder einzelnen Ziffer formulierst du gleich jeweils ein Barnum-Statement. Das bedeutet, dass die Analyse aus insgesamt drei Statements bestehen wird. Das machst du wie folgt: Bisher hast du acht Barnum-Statements auswendig gelernt. Jedes Statement korrespondiert mit einer Zahl von 1 bis 8 (du erinnerst dich an die Zahlen auf den Karteikärtchen?). Wenn du eine Eins siehst, dann präsentierst du Barnum-Statement Nummer 1 in unserem System. Ausgehend von der Bungee-Geschichte im vorigen Kapitel und unserem »ABSPRUNG«-Akronym wäre das erste Statement »Du bevorzugst ein gewisses Maß an Abwechslung und Veränderung und bist unzufrieden, wenn dich Regeln und Verbote einengen« (Buchstabe A von ABSPRUNG, Schlüsselwort »Abenteuer«). Dabei ist es wie schon erwähnt nicht wichtig, dass du das Statement Wort für Wort wiedergibst, sondern dass du den Grundgedanken hinter diesem Statement auf deine eigene Art und Weise formulierst.

›Halt!‹, denkst du jetzt vielleicht. Was, wenn du eine Null oder Neun in der dreistelligen Zahl siehst? Bisher hast du doch erst acht Barnum-Statements auswendig gelernt! Richtig. Wenn du eine Null oder eine Neun siehst, ersetzt du sie mental einfach durch eine andere (nicht vorhandene) Zahl. Die Zahl 408 könntest du also (mental) zu 418 umändern und würdest dann darauf basierend deine Analyse geben.

Es ist wichtig, dass du dir immer wieder vor Augen führst, dass diese Zahlen *rein gar nichts* mit deiner Analyse zu tun haben. Es gibt nur zwei Gründe, aus denen wir für dieses kleine Wahrsagespiel darauf zurückgreifen. Erstens sieht dein Gegenüber auf diese Art ein vermeintlich legitimes Orakelsystem und wird den Barnum-Statements viel leichter zustimmen. Zweitens sind die Zahlen eine Art Zufallsgenerator für dich und zwingen dich, auf die Schnelle drei deiner Barnum-Statements zu formulieren, ohne dass du selber planen kannst, welche Statements das sein werden. So übst du dich darin, effektiv und schnell auf jedes der bisher gelernten Barnum-Statements zuzugreifen. Du könntest theoretisch auch alle drei Ziffern der Zahl mental ersetzen und, zum Beispiel, statt der Zahl 562 eine »Analyse« mit den Statements 289 geben. Der verspürten Genauigkeit deiner Analyse würde das keinen Abbruch tun. Die Zahlen sind nur Show für den Zuschauer und ein Zufallsgenerator für dich.

Ein typisches Szenario

Bass wummert, Stroboskop flackert, Körper bewegen sich, dicht an dicht, dir ist warm. Dein Bier schwappt über, die Hand ist klebrig, du bahnst dir einen Weg durch die Menge. Die Schlange vorm Klo ist krass lang, du trappelst nervös von Fuß zu Fuß, klebrige Hände sind leider gar nicht dein Ding, und außerdem musst du jetzt auch dringend mal das stille Örtchen benutzen.

»Na!«, schreit es von vorne. Einen kurzen Moment meinst du, dir einzubilden, eine der Diskokugeln rede mit dir. Dann siehst du: Es ist eine junge Frau, scheinbar leicht angetrunken, Glitzer im ganzen Gesicht verteilt, Pailletten auf dem Kleid, Scheinwerfer, die sich in riesigen Augen spiegeln. »Na!!!«, ruft sie noch einmal, »Ich bin Emma!« Du denkst kurz nach, schreist zurück: »Moin!« Ihr teilt einen kurzen Moment. Was sagt man jetzt? »Bist du öfter hier« wirkt so ausgeleiert, »Und was machst du so« ist auch nicht besonders originell. In deinem Kopf formt sich eine Idee. Vor deinem inneren Auge siehst du ein Buchcover, ein junger Mann mit lockigem Haar winkt dir einladend zu. »Tu es ...«, flüstert er dir zu, »... das ist der perfekte Moment.« Anscheinend bist du betrunkener, als du dachtest.

»Emma, kennst du den Drei-Zahlen-Test?«, fragst du über die wummernde Musik hinweg. Emma guckt etwas irritiert. »Was?« – »Den Drei-Zahlen-Test? Das ist ein kurzer Persönlichkeitstest…« Ihr Lächeln wird breiter, sie dreht sich zu dir, ihre ganze Körpersprache sagt jetzt *tell me more*. Du schaust kurz zur Toilettenreihe. Das dauert noch. »Hol mal dein Handy raus«, instruierst du sie. »Und dann gib eine dreist… dreistä… tipp auf drei Zahlen. Verschiedene.« Sie grinst, sagt: »Wenn du meine Nummer willst, könntest du auch einfach fragen«, tut dann aber, wie ihr geheißen. Du blickst auf ihr Display. *543*. Du kratzt dich am Kinn, fasst kurz deinen Pentagrammring an, ignorierst deine dringlich auf sich aufmerksam machende Blase. Blickst Emma an. »Hmmmm. Die Fünf hier deutet darauf hin, dass du manchmal zu viel zweifelst. Statt dich ständig zu sorgen, solltest du vielleicht einfach mal machen. Ich glaub, das liegt daran, dass du oft zu viel von dir selber erwartest. Das zeigt die Vier. Du hast einen krassen Drang zur Perfektion, auch wenn du das nach außen hin nicht immer offen zeigst. Und die Drei … viele deiner Zweifel, dein Drang zur Perfektion, kommen daher, dass du versuchst, für dich, aber vor allem für deine Lieben zu sorgen. Du willst, dass es allen um dich herum gut geht, und verlangst dir deshalb manchmal selber zu viel ab.«

Bass wummert, Stroboskop flackert, Emma schaut dich verdutzt an. Ihr Mund formt ein wortloses *Wow*. Dann sagt sie: »Das war ja mega! Willst du vor?« Sie bietet dir ihren Platz in der Schlange an. »Gerne! Danke! Du bist die Beste!«, bedankst du dich euphorisch und trittst vor sie in die Reihe. Emma winkt ab: »Klar. Wir Mädels müssen doch zusammenhalten…«

Das Wichtigste beim Geben eines kurzen Readings ist, dass du versuchst, die verschiedenen Barnum-Statements aufeinander Bezug nehmen zu lassen. So wirkt es weniger, als ob du einfach ein paar auswendig gelernte Sätze aneinanderreihst, und mehr so, als würdest du deinem Gegenüber tatsächlich eine umfassende Analyse seines Charakters geben.

Du kannst dir für diese Übung natürlich auch ein eigenes Orakel ausdenken. Vielleicht instruierst du deine Freundin, drei Spielkarten auszuwählen, oder du bittest sie, dir ihren Bauchnabel zu zeigen (das gibt es übrigens wirklich: *Omphalomantie* ist die Kunst, anhand der Form des Bauchnabels die Zukunft vorherzusagen), oder du bittest eine Person darum, einen Dinosaurier zu malen. Weil das Orakel völlig egal ist, kannst du mit diesem Spiel zumindest ein bisschen wie ein Experte im Handlesen oder Tarotkartenlegen oder jedem anderen System dastehen.

Manchmal bitte ich drei Leute gleichzeitig, eine dreistellige Zahl auf jeweils einen Zettel zu schreiben. Die Zettel werden so gemischt, dass ich nicht weiß, wem welche Zahl gehört. Dann gebe ich zu jeder Zahl eine angebliche Charakteranalyse und versuche zu erkennen, welche der Personen darauf reagiert (weil es ihre Zahl ist). Oftmals kann ich am Ende jede Zahl der entsprechenden Person zuteilen.

Das Ziel dieser Übung ist dreigeteilt. Erstens soll sie dich mit der Effektivität der Barnum-Statements vertraut machen. Zweitens sollst du dich daran gewöhnen, auf die Schnelle Barnum-Statements neu zu formulieren. Drittens sollst du eine Menge Spaß mit deinen Freunden und diesem kleinen psychologischen Experiment haben. Also: viel Spaß!

Wie du Cold Reading im Alltag einsetzt

Es bereitet mir großes Vergnügen, dir an dieser Stelle deine zwei ersten Techniken zum Einsatz von Barnum-Statements in deinem Alltag vorstellen zu dürfen (später stelle ich dir mein ganzes Repertoire, sozusagen meine verbale Werkzeugkiste in Sachen Cold Reading, zur Verfügung, aber für den Moment machen wir hier den Anfang).

Das Ziel beim Einsatz von Barnum-Statements ist es, unserem Gegenüber zu zeigen: Wir sind uns ähnlich, wir teilen etwas miteinander, *ich verstehe dich.* Die einfachste Art, dies zu erzielen, ist, indem wir ein Barnum-Statement auf uns selbst beziehen und darauf hoffen, dass unser Gegenüber anmerkt, dass es ihm oftmals ähnlich geht. So brauchen wir nicht einmal darauf zu verweisen, wie ähnlich wir uns sind. Unser Gegenüber zieht diesen Schluss von selbst. Wie du vielleicht noch weißt, sind jene Ideen besonders effektiv, auf die unser Gegenüber vermeintlich selbst gekommen ist.

Der Prozess »Ich sage etwas, du beziehst es wohl/nicht auf dich« kommt im Gespräch ziemlich häufig vor. Das ist nichts anderes, als wenn ich zu dir sage: »Ich liebe Hunde« und du dann anmerkst: »Oh mein Gott, ich auch, wir sind Seelenverwandte!« (ganz so weit gehst du hoffentlich nicht, das ist creepy). Wir als Menschen möchten von Natur aus etwas mit unseren Mitmenschen gemein haben. Wenn wir uns ähnlich sind, stehen die Chancen besser, dass wir uns zu einer Gruppe zusammenschließen. Das bedeutet(e) wiederum bessere Überlebenschancen. Deshalb suchen wir oftmals unbewusst, aber aktiv nach Gemeinsamkeiten. Aus demselben Grund vertrauen wir instinktiv den Menschen, die uns ähnlich sind. Wir sind zum Beispiel instinktiv geneigt, Menschen zu vertrauen, die uns ähnlich sehen oder die Menschen ähnlich sehen, denen wir schon vertrauen (Anmerkung: Das heißt absolut nicht, dass wir Menschen, die uns ähnlich sehen, eher trauen *sollten* – oder gar Menschen, die uns wenig ähnlich sehen, misstrauen sollten. Mensch ist Mensch. Diese Beobachtung darf kein Vorwand für Rassismus oder Diskriminierung sein.). Das gilt auch für kulturelle Merkmale (so kann ein bestimmter Kleidungsstil Indiz für die Zugehörigkeit zu einer Gruppe sein, der aufgrund der eigenen Zugehörigkeit instinktiv vertraut wird) und für unsere Werte (ganz extrem sehen wir das zum Beispiel in den USA, wo die politische Seite der Republikaner den Demokraten aus Prinzip aufgrund entgegengesetzter politischer Werte misstraut).

Sprachmuster #1: Umschreibung eigener interner Erfahrungen

Barnum-Statements sagen etwas über unsere interne Erfahrung aus. Sie wirken spezifisch genug, um bei unserem Gegenüber ein Gefühl von »Wow, wir sind uns ziemlich ähnlich« auszulösen. Um dieses Gefühl auszulösen, reicht es, wenn wir ein Barnum-Statement nutzen, um unserem Gegenüber verbal eine unserer eigenen Erfahrungen zu umschreiben. Etwa: »Ich mag es ja total, mit meinen Freunden Zeit zu verbringen und sozial zu sein, aber manchmal fühle ich mich plötzlich, als ob ich einfach Zeit für mich allein brauche, um meine Batterien wieder aufzuladen.«

Stell dir vor, wir beide würden uns unterhalten und ich würde obiges Barnum-Statement über mich selbst machen. Wie würdest du wohl reagieren? Ich glaube, die Wahrscheinlichkeit wäre groß, dass du so etwas wie »Ja, das kenne ich, mir geht's manchmal auch so« sagen würdest. Plötzlich haben wir einen gemeinsamen Berührungspunkt. Unsere internen Erfahrungen sind sich ähnlich. Daraus ziehst du instinktiv den Schluss, dass wir uns ähneln und einander (natürlich bis zu einem bestimmten Punkt) deshalb vertrauen können.

Dieser Effekt wird größer je spezifischer das gemachte Barnum-Statement ist. Wenn ich zu dir sage »Manchmal werde ich abends müde und gehe schlafen« oder »Manchmal, wenn ich Hunger habe, esse ich«, wirst du vermutlich nicht besonders beeindruckt von unserer großen Ähnlichkeit sein. Diese Statements sind nicht nur allgemein, sondern *zu* allgemein. Wenn ich aber sage »Manchmal macht es mich total müde, in einem Raum voller Menschen zu sein … manchmal fühle ich mich sogar in einem Raum voller Kollegen und Freunde einsam und abgeschottet« oder »Kennst du das, dass du isst, wenn du gar keinen Hunger hast? Ich merke das meistens nicht einmal. Ich versuche besser für mich selbst zu sorgen, aber irgendwie kann ich das nie über längere Zeit beibehalten«, dann sind diese Statements viel spezifischer und werden bei dir eine größere Vertrauensreaktion auslösen. In Kapitel 17 lernst du zu eben diesem Zwecke, wie du selber eigene Barnum-Statements entwickelst und wie du existierende Barnum-Statements spezifisch auf dein Gegenüber anpasst.

An dieser Stelle halten wir uns aber an die Umschreibung unserer eigenen internen Erfahrungen mittels eines Barnum-Statements.

HIER SIND EIN PAAR FORMULIERUNGEN, DIE DU DAFÜR NUTZEN KANNST

Geht es dir auch manchmal so, dass … + Barnum-Statement

(»Geht es dir auch manchmal so, dass du dir total schwer deine eigenen Schwächen eingestehen kannst?«)

– Ich merke bei mir selbst, dass … + Barnum-Statement

(»Ich merke bei mir selbst, dass ich mir manchmal so viele Sorgen um meine vergangenen Entscheidungen mache, dass ich keinen Schritt nach vorne tun kann.«)

– Manchmal fühle ich mich, als ob … + Barnum-Statement

(»Manchmal fühle ich mich, als ob ich durch zu viele Regeln demotiviert und lustlos werde.«)

– Wenn ich ehrlich bin … + Barnum-Statement

(»Wenn ich ehrlich bin, bin ich manchmal immer noch verwirrt, wenn es um Dating und Romantik geht.«)

In den meisten Fällen genügt es, ein Barnum-Statement über dich selbst auf diese Art ins Gespräch einzustreuen. Dein Gesprächspartner wird mit großer Wahrscheinlichkeit darauf eingehen. Auch deshalb, weil viele Statements fast wie ein privates kleines Geständnis wirken. Du zeigst dich offen und verletzlich. Das nährt Vertrauen. Wenn du aber auf Nummer sicher gehen möchtest, dass du eine Reaktion bekommst, kannst du so eine Umschreibung deiner Erfahrungen mit einer Frage abschließen: »Wenn ich ehrlich bin, gefällt es mir, das Gefühl zu haben, gebraucht zu werden. Kennst du das auch?« Durch eine Frage nach dem Barnum-Statement bringst du dein Gegenüber dazu, aktiv über das Statement nachzudenken und es auf sich selber zu beziehen.

Dieses Sprachmuster öffnet dir die Tür, um im Gespräch auf ein intimeres Level zu kommen. Hör deinem Gegenüber aufmerksam zu, und folge ab dort dem natürlichen Verlauf des Gesprächs. Falls dein Gegenüber nur eine kurze Reaktion bietet (»Ja, kenne ich«), kannst du mit einer Folgefrage eine länge Reaktion herauskitzeln: »… und wie gehst du damit um?«

Always remember: Sei interessiert, nicht interessant. Cold Reading ist der Schlüssel, der dir die Tür zum Vertrauen deines Gegenübers öffnet. Das Vertrauen brauchst du, damit dein Gegenüber dir frei von sich selbst erzählt. Wenn du dank Barnum-Statements durch diese Tür trittst, dann aber selber wie ein Wasserfall laberst, hast du nichts erreichst.

Sprachmuster #2: Rettung durch Faszination

Was, wenn dein Gegenüber sich nicht mit dem angebotenen Barnum-Statement identifiziert? Keine Sorge, verloren hast du so oder so nichts. Die in diesen Statements beschriebenen Werte sind nicht polarisierend genug, als dass du dir mit ihrem Einsatz ins Knie schießen könntest. Schließlich sagst du nicht: »Ich hasse Kinder ... kennst du das auch?«, sondern hältst dich an etwas allgemeinere menschliche Erfahrungen. Wenn dein Gegenüber das Statement nicht annimmt, hast du keinen Schaden angerichtet. Im Gegenteil: Du hast dich, wie bereits erwähnt, offen gezeigt und damit einen ersten Schritt hin zur Vertrauensbasis geschaffen. Du kannst dich bei einem nicht angenommenen Statement außerdem auch noch retten, indem du dich *fasziniert* von der Antwort deines Gegenübers zeigst. Das könnte etwas so aussehen. »Ich gebe mir ziemlich oft selber die Schuld, wenn etwas im Leben mal nicht gelingt. Kennst du das?« – »Nein, das geht mir nicht so.« – *(Faszination)* »Wirklich nicht? Wie gehst du denn damit um, wenn etwas schiefgeht?«

Du zeigst dich neugierig und interessiert (nochmal: sei interessiert, nicht interessant) an deinem Gesprächspartner und folgst deinem nicht angenommenen Barnum-Statement mit einer weiteren Frage über dein Gegenüber, die hoffentlich dazu führt, dass es sich dir etwas weiter öffnet.

Und jetzt ab mit dir! Nimm die in diesem Kapitel beschriebenen praktischen Übungen, und probiere sie selber aus. Sammle eigene Erfahrungen. Gehe spielerisch an das Ganze ran, und verzage nicht, wenn es sich anfangs vielleicht noch etwas holprig anfühlt. Mit etwas Übung läuft das Cold Reading auch bei dir bald wie geschmiert! Entspann dich einfach, du hast nichts zu verlieren.

Kapitel 7

Interview mit Richard Webster – oder: Sieben Kühe im Gras

2011, Auckland, Neuseeland

Sanftes Grün auf sich seicht wölbenden Hügeln erstreckt sich idyllisch, so weit das Auge reicht. Bis auf das leise Säuseln des Windes herrscht eine wunderbare Ruhe unter blauem Himmel.

Das Knurren eines Motors wird langsam über die Landschaft herangetragen, wird lauter, zerfetzt die Stille. Irgendwo zwischen Eigentlich-schon-müde und Ich-gebe-garantiert-noch-nicht-auf trägt der zum Motor gehörige silberne Jaguar seine Insassen über die üppige Graslandschaft außerhalb von Auckland. Geröll und Kies springen zur Seite, als der Wagen mit quietschend-ächzenden Bremsen zum Stehen kommt. Flügeltüren öffnen sich und ich steige ungeschickt auf der Beifahrerseite aus. Als ich mich umdrehe, spiegelt sich in der Frontscheibe dramatisch ein von der Sonnenbrille des Fahrers zurückgeworfener Lichtstrahl. Der Boden knirscht, als zwei grüne Crocs aus dem Auto schwingen.

»Lektion eins«, sagt Richard, während wir gemächlich durch die atemberaubend schöne Natur Neuseelands spazieren, »eigentlich möchte jeder nur verstanden werden.« Ich nicke, tue mein Bestes, um es so aussehen zu lassen, als würde ich seinen Worten sofort eine tiefe Wahrheit entnehmen. »Eigentlich möchte jeder nur verstanden werden«, wiederhole ich. Richard läuft schweigend weiter. Obwohl er zwei Köpfe kleiner ist als ich, wirkt er größer, irgendwie erhabener. Neben ihm komme ich mir unelegant vor, *Körperklaus* schießt es mir durch den Kopf, ich bewege mich ständig, zapple rum. Richard wirkt wie die Ruhe selbst. Ich verschränke mit dem Ziel, seriös zu wirken, versuchsweise die Arme hinter meinem Rücken.

»Lektion zwei. Weil jeder verstanden werden möchte, ist das interessanteste Thema für jeden von uns er oder sie selbst. Meistens zeigt keiner Interesse an dem anderen. Wenn du als Handleser über jemanden sprichst und nette Dinge sagst, wird man dich dafür lieben.« – »Du meinst, ich sollte Komplimente machen?« – »Auch. Aber nicht zu viel. *Don't go over the top*. Wenn sie merken, dass du nur darauf aus bist, ihnen zu schmeicheln, verlierst du sofort jede Verbindung zu ihnen. Wenn du nicht authentisch bist, vergibst du schnell deine Chance, durch deine Readings neue Freunde zu gewinnen.«

Ich denke kurz nach. Dann frage ich: »Hast du deshalb angefangen, Readings zu geben? – Um Freunde zu gewinnen?« Richard wirkt eigentlich wie die Art Mensch, mit der jeder befreundet sein möchte. Er lacht, als hätte er meine Gedanken gelesen. »Nein. Viele Menschen werden irrtümlicherweise Künstler, um entweder Freunde zu gewinnen oder um Geld zu machen. Für mich war es das Zweite. Ich fing an, Readings zu geben, als Margaret[2] und ich kein Geld hatten. Zu dem Zeitpunkt verdiente ich uns mit Rasenmähen und Klavierunterricht etwas dazu – eine schlechte Kombination übrigens, weil man ständig dreckige Finger hat –, und frühmorgens verteilte ich auf meinem Fahrrad Brötchen.« Ich versuche mir Richard mit 25, 30 vorzustellen, wie er Rasen mäht und Brötchen liefert. Damals war ich noch nicht geboren. Damals dachten meine Eltern noch nicht einmal daran, sich kennen zu lernen. So viele Jahre, und trotzdem sind Jahre zwischen Freunden (irgendwie glaube ich, wir sind dabei, Freunde zu werden) manchmal nichts weiter als eine Zahl.

»Wir hatten drei Kinder zu ernähren und ein Haus abzuzahlen. Irgendwann fiel mir ein Buch zum Handlesen in die Hände. Ich entschloss mich, auf einem Flohmarkt einen Stand zu öffnen und den Leuten für drei Dollar aus der Hand zu lesen. Als ich nach mehreren Stunden von meinem Tisch aufblickte, hatten alle anderen Händler ihre Tische schon wieder eingepackt! Bei mir stand aber immer noch eine lange Warteschlange. An dem Tag kam ich aus damaliger Sicht mit einem kleinen Vermögen zu Margaret nach Hause.«

2 Richards wundervolle Ehefrau. Ihr grüner Daumen sowie ihre kunstvollen Mandalas sind legendär.

2018, Frankfurt, Deutschland, 8 Uhr morgens (aka viel zu früh)

Die Schiebetür zur Hotelbar öffnet sich, Richard begrüßt uns mit ausgebreiteten Armen. »Timon! Good to see you! And … Sarah! So good to finally meet you. I've heard so many great things about you.« Er nimmt erst mich, dann Sarah in den Arm. Richard Webster: unkompliziert, offen, freundlich. Gutherzig. Manchmal gibt es Worte, die eine Person perfekt umschreiben, und *gutherzig* ist Richards Wort. Wir setzen uns an den Frühstückstisch. »So …«, sagt Richard, »… hast du es dabei?« Ich lege ein Buch vor ihm auf den Tisch. »Das ist für dich.« Auf dem Cover befindet sich ein etwas reißerisches Foto von mir, mein Abbild zeigt auf den Leser, darunter steht in roten Lettern: »Du bist Mentalist!« Mein erstes für die breite Öffentlichkeit geschriebenes Buch feiert auf der Frankfurter Buchmesse seinen Release. Ich bin stolz wie Bolle. Richard auch. Er fragt: »Unterschreibst du es mir?« Mit einem Finger öffne ich die Innenseite des Umschlags und sage: »Schon geschehen.«

Richard liest leise lächelnd die Widmung. Dann dreht er sich zu Sarah. »Genug von deinem Freund … erzähl mir von dir. Ich habe gehört, du bist ein ganz besonderer Mensch.«

2020, Auckland, Neuseeland & Amsterdam, Niederlande,
11 Uhr morgens & 23 Uhr abends respektive

I »Okay. Also. Erste Frage. Benutzt du Cold Reading außerhalb von einem formalen Reading? Also im echten Leben?«

R »Ziemlich häufig sogar. Habe ich dir mal erzählt, wie ich auf Flohmärkten angefangen habe, Leuten aus der Hand zu lesen? Später habe ich bei Leuten zu Hause sogenannte Horoskoppartys gemacht. Da habe ich den Gästen zur Unterhaltung ihr Horoskop gelesen. Nachdem ich das sieben Jahre lang gemacht hatte, wurde mein Gehirn zu Brei. Zum Glück gewann meine Karriere als Autor zu dem Zeitpunkt an Fahrt. Seitdem habe ich nicht mehr so intensiv und regelmäßig Readings in formalen Settings gegeben. Aber Cold Reading ist immer eine großartige Möglichkeit für mich gewesen, um ——«

(Die Skype-Verbindung bricht kurz ab. Das Bild gefriert.)

R »Hallo? Ah. Anyway, wie ich schon sagte, Readings sind für mich immer eine Möglichkeit geblieben, um wortwörtlich Türen zu öffnen. Wenn ich zum Beispiel den CEO einer Firma kennen lernen möchte, dann hat er Sekretäre und Sekretärinnen, deren Job es ist, mich davon abzuhalten, diese Person kennen zu lernen. Aber wenn ich deren Hand lese, bin ich auf einmal kein Fremder mehr, sondern ihr Freund, und die Tür zum CEO öffnet sich mir viel leichter.«

T »So ähnlich möchte ich das meinen Lesern in meinem Buch auch beibringen. Es soll im Grunde darum gehen, Barnum-Statements zu nutzen, um etwas über deinen Mitmenschen oder dich selbst zu sagen, womit sich jede Person identifizieren kann. Damit man Rapport aufbaut.«

R »Etwas über dich selber zu offenbaren, ist sowieso eine gute Idee. Ich mache das oft. Wenn ich mich meinen Mitmenschen öffne, öffnen sich meine Mitmenschen mir gegenüber wahrscheinlich auch.«

T »Du meinst, du offenbarst etwas über dich selbst mit Cold-Reading-Techniken?«

R »Nein, einfach so. Letzte Woche war ich zum Beispiel beim Shopping Center bei mir um die Ecke. Da kam ich mit einem Mann ins Gespräch darüber, wie heiß es hier grade ist. Bei euch in den Niederlanden muss grade Winter sein, oder? Wie dem auch sei, ich erwähnte, dass ich um diese Zeit mal in Island war. Da waren es sechs Grad. Als an einem Tag die Sonne rauskam und es zehn Grad wurde, packten sofort alle ihre Badesachen aus und legten sich zum Sonnen raus!«

(Lacht.)

R »Und daraufhin kamen wir in ein Gespräch übers Reisen und danach über alles Mögliche. Aber weil ich mich diesem Fremden ein kleines bisschen geöffnet hatte, öffnete er sich mir auch. Das hat wenig mit Cold-Reading-Techniken zu tun, es ist einfach eine offene Einstellung. Aber wenn ich ein Reading gebe, hilft es auch, wenn ich erst etwas über mich selbst erzähle. So gebe ich meinem

Gegenüber die Erlaubnis und Sicherheit, dass es auch etwas über sich selber preisgeben kann. Ich mache mich ein bisschen verletzlich. Ein bisschen durchsichtiger.«

T »Okay. Ich verstehe! Danke. Ähm, zweite Frage. Eine Sekunde.«

(Ich versuche, meinen Zettel mit Fragen zu finden.)

T »Sorry, ich habe noch nie ein Interview geleitet … ah, hier. Ach ja. Wie stehst du zu Tarotkarten? Also, ich meine, ist da wirklich was Übernatürliches dran?«

R »Nein. Tarotkarten sind Stücke Papier. Aber es ist eine Menge Symbolik in ihren Bildern enthalten. Dahinter steckt keine Wissenschaft. Aber das Geben von Readings ist für mich auch mehr Kunst als Wissenschaft. Egal ob ich Barnum-Statements nutze oder mich an einem System fürs Handlesen entlanghangele oder ob ich Tarotkarten lese, ich lasse immer Platz für meine Gefühle. Wenn ich das Gefühl habe, dass zum Beispiel die ›offizielle‹ Bedeutung einer bestimmten Tarotkarte nicht zu meinem Gegenüber passt, dann passe ich sie an.«

T »Und woran merkst du das? Woher kommt dieses Gefühl?«

R »Menschen sprechen immer mit dir, auch wenn sie nichts sagen. Wenn ich in einem Reading etwas sage, das meinen Klienten interessiert, dann beugt sich diese Person zum Beispiel oftmals weiter zu mir. Darum ist es so wichtig, beim Cold Reading flexibel zu bleiben. Sag deinen Lesern, sie sollen die Barnum-Statements flexibel behandeln. Sie werden bestimmt noch mehr Erfolg haben, wenn sie ihren Gefühlen folgen und gegebenenfalls ein Barnum-Statement der Situation oder der Person entsprechend anpassen.«

(Lass es dir also an dieser Stelle gesagt sein: Bleib flexibel.)

T »Lässt du dir manchmal selber ein Reading geben?«

R »Nicht wirklich. Ich habe aber letztens einen Glückskeks gegessen, auf dem Papierchen stand ›Lach, solange du noch kannst‹.«

(Lacht.)

R »Ich glaube, ich wurde von einem Keks bedroht.«

T »Okay. Letzte Frage. Hast du ein paar gute Stories aus deiner Zeit als Reader? Oder aus deiner Zeit in der Mentalistenszene?«

R »Puh. Gute Frage. Eigentlich müsste mir da was einfallen ... aber grade nicht.«

T »Weißt du, dass hier immer noch das Gerücht kursiert, du könntest nur durch Gedankenkraft Kühe zum Umfallen bringen?«

(Lacht.)

R »Wieso ›immer noch‹?!«

T »Ja. Ich habe damals in Neuseeland auf meinem Reiseblog darüber geschrieben, wie wir auf den Wiesen außerhalb von Auckland spazieren waren und dass du auf eine Kuh gezeigt hast, die dann umgefallen ist. Ich glaube, ich habe das mal irgendwann geträumt ... das Bild habe ich nämlich noch ziemlich klar vor Augen.«

R »Das ist eine gute Geschichte. Wenn jemand fragt, dann sage ich, dass es stimmt. Jetzt fällt mir auch wieder eine ein. Sie ist ein bisschen traurig. Ich hatte jahrelang einen Klienten, der regelmäßig zu mir kam, um ein Reading zu kriegen. Unsere Treffen waren mehr wie eine kurze Therapiesession für ihn. Er war ein lieber und intelligenter Mann, aber sehr unsicher. Sein Problem war, dass er nie einen Partner oder eine Partnerin fand. Irgendwann entwarfen wir eine kurze Anzeige in der lokalen Zeitung für ihn, ›Mann, 42, unschuldig, sucht Liebe‹, mit Telefonnummer dabei. Er bekam fast 20 Antworten, traute sich aber nicht, auf auch nur eine davon zu antworten. Er hatte Angst, abgewiesen zu werden. Ich sagte ihm, er solle sich zumindest auf einen Kaffee treffen. Du kannst nicht vorher schon sagen, dass das nicht klappt, dann klappt es auch nicht. Aber er traute sich nicht.«

(Richard nimmt einen Schluck von seinem grünen Tee.)

R »Ein paar Jahre später starb er an einem Herzinfarkt, immer noch, ohne jemals einen Partner gehabt zu haben.«

T »Oh.«

R »Ja. Sehr traurig. Aber ich wollte diesen Menschen immer helfen. Wenn du so stabil im Leben stehst, dass du sowohl die materiellen Ressourcen als auch die Energie hast, anderen zu helfen, dann ist das eine der besten Arten, auf die man seine Zeit verbringen kann. Sei es durch Readings oder Charity-Arbeit oder sonst wie.«

T »Stimmt. Vielen Dank, dass du dir Zeit für das Interview genommen hast, das bedeutet mir viel.«

R »Gern geschehen. Mir ist grade übrigens noch eine gute Story aus meinem Leben als Mentalist eingefallen. Vor fast zehn Jahren lernte ich einen jungen 16-Jährigen kennen, mit großen Ambitionen, der unbedingt Magie in die Welt bringen wollte ... «

2018, Frankfurt, Deutschland, immer noch frühmorgens

Wir ziehen unsere Jacken an und bereiten uns darauf vor, zur Buchmesse zu laufen. Ich freue mich, Sarah und Richard zusammen lachen zu sehen. Beide bedeuten mir die Welt. Als Sarah sich kurz entschuldigt, nimmt Richard mich zur Seite. »She's special«, sagt er. Ich nicke.

Er sagt: »Wenn sie einen anschaut, dann fühlt man sich gesehen. Als ob sie einen wirklich verstehen möchte.« – »Ja. Ich glaube, darum lieben wir uns. Weil wir uns von Anfang an verstanden haben.« – »Und wahrscheinlich versteht ihr einander, weil ihr euch liebt«, sagt Richard, schüttelt den Kopf und lacht, »manchmal dreht sich so was eben einfach im Kreis.«

2011, Auckland, Neuseeland

»Was passierte danach?«, will ich wissen. »Hast du noch mehrmals auf Flohmärkten Hände gelesen?« Richard schüttelt seinen Kopf. »Nein. Irgendwann habe ich bei Leuten zu Hause Horoskope angeboten. Aber Cold Reading hat uns lange Zeit finanzielle Stabilität verliehen. Es gibt immer einen Markt dafür, mit Menschen über sich selbst zu reden. Lektion 3: Wenn du Menschen das Geschenk machen kannst, sie zu verstehen – oder ihnen zumindest das Gefühl zu geben, wirklich gesehen zu werden –, dann gibst du ihnen etwas menschlich unheimlich

Wertvolles. Darum geht es beim Cold Reading. Nicht darum, Leute zu beeindrucken. Es geht um *Connection.*«

Wir laufen noch eine Weile durch die grasbedeckten Hügel um Auckland. Bald wird Maria mich wieder abholen und zurück nach Hamilton fahren, morgen ist schließlich wieder ein Schultag an der Hillcrest Highschool in Hamilton. Wir stoppen an Richards Auto. Neben dem Parkplatz erstreckt sich ein langer Holzzaun, auf einer Weide dahinter stehen sieben grasende Kühe. »*Watch*«, sagt Richard, »schau her.« Er zeigt mit dem Zeigefinger auf die Herde Kühe. Wartet. Streckt einen weiteren Finger aus. Nichts passiert. Richard zuckt mit den Schultern. Er setzt seine Sonnenbrille auf, dreht sich um und läuft zum Jaguar. Grüne Crocs verschwinden im Auto. Ich nehme auf dem Beifahrersitz Platz. Der müde-doch-noch-lange-nicht-aufgebende Motor erwacht heulend zum Leben, Kies springt unter durchdrehenden Reifen in alle Richtungen, wir setzen uns in Bewegung.

Als ich aus dem Fenster über die Hügelweite blicke, liegen sieben Kühe regungslos im Gras.

2018, Amsterdam, Widmung, Innencover

»Richard – thank you for giving magic, for your inspiration, and for your friendship through the years. – Timon«

Kapitel 8

Gedächtnisstütze 2 – oder: Dein Tinder-Date

2017, Mein Handy, Amsterdam

Der Daumen fliegt regelrecht über den Bildschirm, horizontal, manchmal von rechts nach links, meistens von links nach rechts. Bunte Bildchen bewegen sich wie Fußballsammelkärtchen an meinen Augen vorbei. Right-Swipe, Right-Swipe, Right-Swipe, Left-Swipe, Right-Swipe, ein Rhythmus, der mit einem einzigen Finger ausgezählt wird, ab und zu (wenn wir ehrlich sind, ziemlich selten) vom Geräusch eines klingelnden Glöckchens unterbrochen: Match! Nach dem dramatischen und zu lang hinausgezögerten Ende einer Beziehung ertränke ich meine Unsicherheiten in einer App – geboren aus Gemütlichkeit, dem Aufmarsch des Internets und der voranschreitenden Symbiose aus Körper und Handy: Tinder. Praktisch, einfach, ohne Risiko fürs Ego. Meine Fotos sind sorgfältig auf das Betonen meiner Schokoladenseite (Kopf etwas nach links gedreht, Kinn nach vorne, Foto leicht von oben) gewählt. Der Text dazu ist kurz und knapp, weist (nicht) subtil auf meine intellektuelle Seite und demonstriert zugleich das gewisse Maß an Selbstironie:

> Studies philosophy. Can read your mind. Will somebody please tell me how to lower the difficulty-level on Tinder?
>
> (Studiere Philosophie. Kann deine Gedanken lesen. Kann mir mal bitte jemand sagen, wie ich den Schwierigkeitsgrad auf Tinder verringere?)

Zu viele Stunden gingen in das sorgfältige Formulieren obiger Zeilen. Effizient sind sie trotzdem nicht. Auf allen meinen (beiden) Tinder-Dates werde ich nicht ein einziges Mal auf das Gedankenlesen angesprochen. Dabei ist das doch mein persönlicher USP – mein Unique Selling Point! Nur ein einziges Mal fragt mich ein Mädchen, was es damit auf sich hat. Ich erkläre. Sie besteht darauf, dass ich versuche, die PIN ihrer Bankkarte zu erraten. Ich spiele »hard to get«. Sie winkt ab und fängt ein neues Gesprächsthema an. Ich rudere umgehend zurück und biete an, doch ihre PIN zu erraten. (*Smooth.*) Wir machen folgenden Deal aus: Wenn es mir nicht gelingt, ihre PIN zu benennen, dann bezahle ich das Abendessen. Gelingt es mir doch, so bezahle ich das Abendessen … mit ihrer Karte. Gesagt, getan. Ich schaffe es, ihr die PIN zu entlocken und zahle mit ihrer Karte für unser Date. Ich verspreche: »Das nächste Date geht auf mich …«

Das Schöne daran: Diese Geschichte ist zu 100 Prozent so passiert, das besagte Mädchen heißt Sarah und wurde meine Freundin, wir sind noch immer zusammen … und ich benutze noch immer ihre Kreditkarte.

Gruppe 2: Das Blind-Date

In Kapitel 5 habe ich dir eine Geschichte vorgestellt, welche dir dabei hilft, dir die acht relevantesten Barnum-Statements aus Bertram Forers Studie zu merken. Hier gebe ich dir eine weitere Gedächtnisstütze in Geschichtenform mit auf den Weg.

Unsere zweite mnemonische Geschichte dreht sich, du hast es geahnt, um ein Date. In dieser Geschichte verstecken sich die verbleibenden fünf von Bertram Forers Barnum-Statements. Hierbei handelt es sich um diejenigen Statements, die in der Studie von Baucom & Greene als nicht allgemeingültig eingestuft wurden. Dennoch identifizieren sich eine nicht geringe Anzahl deiner Mitmenschen mit diesen Statements. In meiner Erfahrung lassen sie sich in der richtigen Situation hervorragend nutzen. Wie auch schon bei den ersten acht Barnum-Statements habe ich diese Statements zur Vereinfachung der Gedächtnisarbeit in eine kurze Geschichte verpackt:

1. Du traust den spektakulären Tinder-Profilen nicht, sondern brauchst den **Beweis** im echten Leben. Zeit für dein Date!

2. Dein Date verschlägt dir sofort den Atem. Ist das vielleicht die große **Liebe**?
3. Du würdest deinem Date gerne näherkommen, fühlst dich aber **inkompetent**, wenn es um Romantik geht.
4. Deshalb bist du ein bisschen **nervös**. Nach außen hin versuchst du aber, cool zu bleiben.
5. Du hast gelernt, zu den meisten Menschen eine emotionale **Distanz** zu halten. Doch deinem neuen Date möchtest du dich sofort voll und ganz anvertrauen!

Wie du siehst, habe ich auch hier wieder ein Wort in jeder der fünf Stationen dieser Geschichte fett markiert. Diese Worte sind deine Schlüsselworte. Sie geben dir einen Hinweis auf den Grundgedanken jeder Station. Wenn du die Anfangsbuchstaben der Schlüsselworte hintereinander liest, ergibt sich das Akronym »Blind«, wie bei Blind Date.

***B**eweis*
***L**iebe*
***I**nkompetent*
***N**ervös*
***D**istanz*

Auch hier gilt: Wenn dir einmal eine der Stationen dieser Geschichte entfällt, kann es helfen, dir das Akronym »Blind« vor Augen zu führen und nach dem Schlüsselwort der entsprechenden Station zu suchen. Sobald dir das Schlüsselwort wieder einfällt, wird es dir viel leichter fallen, dich auch an den Rest zu erinnern.

Nimm dir einen kurzen Moment, um noch ein- oder zweimal sowohl die Geschichte als auch das dazugehörige Akronym aufmerksam zu lesen. Wenn du kannst, nimm dir Stift und Papier und schreibe beide von Hand auf. Das hilft beim Lernen.

Wenn du fertig bist, bespreche ich im Folgenden kurz die fünf Stationen dieser Geschichte mit dir. Ich verrate dir, welches Barnum-Statement sich hinter welcher Station verbirgt, und mache dir einige Vorschläge, wie du dieses Statement noch formulieren könntest.

1. Du traust den spektakulären Tinder-Profilen nicht, sondern brauchst den Beweis im echten Leben. Zeit für dein Date!

(Barnum-Statement: Du bist stolz auf dein unabhängiges Denken und nimmst die Aussagen anderer nicht ohne Beweis hin.)

Es geht hier um unabhängiges Denken, Skepsis, Stolz und die Suche nach *Beweisen* (dein Schlüsselwort) für die Aussagen anderer. So könnte man dieses Statement noch formulieren:

- Manchmal blockiert dein Stolz dein klares Denken.
- Du lässt dich nicht sehr leicht überzeugen und triffst lieber deine eigenen Entscheidungen.
- Du verspürst schon lange den Drang, deine eigene Wahrheit zu entdecken.

2. Dein Date verschlägt dir sofortig den Atem. Ist das vielleicht die große Liebe?

(Barnum-Statement: Einige deiner Hoffnungen sind ziemlich unrealistisch.)

Unser Protagonist hofft beim ersten Date sofort auf die *große Liebe* (dein Schlüsselwort): Hier geht es um unrealistische Ziele, Träumereien und Hoffnungen. Denselben Gedanken könntest du zum Beispiel so ausdrücken:

- Du neigst zu Träumereien darüber, was du alles noch erreichen könntest.
- Manchmal fällt es dir schwer einzusehen, dass einige deiner Hoffnungen vielleicht unerreichbar sind.

- Die tägliche Routine langweilt dich oftmals. In solchen Momenten tagträumst du dich in spannendere Situationen weg.

3. Du würdest deinem Date gerne näherkommen, fühlst dich aber inkompetent, wenn es um Romantik geht.

(Barnum-Statement: Deine sexuelle Entwicklung hat dir Schwierigkeiten bereitet.)

Das Thema hier sind Unsicherheiten und *Inkompetenzen* (dein Schlüsselwort), wenn es um Sex, Liebe und die eigene Entwicklung diesbezüglich geht. Das könntest du folgendermaßen sagen:

- Trotz deiner starken und leidenschaftlichen Emotionen fällt es dir manchmal schwer, deine Gefühle wirklich zum Ausdruck zu bringen.
- Du hast dich nicht immer mit deiner eigenen Sexualität wohlgefühlt. Mit der Zeit hast du aber gelernt, dich selbst und andere auf deine eigene Art zu lieben.
- Dein Liebesleben hat oft zu Verwirrung und Gefühlschaos geführt.

4. Deshalb bist du ein bisschen nervös. Nach außen hin versuchst du aber, cool zu bleiben.

(Barnum-Statement: Nach außen hin bist du diszipliniert und kontrolliert, innerlich neigst du dazu, dich besorgt und unsicher zu fühlen.)

Es geht hier um die Diskrepanz zwischen äußerer Erscheinung und innerer Gefühlslage. Manchmal sind wir innerlich unsicher und *nervös* (dein Schlüsselwort), zeigen uns aber nach außen hin cool und gelassen. Auch hier sehen wir die Skala, auf der unsere Gefühle und Charakterzüge sich stetig verschieben können. Formulieren kannst du das zum Beispiel so:

- Du versuchst für deine Mitmenschen da zu sein und versteckst dafür oftmals deine eigenen Sorgen und Emotionen.
- Nach außen hin scheint es oft, als ob du alles mit links packst. Innerlich trägst du aber einige Sorgen mit dir herum.
- Selbst in schwierigen Zeiten erlaubt es dir deine Willenskraft, dich durchzukämpfen und immer weiterzumachen.

5. Du hast gelernt, zu den meisten Menschen eine emotionale Distanz zu halten. Doch deinem neuen Date möchtest du dich sofort voll und ganz anvertrauen!

(Barnum-Statement: Du hast die Erfahrung gemacht, dass es unklug sein kann, dich anderen allzu bereitwillig zu öffnen.)

Die übergreifenden Themen sind Verletzlichkeit und emotionale *Distanz* (dein Schlüsselwort), um sich selber zu schützen. Hier sind einige mögliche Formulierungen dieses Gedankens:

- Manchmal fühlst du dich einsam, weil deine Mitmenschen meinen, dich gut zu kennen – dabei kennen sie dich in Wirklichkeit nur oberflächlich.
- Es gibt eine Seite deiner Selbst, die du nur deinen engsten Freunden und Lieben zeigst.
- Trotz deiner Offenheit hast du gelernt, vorsichtig zu sein.

Das sind sie: die letzten 5 der 13 Barnum-Statements aus Forers Studie. Erinnerst du dich an die Karteikärtchen aus Kapitel 5? Wenn du möchtest, kannst du die in diesem Kapitel besprochenen Statements mit derselben Methode verinnerlichen.

Kapitel 9

Werkzeugkasten 1 – oder: Die Schlüssel zur Tür des Vertrauens

In Kapitel 6 hast du bereits zwei erste Sprachmuster kennen gelernt: die Umschreibung eigener interner Erfahrungen mittels eines Barnum-Statements (zum Beispiel: »Geht es dir auch manchmal so, dass du deine vergangenen Entscheidungen viel zu sehr anzweifelst?«) und die Rettung durch Faszination (»Wirklich nicht? Wie hast du gelernt, das zu vermeiden?«). In diesem und den nächsten beiden Kapiteln zeige ich dir eine Reihe weiterer Sprachmuster. Sie unterteilen sich in drei Bereiche: Vertrauensmuster, Suggestionsmuster und Rettungsmuster. Manche Techniken fallen in eine Grauzone irgendwo dazwischen. Diese Einteilung stellt also eher eine Hilfestellung für dich dar, um den Überblick zu behalten.

Vertrauensmuster sind darauf ausgelegt, mit deinem Gegenüber in Rapport zu kommen. Rapport ist, wenn ihr euch in einer harmonischen Beziehung zueinander befindet; wenn ihr sozusagen »auf einer Wellenlänge seid«. Hier geht es darum, schnell und effektiv eine Verbindung zu deinen Mitmenschen aufzubauen. Das erste Sprachmuster, die Umschreibung deiner internen Erfahrungen über ein Barnum-Statement, fällt in diese Kategorie. Du zeigst deinem Gesprächspartner indirekt, dass ihr ähnlich tickt, und schaffst dadurch eine positive Beziehungsebene.

Suggestionsmuster zielen darauf ab, deinem Gegenüber etwas zu suggerieren. Ich verwende den Begriff Suggestion hier so, wie er im Bereich der Hypnose verwendet wird: Suggestion beschreibt den Prozess, durch den extern eine bestimmte Idee generiert wird, zum Beispiel auf assoziative Weise. In der Hypnose werden oft Sprachmuster genutzt, um das hypnotische Subjekt (der Proband oder die Probandin) zu einer bestimmten Idee zu leiten (zum Beispiel, dass es seinen Namen vergessen hat). Da ich mit meinen mentalistischen Wurzeln ganz fest in der Hypnose verankert bin (ich fing mit zwölf an, Hypnose zu lernen), benutze ich noch heute intuitiv viele Sprachmuster in meiner Arbeit. Mein System zur Nutzung von Cold-Reading-Techniken im Alltag, das du in der Form von *Kennen wir uns?* in Händen hältst, ist aus der Kombination dieser Sprachmuster mit meinem Wissen um Cold Reading entstanden. Du benutzt also Suggestionsmuster, um die Denkprozesse deines Gegenübers auf bestimmte Pfade zu leiten – sei es, um ihm zu neuen Einsichten zu verhelfen oder um es von deinen Argumenten zu überzeugen.

Rettungsmuster sind diejenigen Taktiken, mit denen du dir aus der Patsche hilfst, wenn ein Barnum-Statement mal nicht angenommen wird. Will sagen, wenn dein Gegenüber sich nicht mit deinem Statement identifiziert oder es geradeheraus abweist, kannst du dir mithilfe der Rettungsmuster einen Ausweg schaffen, ohne euren Rapport zu schädigen. Ein Beispiel davon hast du in Form der Rettung durch Faszination schon kennen gelernt: Du fragst nach und zeigst dich davon fasziniert, dass dein Gegenüber sich mit dem gemachten Statement nicht identifizieren kann.

Die Umschreibung deiner eigenen Erfahrungen über ein Barnum-Statement sowie das Offenbaren scheinbarer Einsichten über dein Gegenüber mittels derselben sind die simpelsten Anwendungen von Cold-Reading-Techniken in der alltäglichen Kommunikation. Versteh mich bitte nicht falsch: Diese beiden Techniken sind zwar simpel, aber auch sehr effektiv. Dennoch ist es sinnvoll, wenn du die hier beschriebenen Sprachmuster ebenfalls erlernst. Stell dir das Ganze wie einen Werkzeugkasten vor: Du hast deinen Lieblingshammer oder deinen favorisierten Schraubenschlüssel, mit dem du einen Großteil der Probleme lösen kannst. Daneben hast du aber noch eine ganz Reihe anderer, spezialisierter Werkzeuge, die du bei spezifischen Problemen zum Einsatz bringst. Hier teile ich also mit dir meinen persönlichen Werkzeugkasten.

Um dir zu helfen, den Überblick zu wahren, habe ich meine Werkzeuge über drei Kapitel verteilt: Vertrauensmuster findest du in diesem Kapitel, Suggestions- und Rettungsmuster in den nächsten beiden.

Vertrauensmuster

Ziel beim Einsatz von Vertrauensmustern ist es, deinem Gegenüber zu zeigen, dass ihr euch ähnelt oder dass du es verstehst. Beides läuft auf dasselbe hinaus: sofortiges Vertrauen. Du weißt bereits, dass wir geneigt sind, Menschen, die uns intern oder extern ähneln, mehr Vertrauen entgegenzubringen. Wir gehen außerdem intuitiv davon aus, dass Menschen, die uns so richtig verstehen, uns auf irgendeine Art ähnlich sein müssen. Barnum-Statements formen hier den Schlüssel, der die Tür zum Vertrauen deiner Mitmenschen öffnet.

Teilen interner Erfahrungen

Mit dieser Technik habe ich dich, wie bereits erwähnt, schon in Kapitel 6 vertraut gemacht. Hier fasse ich sie dir noch einmal kurz zusammen. Du beziehst ein Barnum-Statement auf dich selbst und gibst dem Gegenüber so das Gefühl, dass du erstens offen über dich selber sprichst und zweitens ähnlich wie dein Gegenüber denkst. Das kann so simpel sein, wie ein Barnum-Statement mit »Manchmal geht es mir so, dass …« einzuleiten. Du sagst dabei nicht »Guck mal, mir geht es manchmal so und so, dir ja wahrscheinlich auch, also sind wir uns total ähnlich«, sondern erlaubst deinem Gegenüber, diesen Schluss für sich selber zu ziehen. An Ideen und Schlussfolgerungen, auf die wir selber kommen, halten wir mit größerer Wahrscheinlichkeit länger fest. Du kannst diese Technik auch nutzen, um Verständnis bei deinem Gegenüber für deine Argumente aufzurufen. Fühlst du dich etwa unwohl im unflexiblen Job, könnte ein Gespräch (stark vereinfacht) wie folgt ablaufen.

Du: »Manchmal fühle ich mich total demotiviert, wenn ich zu sehr von allen möglichen Regeln eingeengt werde. Ich brauche immer ein bisschen Abenteuer neben der Routine.«

Chef: »Ja, das kenne ich.«

Du: »Wie könnten wir das am Arbeitsplatz umsetzen?«

Indem du erst über den Einsatz eines Barnum-Statements (oder, in obigem Fall, zweier Barnum-Statements) Rapport mit deinem Chef aufbaust, öffnest du die Türen zu einer geschmeidigen Diskussion. Dein Chef hat zum einen erkannt, dass ihr auf einer Wellenlänge seid, und sich zum anderen mit deinem Problem (zu viel Routine, nicht genug Abenteuer) identifiziert. Sobald du nach einer Lösung dafür fragst, ist die erste Hürde schon längst überwunden.

Seit einiger Zeit habe ich das Vergnügen, mich in Comedy Clubs als Mentalist unter die Comedians mischen zu dürfen. Neben den unglaublich netten Menschen auf- und abseits der Bühne ist mir im Rahmen dieser Shows eine Sache besonders aufgefallen: Viele Comedians sind wahre Meister darin, eine Art Barnum-Statement in ihren Shows zu nutzen, um eine Verbindung zum Publikum zu schaffen. Wenn ein Comedian beispielsweise mit »Kennt ihr auch den Moment, wenn …« ansetzt, kommt danach mit hoher Wahrscheinlichkeit die Umschreibung einer Situation, mit der sich ein Großteil der Zuhörer identifizieren kann: eben eine Art Barnum-Statement. Das gibt dem Comedian sowohl Pluspunkte beim Publikum (schließlich machen wir dieselben Erfahrungen) als auch einen Vorteil bei der Durchführung seines Witzes (das Publikum weiß genau, von welcher Situation die Rede ist – der Comedian kann jetzt, zum Beispiel, grade deshalb in eine völlig unerwartete Situation abdriften oder einen Lacher aus dem Wiedererkennungswert einer brenzligen Lage gewinnen). Jedes Mal wieder bin ich von der Fähigkeit der Comedians beeindruckt, scheinbar mühelos allgemeingültige und erkennbare Gedankengänge, Situationen und Erlebnisse zu beschreiben.

Umschreiben des Gegenübers

Statt die eigenen internen Erfahrungen mittels eines Barnum-Statements zu umschreiben, kannst du auch die Erfahrungswelt deines Gegenübers beschreiben. Oftmals tut ein guter Wahrsager genau das, wenn er seinem Klienten ein Reading gibt. Wenn du dein Gegenüber auf diese Art und Weise beschreibst, erreichst du zweierlei. Erstens zeigst du, dass du deinen Gesprächspartner innig verstehst. Zweitens gibst du indirekt ein Kompliment: Dein Gesprächspartner ist offenbar interessant genug, dass du ihm deine volle Aufmerksamkeit schenkst, woraus deine Beobachtung seiner Charaktereigenschaft resultiert. Diese Technik ist ebenfalls relativ simpel in ihrer Anwendung. Wähle ein Barnum-Statement und leite es mit Bezug auf dein Gegenüber ein, etwa: »Ich glaube, du hast viele Fähigkeiten, die du noch nicht voll ausschöpfst« oder »Du bist, glaube ich, auch der Typ Mensch, der manchmal total aufgedreht, dann wieder komplett in sich gekehrt sein kann«. Mithilfe dieser Technik erweckst du den Eindruck, dein Gegenüber schon besser zu kennen, als du es wirklich tust. Wenn du, wie im zweiten Beispiel, obendrein gekonnt das Wort »auch« einstreust, implizierst du direkt, dass du ebenfalls so ein Mensch bist. Doppelte Punkte!

In der Theorie kannst du jedes beliebige Barnum-Statement für jeden beliebigen Menschen und in jeder beliebigen Situation anwenden. In der Praxis wirst du merken, dass du je nach Situation bestimmte Barnum-Statements auswählst (und die Formulierung des jeweiligen Barnum-Statements auch auf dein Gegenüber anpasst). Abhängig vom gewählten Statement legst du den Fokus auf ein anderes Thema. Wenn du dich im Vorstellungsgespräch mit deinem möglichen neuen Vorgesetzten befindest, kann es dienlich sein, eine Aussage wie »Ich habe das Gefühl, dass Sie sich genau wie ich manchmal keine Zeit zum Verschnaufen gönnen, sogar wenn Sie Ihre Ziele erreichen. Aber das weiß ich zu schätzen. Das treibt an« einzustreuen. Dahingegen wäre es gegebenenfalls unangebracht in derselben Situation das Gespräch mit »Ihre sexuelle Entwicklung hat Ihnen große Probleme bereitet« zu eröffnen …

Vielleicht ist es in einem bestimmten Szenario besonders von Vorteil, den Fokus deines Gegenübers auf seine Abenteuerlust zu lenken – etwa, wenn du deinen Partner davon überzeugen möchtest, endlich mit auf diese große Weltreise mit spontaner Routenplanung zu gehen. In diesem Fall wäre dir mit dem Statement »Kennst du das? Dass man sich total eingeengt fühlt, wenn man nur von Regeln und Routine umgeben ist, wenn man sich nach Abenteuer sehnt« besser gedient als mit »Du bist genau der Typ, der sich ständig Sorgen um seine Entscheidungen macht«.

Wenn du mit dieser Technik einen Schritt weitergehen möchtest, dann kannst du deine Umschreibung an einer (vermeintlichen oder wirklichen) Beobachtung festmachen. Statt einfach nur zu sagen: »Ich habe das Gefühl, für dich wäre es manchmal gut, weniger zu zweifeln und mehr zu machen«, könntest du dieselbe Aussage mit einer scheinbaren Begründung erden und legitimieren: »Weißt du, die Art, auf die du sprichst, die Stories, die du mir erzählst … ich glaube, manchmal wäre es gut, wenn du weniger zweifeln und mehr machen würdest« (eine Umformulierung von »Manchmal zweifelst du stark an der Richtigkeit deines Tuns und an deinen Entscheidungen.«). Indem du deiner Aussage eine Begründung gibst (zum Beispiel, dass dich das Verhalten deines Gegenübers zu diesem Schluss geführt hat), gibst du ihr sowohl mehr Gewicht als auch bessere Chancen, angenommen zu werden.

Auf der Situation basiertes Einfühlungsvermögen

Statt die Barnum-Beschreibung deines Gegenübers an einer bestimmten Verhaltensweise seinerseits festzumachen (zum Beispiel: »Die Art, auf die du redest, zeigt mir, dass …«), kannst du dieselbe Beschreibung auch an seiner spezifischen Situation und an seinen Umständen festmachen. Während unserer allerersten Theatertour in den Niederlanden mit einer Gedankenleseshow hatten wir viel Erstkontakt mit den Dramaturgen der jeweiligen Theater. Das sind die Leute, die entscheiden, welche Acts pro Saison in ihr Theater kommen. Als Künstler möchte man sich mit solchen Leuten natürlich gut stellen. Oft wird das durch überschwängliches Bedanken und einer »extra« netten Art seitens der Acts versucht. Das funktioniert sicherlich auch, kann aber gegebenenfalls unauthentisch wirken. Besser ist es zu versuchen, sich in so einen Menschen hineinzuversetzen und ein Statement zu machen, das zeigt, dass man ihn versteht. Auf ein (nett gemeintes, aber nicht nötiges Hilfsangebot seitens des Dramaturgen antworte ich zum Beispiel: »Mach dir keine Sorgen um uns. Ich kann mir vorstellen, dass du im Theater meistens ziemlich aufgeschlossen und redselig sein musst. Da ist es bestimmt schön, wenn man sich auch einen kurzen Moment zurückhalten und runterfahren kann.«

Indem ich das hier genutzte Barnum-Statement mit »Ich kann mir vorstellen, dass du im Theater …« einleite, zeige ich, dass ich mich in die Situation meines Gegenübers hineinversetzen kann. Im obigen Beispiel lehne ich die angebotene Hilfe danach sogar in Anlehnung an mein verwendetes Statement ab. Du bindest ein Barnum-Statement an die Umstände deines Gegenübers an, indem du es auf seine Situation beziehst. Drei Beispiele dafür: »In deinem Job muss man bestimmt nach außen hin cool bleiben, auch wenn man innerlich gestresst ist«, »Ich kann mir vorstellen, dass man nach all diesen Monaten harter Arbeit mal etwas Abwechslung braucht, um die Motivation nicht zu verlieren.« oder »Es ist bestimmt schön, mit seiner Freundin zusammenzuwohnen, aber ich kann mir vorstellen, dass man sich ab und an auch Zeit für sich wünscht.«

In Kapitel 17 lernst du, wie du selber von Grund auf neue Barnum-Statements erstellst. Dabei ist es besonders wichtig, dir die Situation deines Gesprächspartners vor Augen zu führen. Das kannst du an dieser Stelle schon einmal üben.

Empathie: Interne Projektion plus Barnum-Statement

Die Grundlage dieser Technik habe ich von einem guten Freund, Rainer Mees, gelernt. Seine Technik der *internen Projektion* lässt sich durch den gezielten Einsatz von Barnum-Statements noch effektiver machen. Interne Projektion ist, wenn du die (meistens problematische) Situation deines Gegenübers auf dich selbst beziehst, um so eine positive Beziehungseben zu schaffen. Statt aber nur zu sagen »Wissen Sie, ich hatte gestern auch so eine Situation« (was übrigens immer noch ein durchaus legitimer und wirkungsvoller Ansatz ist), fügen wir ein Barnum-Statement über uns selbst hinzu: »Wissen Sie, ich hatte gestern auch so eine Situation. Nach außen hin gebe ich mich dann immer ruhig und diszipliniert, aber innerlich regt mich das tierisch auf«. Durch das beigefügte Barnum-Statement identifiziert sich unsere Zuhörerin jetzt nicht nur über die intern projizierte Situation mit uns, sondern auch über unsere charakterlichen Ähnlichkeiten. So schaffen wir mit wenig Mühe eine noch tiefere und stärkere Beziehungsebene.

Rainer ist einer unserer Gastlehrer in diesem Buch. In Kapitel 18 lernst du ihn und seine Philosophie des Cold Reading noch in einem Interview kennen.

Komplimente und Schmeicheleien

Ein Barnum-Statement wird mit größerer Wahrscheinlichkeit vom Gegenüber angenommen, wenn es im Gewand eines Kompliments daherkommt. Auch wenn wir es nicht alle zugeben und auch wenn wir nicht alle gleich gut mit Komplimenten umgehen können, so lieben wir es insgeheim doch, wenn man uns schmeichelt. Vor allem dann, wenn sich das Kompliment authentisch und wichtig anfühlt.

Ein Kompliment zu meiner Stimme, meinem Charakter oder einer besonderen Leistung bewegt mich vermutlich mehr als ein Kompliment zu einem neuen Paar Schuhe (womit ich nicht Letzteres ab-, sondern bloß Ersteres aufwerten möchte). Wenn wir ein Kompliment ablehnen, fühlt es sich an, als würden wir unser eigenes Licht ein bisschen unter den Scheffel stellen. Deshalb funktionieren Barnum-Statements in Form von Komplimenten so gut. Wenn ich dich klug nenne, wäre es irgendwie kontraproduktiv, dieses Kompliment abzuweisen.

Ein Barnum-Statement zu einem Kompliment umzufunktionieren, ist nicht schwer. Du kannst einfach mit einer kleinen Schmeichelei einleiten, zum Beispiel: »Du hast irgendwas Besonderes an dir. Ich wette, du hast ein riesiges Potenzial, das du nur mal anzuzapfen bräuchtest.« Oder: »Die Leidenschaft, mit der du über Musik sprichst, verrät mir, was für große Träume du hast. Und dass du dabei bist, das nötige stabile Fundament dafür zu bauen.« Du kannst deinem Gesprächspartner auch eine eher negativ fokussierte Variante eines Barnum-Statements annehmbar machen, indem du es mit einem Kompliment einleitest: »Du hast so eine Leidenschaft für Literatur, aber ich glaube, manchmal zweifelst du noch zu sehr an der Richtigkeit deines Tuns und deiner Entscheidungen«. Merke dir jedoch Richard Websters Rat: Wenn dein Gegenüber merkt, dass du kontinuierlich und auf eine nicht authentische Art und Weise Komplimente machst, um bei ihm einen Stein im Brett zu bekommen, wirst du jeglichen Rapport mit ihm sofort wieder verlieren. Wie bei so vielen guten Dingen im Leben gilt: Übertreib es nicht!

Erst negativ, dann positiv

Hierbei handelt es sich um eine Abwandlung der oben beschriebenen Anwendung von Komplimenten. Im Grunde beschreibst du erst eine negative Eigenschaft, die dein Gegenüber haben *könnte,* beschreibst dann aber, wie sich eben jene Eigenschaft bei deinem Gegenüber positiv verhält. Dies ist eine meiner Lieblingstechniken aus dem Arsenal der Cold Reader. Ich fand sie immer besonders elegant.

Beim Handlesen könnte ein Wahrsager sagen: »Eine kurze Herzlinie deutet auf einen schwachen Charakter. Aber du hast eine relativ lange Linie. Das zeigt, dass deine Persönlichkeit zwar einige Schwächen aufweist, du diese aber allgemein auszugleichen weißt.« Das Kompliment gewinnt an Wirkung, weil es im Kontrast zur vorher dargelegten negativen Variante gesehen wird. Statt wie im Reading auf die Handlinien (oder auf Tarotkarten) zu verweisen, machst du dir diese Kontrastmethode in der alltäglichen Kommunikation auf andere Art zunutze. In einer Diskussion mit einem besonders abergläubischen Menschen, vielleicht zu einem wissenschaftlich nicht haltbaren Thema, könnte etwa folgender Satz fallen: »Viele Menschen sind naiv und leichtgläubig, aber ich glaube, du bist stolz auf dein unabhängiges Denken und nimmst Aussagen nicht einfach so ohne Beweis hin.« Das Barnum-Statement wird aufgrund seines komplementären Charakters mit großer Wahrscheinlichkeit angenommen, und der Sprecher hat sein (womöglich sonst von einer Gefühlsebene aus diskutierendes) Gegenüber über dieses Statement gezielt dahin geführt, sich mit einer rationalen Denke zu identifizieren.

Bei dem gemachten Kompliment braucht es sich übrigens nicht strikt um ein Barnum-Statement zu handeln. Diese Form funktioniert auch, indem du zwei extreme Charaktereigenschaften miteinander kontrastierst. Möchtest du zum Beispiel einen Geschäftspartner spezifisch dazu bringen, sich mit der Charaktereigenschaft »loyal« zu identifizieren, könntest du Folgendes sagen: »Mit allem, was du durchgemacht hast, könntest du einfach aussteigen und weglaufen, aber du bietest all diesen negativen Erfahrungen mit deiner Loyalität die Stirn.« Im ersten Teil des Satzes wird ein negatives Bild einer bestimmten Charaktereigenschaft erzeugt (*du hättest einfach aussteigen und weglaufen können*), im zweiten Teil wird die erwünschte Eigenschaft (*du bist aber loyal geblieben*) dem Gegenüber als Kompliment und zur Identifikation angeboten.

Zauberwort »weil«

1978 führte Ellen Langer eine mittlerweile weltbekannte Studie an der Harvard University durch. Dabei ging es um die Kraft des Wortes »weil« beziehungsweise um die gesteigerte Überzeugungskraft eines Arguments oder einer Bitte, wenn diesen eine Begründung hinzugefügt wird. In Langers Experiment stellte sich eine Untersucherin im Büro bei einer langen Schlange vor dem Drucker an und bat darum, vorgelassen zu werden. Der Versuch wurde dreimal ausgeführt. Beim ersten Mal bat die Untersucherin nur darum, die Warteschlange zu überspringen. 60 Prozent der Wartenden kamen ihrer Bitte nach. Beim zweiten Mal wurde ein triftiger Grund für die Bitte gegeben (so etwas wie »weil ich gleich zu einem Jobgespräch muss und die Bahn sich verspätet hat«). Dieses Mal wurde sie in 94 Prozent der Fälle vorgelassen. Beim dritten Mal wurde ein nicht triftiger Grund gegeben (»Darf ich vor, weil ich kopieren muss?« – äh, ja, hallo, darum stehen ja all die Menschen dort, zum Kopieren). Laut Langers Studie ließen noch immer 93 Prozent der Wartenden die Untersucherin die Schlange überspringen: ein Beleg der Wirksamkeit des Wortes »weil«. Dabei kommt es der Studie zufolge nicht einmal darauf an, wie gut der Grund ist. Wichtig ist nur, dass es überhaupt einen Grund gibt.

Wir Menschen sind von Natur aus so angelegt, dass wir die Welt in kausalen Zusammenhängen von Ursache und Wirkung verstehen. Das bedeutet, dass wir hinter jedem Geschehnis eine Ursache suchen und dass wir jeder Handlung folgend eine Wirkung erwarten. Wenn ein Ball um eine Ecke gerollt kommt, dann schlussfolgern wir, dass etwas diesen Ball angestoßen hat: die Ursache. Stoßen wir einen Ball an, dann erwarten wir, dass er ins Rollen gerät: die Wirkung.

Dieses Gedankenkonstrukt der Kausalität wird uns oftmals zum Fallstrick, und zwar immer dann, wenn wir dort Ursache und Wirkung sehen, wo es keine gibt. Ein bekanntes Beispiel finden wir mit Bezug auf alternative Heilmethoden, wie etwa das Heilen mit Händen. Stell dir vor, ein an Krebs erkrankter Mensch lässt sich mittels Chemotherapie behandeln. Die Resultate der Behandlung sind nicht unmittelbar ersichtlich. Aus Sorge entscheidet sich dieser Patient einige Wochen später, auch noch einen Reiki-Heiler aufzusuchen. Zu diesem Zeitpunkt hat die Chemo schon gegriffen, ohne dass der Patient sich dessen bewusst ist. Jetzt wird die alternative Heilmethode durchlaufen. Beim nächsten Check beim Arzt wird festgestellt: Hurra! Die Krankheit ist auf dem Rückzug. Allerdings könnte der Patient jetzt fälschlicherweise annehmen, dass dies der Reiki-Behandlung geschuldet ist, da sich sein Zustand ja scheinbar direkt danach verbesserte. Hier wird eine falsche Kausalität erstellt. Der Patient sieht eine vermeintliche Ursache in der kurz zuvor durchlaufenen alternativen Heilmethode und spürt dann die Wirkung (die aber einer anderen, vorigen Ursache, nämlich der Chemotherapie, geschuldet ist). Kritisch wird das Ganze, wenn dieser Patient beim nächsten Mal aufgrund dieser Erfahrung nur noch diese alternative Heilmethode anwendet – und dann möglicherweise keine Wirkung mehr erfährt.

Anderes Beispiel: Ein Sportlehrer ist überzeugt davon, dass »Anschreien« die beste Methode ist, seine Schüler zu optimalen Leistungen zu motivieren. Das kann er dir auch beweisen. Jedes Mal, wenn ein Schüler beispielsweise einen besonders schlechten (schlechter als durchschnittlichen) Wurf auf den Basketballkorb macht, schreit ihn der Lehrer an. Beim nächsten Wurf wirft dieser Schüler meistens besser. Mit dem Anschreien hat das aber nichts zu tun. Statistisch gesehen stehen die Chancen nämlich gut, dass ein Schüler, der beim ersten Mal *unterdurchschnittlich* schlecht wirft, beim nächsten Mal *besser* wirft. Darum heißt das Ding »Durchschnitt«. Er wirft beim ersten Mal einfach schlechter, als er meistens wirft. Unser fiktiver Sportlehrer hat das aber nicht vor Augen, schreit den Schüler jetzt an und, siehe da!, plötzlich wirft der Schüler besser. Im Kopf des Lehrers formt sich jetzt eine falsche Kausalität, und er schlussfolgert, dass das Anschreien beim Schüler eine gesteigerte Leistung hervorruft.

Letztes Beispiel: die *Transcendental Choice* im Cold Reading. Dieses Phänomen haben wir schon einmal besprochen. Es geht um jene Cold Reader, die sich trotz ihres Wissens um den Forer-Effekt davon überzeugen, dass sie übernatürliche Fähigkeiten besitzen. Ein Cold Reader gibt seinem Klienten ein Reading, sagen wir mithilfe von Lenormandkarten. Mithilfe von Barnum-Statements, guter Technik und ein wenig Glück erzielt er damit beeindruckende Resultate. Jetzt wird es irgendwann leicht, sich davon zu überzeugen, dass die Ursache dieser Resultate nicht im Forer-Effekt, sondern in der übernatürlichen Wirkung der Lenormandkarten liegt. Eine falsche Kausalität formt sich.

Was bringt uns das Ganze in Bezug auf unsere Kommunikation? Viel. Du kannst das Wort »weil« sowohl in Kombination mit als auch ohne Barnum-Statement mit großem Effekt einsetzen. Wenn du deinem Gegenüber eine Bitte stellst oder eine Idee vermitteln möchtest, lohnt es sich, dem Gesagten immer eine Begründung zuzufügen. Statt nur zu fragen »Könnte ich nächste Woche Montag frei haben?«, könntest du daraus machen: »Könnte ich nächste Woche Montag frei bekommen, weil ich meine Kinder zur Einschulung bringen möchte?« Die Zufügung einer Begründung erhöht die Chancen, dass deiner Bitte Gehör geschenkt wird.

Das funktioniert auch mit Vorschlägen. Früher diskutierte ich oft mit meinen Kunden über den optimalen Ablauf meiner Performances und Vorträge auf ihren Events. Statt einfach zu sagen »das ist keine gute Idee« oder »ich würde das eher so machen«, begründete ich meine (Gegen-)Vorschläge: »Das wird wahrscheinlich nicht funktionieren, weil das Publikum zu dem Zeitpunkt noch viel zu unruhig ist« oder »Ich würde den Vortrag eher an den Anfang das Abends stellen, in meiner Erfahrung erzielen wir da nämlich den größten Effekt, um ihre Message mit dem Publikum zu teilen«. In Kombination mit einem Barnum-Statement kannst du das Wort »weil« auf zwei verschiedene Arten nutzen. Die erste stelle ich dir im nächsten Abschnitt vor, die zweite findest du im nächsten Kapitel unter den Suggestionsmustern.

Begründungsmuster #1

Wenn du ein Barnum-Statement mit einer Begründung qualifizierst, erhöhst du die Chancen, dass dieses Statement angenommen wird. Eine Aussage wie »Du hast eine rebellische Seite, auch wenn du sie, wenn nötig, gut unter Kontrolle hast«, könnte dann zu »Aufgrund deiner Vergangenheit zwischen Künstlern und Theatermachern hast du eine rebellische Seite, die du aber zu kontrollieren gelernt hast«. Hier wird dem Gesprächspartner das anzunehmende Barnum-Statement nicht einfach vorgesetzt, sondern mit einer Begründung versehen. Je nach gewählter Begründung kann einem Statement auch eine andere Stimmung verliehen werden. Wenn du obiges Statement zum Beispiel mit »Aufgrund der Notwendigkeit für ein professionelles Auftreten im Job hast du in deinem Liebesleben eine rebellische Seite entwickelt, die du aber in der Öffentlichkeit und im Businessbereich versteckt hältst« einleitest, geht der Unterton plötzlich in eine deutlich flirtende Richtung. Überlege dir also gut, welche Begründung angemessen und deiner Nachricht dienlich ist.

Formulierung als Frage

Ich habe dir bereits erklärt, dass die überzeugendsten Ideen jene sind, auf die dein Gegenüber scheinbar selber gekommen ist. Um diese Begebenheit zu deinem Vorteil zu nutzen, kannst du ein Barnum-Statement anstatt als Aussage auch als Frage formulieren. Je nachdem, wie du die Frage formulierst, ändert sich der Effekt leicht. Durch das Formulieren einer Frage zwingst du dein Gegenüber, aktiv über das Statement nachzudenken und es auf sich zu beziehen. Das könnte so aussehen: »Fühlst du dich manchmal, als wenn dich zu viele Regeln irgendwie einengen und dir deine Motivation nehmen?« Denkt dein Gegenüber jetzt über diese Frage nach und kommt zu dem Schluss »Ja! Das stimmt« (weil es sich um ein in der Frage verstecktes Barnum-Statement handelt), dann vermittelst du den Eindruck, als hättest du dich perfekt in es hineinversetzt.

Möchtest du stattdessen betonen, wie ähnlich ihr euch doch seid, so kannst du das Wörtchen »auch« in die Frage einfügen: »Fühlst du dich manchmal auch, als ob du dir zu oft selber die Schuld gibst?« Manchmal kann es sinnvoll sein, den Fokus so auf die geteilte Erfahrung zwischen dir und deinem Gegenüber zu lenken. Zum Beispiel dann, wenn du einen Rat geben möchtest. Statt wie aus dem Nichts mit deinem klugen Rat anzukommen, etablierst du erst, dass du eine ähnliche Erfahrung (im Groben) auch gemacht hast. Im Großen sind wir alle gleich, die Details unterscheiden sich voneinander. Weil du über ein Barnum-Statement nur relativ unspezifisch andeutest, von welcher Erfahrung du sprichst, bleibt es deinem Gegenüber offen, die Aussage auf seine eigene Situation zu beziehen und entsprechend zu interpretieren. So wirkt es mit etwas Fingerspitzengefühl so, als teiltet ihr viel mehr Details miteinander, als es eigentlich der Fall ist.

Ein als Frage formuliertes Barnum-Statement fordert immer Reflexion und Interaktion beim Gegenüber ein und formt deshalb ein mächtiges Werkzeug in unserer sprachlichen Kiste.

Zauberwort »du«

Schon in meinem vorigen Buch verwies ich immer wieder eindringlich auf die Notwendigkeit, dein Gegenüber mit direktem Pronomen oder seinem Namen anzusprechen. Das hat auch seinen Grund. Es gibt nur wenige Worte, die so stark unsere Aufmerksamkeit erzwingen, dass wir sie automatisch aus dem Stimmengemurmel auf einer Cocktailparty raushören. Unser Name ist eines davon. »Sex« (und angelehnte Wörter) ist ein weiteres. Der sogenannte Cocktailpartyeffekt entsteht, weil wir unser ganzes Leben darauf konditioniert werden, auf den auditiven Reiz unseres Namens zu reagieren. Wenn jemand »Timon!« ruft, drehe ich mich um. Ich weiß (oder gehe davon aus), dass ich gemeint bin. Bestimmte Themen, die wir als besonders interessant erachten, rufen denselben Effekt hervor. Du hast bestimmt schon einmal den Moment erlebt, in dem kurz zuvor noch laut im Raum gesprochen wurde, doch just als du flüsternd von deinem romantischen Abenteuerchen der letzten Nacht erzählst, wird alles »zufällig« ganz ruhig. Jetzt weißt du, wieso. Um die Aufmerksamkeit deines Gegenübers zu bekommen und zu halten sowie schnell eine positive Beziehungsebene und das damit einhergehende Vertrauen aufzubauen, empfiehlt es sich deshalb, so oft wie möglich ein direktes Du (»Sie« geht auch – Hauptsache, du nutzt die direkte Ansprache) oder noch besser den Namen deines Gesprächspartners zu benutzen. Wenn du einem Barnum-Statements besonderen Nachdruck und Gewicht verleihen möchtest, kannst du es mit dem Namen einleiten, etwa: »Sophia, hast du auch manchmal das Gefühl, als ob deine Mitmenschen deine Mühen nicht wirklich zu schätzen wissen?«

Nur wenn dein Gegenüber dir aufmerksam zuhört, kann das Barnum-Statement greifen und seine volle Wirkung entfalten.

ONLINE-FANPOST #1

Ich bin der festen Meinung, wenn man eine Stimme hat, egal wie laut und egal wie viele Zuhörer ihr lauschen, dann sollte man sie nutzen und sich für seine Überzeugungen einsetzen. Das mache ich oft und gerne und gerne öffentlich, mitunter auch in den sozialen Medien. Nicht all meine Follower teilen meine Ansichten (was durchaus in Ordnung ist), nicht alle meine Follower schätzen meine Statements politischer Natur (was auch völlig in Ordnung ist), manche suchen die Diskussion mit mir und sehr wenige melden sich mit Streit im Sinn. Auch da helfen Barnum-Statements manchmal.

Vor einigen Wochen postete ich ein Video, in dem ich zu einem rassistischen *Shitstorm* Stellung bezog, der online über eine liebe Freundin herging, nachdem sie sich öffentlich gegen Rassismus eingesetzt hatte. Es ging dabei um Schokoküsse, die zur Karnevalszeit von einer Bäckerei stereotypisierend mit dicken roten Lippen und Knochen im Haar oder Fez auf dem Kopf als »Mohren« dargestellt wurden. Ich stimmte öffentlich zu, dass das nicht geht und nicht mehr unserer Zeit entspricht (unter so einer bildlichen Darstellung liegt immer ein ursprünglich rassistisches Bild, auch dann, wenn es vom Käufer oder Bäcker nicht bewusst so wahrgenommen wird).

Februar 2019, Instagram, @GermanChains (Username geändert) *reagiert in einer Nachricht auf mein Video. (Den Fotos und Texten auf seinem Profil zufolge handelte es sich bei diesem User um einen jun-*

gen Mann und seinen Freund, also ein homo- oder bisexuelles Pärchen. Das wurde im späteren Gesprächsverlauf wichtig.)

@GermanChains: Ich bin dann wohl ein »böser Rechtspopulist«... es ist langsam echt peinlich, wen ihr alles brandmarkt und wie nah ihr am Wasser gebaut seid. Null kritikfähig, aber austeilen wie die Großen. Wie könnt ihr alles so skandalisieren? Mein fester Freund hat dunkle Haut und findet die Negerküsse voll süß...

@timonkrause: Moin. Danke für deine Message :) Schön, dass du dir Zeit nimmst. Freut mich, wenn dein fester Freund das abschütteln kann. Aber genau wie niemand als »böser Rechtspopulist« kategorisiert werden möchte, möchte niemand kategorisch aufgrund seiner Hautfarbe als »primitiv« oder »unterwürfig« abgefertigt werden!

@GermanChains: Wenn man in Afrika Gebäck machen würde, das wie ein Weißer aussieht, würde ich mich geschmeichelt fühlen... das hat doch nichts mit primitiv zu tun... die sehen halt so aus, mit großen Lippen und dunkler Haut und ich finde das total hübsch.

@timonkrause: Es geht aber auch weniger darum, dass die Schokolade dunkel ist und mehr darum, dass da ein Knochen oder ein Fez auf den Kopf gesetzt wird. Dabei handelt es sich um ziemlich heftige Urteile – der Knochen eben als »primitiv« und der Fez als Zeichen für »Diener«. Dass die Dinger »Neger«Küsse heißen, hilft dabei auch nicht. Ich bin neugierig: Würdest du dich auch geschmeichelt fühlen, wenn man anderswo »Naziküsse« mit einem Hitlerbärtchen und Scheitel backen würde (mit der Andeutung alle Deutschen seien Nazis)?

@GermanChains: Das mit den Knochen hatte ich noch gar nicht bedacht... hatte ich wohl überlesen... aber bei so Vorurteilen kann man sich ja auch denken, ist egal.

@timonkrause: Wahrscheinlich haben dein Freund und du auch schonmal mit Vorurteilen zu kämpfen gehabt. Ich kann mir vorstellen, dass ihr euch manchmal ziemlich alleine gefühlt habt, wenn eure Mitmenschen euch nur wegen eurer Ausrichtung abgewiesen haben. Und vermutlich ist es kein schönes Gefühl, wenn man sich jemals irgendwo unsicher fühlen muss.

@GermanChains: Ja ...

@timonkrause: Und so müssen sich dunkelhäutige Menschen leider oftmals aufgrund von direktem oder impliziertem Rassismus auch heute noch fühlen.

@GermanChains: Hm, dann wäre mein Vorschlag, die Negerküsse nicht mehr so zu verzieren ... so hab ich da noch gar nicht drüber nachgedacht.

@timonkrause: Gute Idee.

@GermanChains: Ich meinte Schokoküsse sorry.

Hast du die Barnum-Statements entdeckt? Sie stecken in der Nachricht, die mit »Wahrscheinlich haben dein Freund und du ...« anfängt. Hier habe ich mit dem Hintergrundwissen, dass GermanChains sich in einer nichtheterosexuellen Beziehung befindet, Variationen der Barnum-Statements »Sicherheit ist eines deiner größten Ziele im Leben« und »Du bist auf die Zuneigung und Bewunderung anderer angewiesen« benutzt, um ihm das Gefühl zu geben, verstanden zu werden. In der nächsten Nachricht, sobald sich der Leser über seine eigene Situation mit beiden Statements identifizierte, bezog ich dieselben Statements auf Opfer von Rassismus und die vorliegende Situation. Das Ergebnis? GermanChains konnte sich plötzlich mit dem Problem identifizieren und vollzog eine 180-Grad-Wende. So können Barnum-Statements nicht nur dabei helfen, dein Gegenüber sich mit dir identifizieren zu lassen, sondern auch mit anderen nicht anwesenden Parteien.

Kapitel 10

Werkzeugkasten 2 – oder: Dein Wille geschehe

Suggestionsmuster finden ihren Ursprung in den Sprachmustern der Hypnotiseure. Ihr Ziel ist es, deinem Gegenüber subtil eine bestimmte Idee zu vermitteln, und zwar möglichst so, dass es wirkt, als wäre es von selber darauf gekommen. Anders als bei den Vertrauensmustern geht es beim Einsatz der Suggestionsmuster nicht unbedingt darum, mit deinem Gegenüber Rapport aufzubauen, sondern sein Denken und Verhalten in eine bestimmte Richtung zu lenken. Du wirst sehen, dass viele Suggestionsmuster auf unsere natürlichen, auf Kausalität fokussierten Denkstrukturen zurückgreifen. Wenn ich auf der Bühne einen Freiwilligen hypnotisiere, dann ist ein klassisches hypnotisches Sprachmuster die Kette: wenn A, dann B. A ist in diesem Fall eine Begebenheit, von der ich sicher bin, dass sie eintreten wird. Weil die Kette im Grunde einen kausalen Zusammenhang suggeriert (A führt zu B), lässt sich unser Geist gerne von dieser Suggestion einlullen. Er denkt sich: »Aha! A ist eingetreten, also wird logischerweise auch B eintreten«, auch wenn das ein Fehlschluss ist. In der hypnotischen Praxis ist ein klassisches Beispiel: »Sobald ich mit den Fingern schnippe *(A)*, kannst du deine Augen nicht mehr öffnen *(B)*.« Als Nächstes schnippe ich mit den Fingern und setze so den vermeintlichen kausalen Zusammenhang in Gang. Das Beispiel ist stark vereinfacht, und Hypnose greift noch auf viele andere Techniken zurück. An sich liegt dieses Prinzip aber einer Vielzahl hypnotischer Sprachmuster zugrunde. So auch einigen von denen, die wir im Folgenden besprechen.

Hypnotische Kette

Wie schon oben beschrieben, handelt es sich hierbei um ein relativ simples, aber höchst effektives Suggestionsmuster. Jede Kommunikationstaktik, die unsere Grundformen des Denkens zu ihrem Vorteil nutzt, wird mit hoher Wahrscheinlichkeit erfolgreich sein. In der Struktur »wenn A, dann B« nimmt an dieser Stelle statt eines Fingerschnippens ein Barnum-Statement den Teil »A« ein. Ein Beispiel: »Wenn du dir auch manchmal zu viele Sorgen um deine vergangenen Entscheidungen machst *(A)*, wirst du meinen Workshop lieben *(B)*!«. Ziel dieses Statements könnte es sein, dem Gegenüber die Teilnahme an einem Workshop attraktiver zu machen. Da wir uns im ersten Teil der Aussage auf ein Barnum-Statement stützen, stehen die Chancen gut, dass dieser Teil der (vermeintlich) kausalen Kette im Kopf des Gegenübers erfüllt wird. Es denkt sich: ›Ja! So geht es mir auch. Ich mache mir wirklich oft Sorgen über vergangene Entscheidungen. Dann würde mir der Workshop sicherlich gefallen.‹

Der »B«-Teil dieser Struktur wird dabei immer von der Idee oder dem Gedanken geformt, den du deinem Gegenüber suggerieren möchtest. Dieses Suggestionsmuster eignet sich dank seiner Einfachheit besonders gut, deinem Gegenüber etwas zu verkaufen, sei es im wörtlichen Sinne (»Wenn auch du nur dann ruhig schläfst, wenn du weißt, dass es deinen Lieben gut geht, ist diese Versicherung genau das Richtige für dich!«) oder im übertragenen Sinne (»Hast du nicht auch das Gefühl, du hast versteckte kreative Talente, die du noch nicht ganz ausschöpft? Vielleicht solltest du mal versuchen, ein Instrument zu spielen.« Oder: »Wenn du auch das Gefühl hast, dass eure Firma schon immer anders war, vielleicht sogar ohne, dass man es nach außen hin merkt – dann glaube ich, dass wir perfekt zueinander passen würden«). Die hypnotische Kette ist ein extrem vielfältiges Werkzeug in deinem Cold-Reading-Kasten.

Begründungsmuster #2: Hypnotische Kette mit Begründung

Hier, wie im vorigen Kapitel versprochen, kommt das zweite Sprachmuster in Kombination mit dem Wort »weil«. Du kannst die Wirkkraft der hypnotischen Kette mittels eines beigefügten begründenden Wortes noch verstärken. Natürlich erinnerst du dich: Begründende Wörter, wie zum Beispiel »weil«, zapfen auch wieder unser natürliches Ursache-Wirkung-Denken an und erhöhen deshalb die Erfolgschancen einer Bitte oder, in unserem Fall, einer gegebenen Suggestion. In einer formalen Hypnosesession greife ich sehr häufig auf das Weil zurück, zum Beispiel: »Und weil du mit all deiner Aufmerksamkeit meinen Worten lauschst, merkst du gar nicht, wie deine Gliedmaßen langsam so schwer werden, dass du dich nicht mehr von deinem Stuhl erheben kannst ...«

Die hypnotische Kette versiehst du mit einer Begründung, indem du ganz einfach ein Weil vor dein gewähltes Barnum-Statement stellst: »Und weil du genau der Typ bist, der sich zwar unglaublich viel Mühe gibt, dabei aber nicht den gewünschten Respekt bekommt, wäre unser Leadership-Training wie gemacht für dich.«

Je mehr du ..., desto ...

Hierbei handelt es sich um eine weitere Variation der hypnotischen Kette. In der Hypnose finden wir dieses Suggestionsmuster zum Beispiel in der Form »... und je länger du meinen Worten lauscht, desto tiefer sinkst du in diesen wunderschönen Zustand der tiefen Entspannung«. Durch die Nutzung von »umso mehr« oder »je länger« wird impliziert, dass der »A«-Teil dieses Sprachmusters nicht nur stattfinden, sondern anhalten oder sich sogar verstärken wird. Der »B«-Teil wird dadurch mit einem gewissen Druck oder einer Art Eile unterlegt. Am besten zeige ich dir das an einem Beispiel: »Je länger du diese verborgenen Talente nicht ausschöpfst, desto größer ist die Chance, dass es irgendwann zu spät ist. Besser, du fängst jetzt damit an.« Oder: »Je länger du für die Sicherheit deiner Lieben bloß Pläne machst, sie aber nicht umsetzt, desto größer ist das Risiko, dass etwas passiert. Unsere Versicherung bietet dafür die perfekte Lösung.« (Hier wurden im »A«-Teil übrigens zwei Barnum-Statements kombiniert: »Sicherheit ist eines deiner größten Ziele im Leben« und »Du machst viele Pläne, hast aber manchmal nicht die nötige Motivation, sie umzusetzen«. (Das zweite Statement ist eines aus einer Reihe von mir neu entwickelter Statements, die ich dir in Kapitel 16 vorstelle.)

Oftmals handelt es sich hierbei um eine Art Warnung vor einem Problem, dem ein Lösungsvorschlag nachgestellt wird. Der Zuhörer identifiziert sich mit dem Problem (»Oh je, die Sicherheit meiner Lieben ist mir wirklich wichtig, aber ich schaffe es tatsächlich einfach nicht, meine Pläne dafür umzusetzen«) und wird der angebotenen Lösung mit offenem Ohr begegnen. Natürlich lässt sich dieses Suggestionsmuster auch positiv umsetzen, zum Beispiel in Form von: »Je länger du diese verborgenen Talente in dir unterdrückst, desto mehr wirst du den Drang verspüren, sie doch durchbrechen zu lassen, um sie in dein Leben zu integrieren«.

Modernes Pacing

Wenn ich dir sagen würde, dass in zwölf Sekunden bei dir der Blitz einschlägt, hättest du vermutlich ganz zu Recht deine Zweifel. Schlägt der Blitz dann nach zwölf Sekunden wirklich ein und ich sage dir danach, dass der nächste Einschlag in genau elf Sekunden käme, dann würdest du mir dieses Mal vermutlich glauben. Mit anderen Worten: Wenn ich ein oder mehrere Statements mache, die wahr sind (oder wahr werden), dann stehen meine Chancen besser, dass du meinen zukünftigen Aussagen ebenfalls Glauben schenken wirst. Pacing funktioniert so ähnlich. Ich mache einige Aussagen über den momentanen Zustand oder die momentane Situation meines Gegenübers, die vermutlich wahr sind. Darüber leite ich es zu einer von mir suggerierten und nicht notwendigerweise wahren Schlussfolgerung. Wieder ein Beispiel aus der Hypnose: »Du sitzt auf deinem Stuhl, lauschst meinen Worten, spürst deinen Atem ein- und ausgehen und merkst, dass deine Augen langsam so schwer werden, dass du sie nicht mehr öffnen kannst.« Dass der Proband sitzt, meine Worte hört, atmet, all das sind Dinge, von denen ich mir sicher bin, dass sie grade vor sich gehen. Ich beschreibe darin also akkurat die Erfahrung meines hypnotischen Subjekts. Dass aber die Augen so schwer werden, dass sie nicht mehr zu öffnen sind, ist nicht von sich aus gegeben. Hierbei handelt es sich um eine Suggestion, die ich dem Probanden durch die Technik des Pacing als schon wahr gewordene Begebenheit präsentiere. Während meiner Worte bejaht mein Proband sozusagen mental jede meiner ersten drei Aussagen: »Ja, ich sitze wirklich und ich höre dich und ich atme auch …« und bejaht dann in der Annahme, dass ich die Wahrheit spreche, auch die als letztes angebotene Suggestion: »… und meine Augen werden dann wohl wirklich schwer, sie sind schwer, ich kann sie nicht mehr öffnen.«

Pacing findet auch außerhalb der klassischen Hypnose regelmäßig seine Anwendung. Wenn ich zum Beispiel dem HR-Manager eines Basketballvereins ein Mentalcoaching verkaufen wollte, könnte ich das etwa so anpacken: »Jeder Sportler weiß, manchmal ist es schwer, unter Druck einen kühlen Kopf zu bewahren. Wenn man so hart trainiert hat, dann aber auch nur kurzzeitig den Fokus verliert, dann kann das verwirrend sein. Oder frustrierend. Das sind so Momente, wo man alles geben würde, um auf einen Knopf zu drücken und entspannt zu bleiben! Und das ist tatsächlich nur eine der Fähigkeiten, die ich euch im Mentalcoaching beibringen kann. Wenn ich euch meine Mentaltechniken beibringe, werdet ihr lernen, wie euer Geist funktioniert und wie ihr ihn, statt gegen euch, zu eurem Vorteil nutzen könnt.« Du merkst schon: In der obigen Formulierung bin ich etwas freier in der Beschreibung der Situation meines Gegenübers. Statt ganz direkt zu beschreiben, wo es steht oder wie es meinen Worten lauscht (was unter uns gesagt im Alltag auch irgendwie komisch rüberkäme), versetze ich mich in mein Gegenüber und mache Annahmen darüber, welche Erfahrungen es *vermutlich* in einer für mich relevanten Situation macht. Es bringt nichts, Aussagen über, zum Beispiel, die privaten Probleme im Liebesleben meines potenziellen Kunden zu treffen, wenn ich ihm ein mentales Sport-Coaching anbieten möchte. Hier verwischen sich ein bisschen die Grenzen zwischen klassischem Pacing und Cold Reading: Auch beim Pacing im Verkaufsgespräch muss ich mich, um die Technik mit größtmöglicher Effizienz anzuwenden, in die Situation meines Gesprächspartners hineindenken.

Pacing lässt sich allerdings auch wunderbar mit den klassischen Barnum-Statements kombinieren. In diesem Fall nimmt das Barnum-Statement die Position der beschriebenen Fakten rund um die Situation deines Gesprächspartners ein. Weil es sich um ein allgemein gültiges Barnum-Statement handelt, stehen die Chancen gut, dass dein Gegenüber diese Aussage bejahen wird und demnach auch die finale Suggestion annimmt. Einen Klappentext für ein Buch zum Thema Kommunikation oder Public Speaking könnte man nach dieser Technik zufolge zum Beispiel so formulieren: »Viele Menschen haben ein großes Kommunikationspotenzial, das sie noch nicht zur vollen Blüte gebracht haben. Wer diese Talente für sich entdeckt, kann plötzlich noch viel größere Schritte im Leben machen! Wem es trotz seiner starken Überzeugungen und Gefühle manchmal schwerfällt, diese Ideen zum Ausdruck zu bringen, dem zeigt dieses Buch die nötigen Techniken, Tipps und Tricks.« In diesem Beispiel setze ich zwei Barnum-Statements hintereinander, mit denen sich der ohnehin schon interessierte Leser mit großer Wahrscheinlichkeit identifizieren kann. Die Suggestion ist dann die Aussage, dass dieses Buch genau das richtige für »solche« Menschen sei. Übrigens spreche ich im obigen Beispiel den Leser nicht direkt an, sondern spreche in der dritten Person über »viele Menschen«.

Erinnerst du dich an die *interne Projektion* von Rainer Mees aus dem letzten Kapitel? Dabei projiziere ich das Problem meines Gegenübers intern auf mich selbst. Hier nutze ich eine ähnliche Technik, die sogenannte *externe Projektion* (die ich ebenfalls von Rainer erlernte), um die Ansprache etwas weniger direkt und krass rüberkommen zu lassen. Ich projiziere das Barnum-Statement extern auf eine imaginäre, dritte Person (statt auf mich selbst). Der Leser zieht in diesem Fall selber die Schlussfolgerung »Oh, zu dieser Gruppe Menschen gehöre ich auch!« ziehen – und die hartnäckigsten Ideen sind (ich weiß, zum hundertsten Male) diejenigen, auf die ein Mensch scheinbar von selber kommt.

Geschichtenerzähler: Externe Projektion plus Barnum-Statement

Hierbei handelt es sich um eine Variation auf Rainer Mees Technik der externen Projektion. Bei der externen Projektion beziehst du deinen Rat oder deine Kritik – statt direkt auf dein Gegenüber – auf eine andere, nicht anwesende Person. Du kannst die Wirksamkeit dieser Technik steigern, indem du diese abwesende Person mithilfe eines Barnum-Statements umschreibst und deinen Zuhörer so dazu bringst, sich mehr mit ihr zu identifizieren. »Mein Freund Martin hat mal erlebt, dass er …« könntest du zu »Mein Freund Martin ist ein Typ, der sich zwar nach außen hin diszipliniert und kontrolliert gibt, innerlich aber immer besorgt und ziemlich unruhig ist. Er hat mal erlebt, dass …« umformulieren. Deinen nachfolgenden Worten wird mehr Gehör geschenkt, weil dein Gegenüber und Martin nicht nur eine ähnliche Situation erlebt haben, sondern weil dein Gegenüber sich dank Barnum-Statement auch direkt mit deinem imaginären Freund identifizieren kann.

Diese Technik macht die externe Projektion auch für Vorträge vor großen Gruppen geeignet. Dadurch, dass »Martin« dem Publikum mittels eines oder mehrerer Barnum-Statements charakterlich beschrieben wird, wird sich die Mehrzahl der vor Ort befindlichen Personen mit ihm (oder ihr) identifizieren können. Der danach folgende Rat oder die gemachten Vorschläge werden somit automatisch von jeder Person als spezifisch auf sie selbst zutreffend ausgewertet. Wenn ich diese Technik in einem Vortrag anwenden möchte, dann überlege ich mir zuerst die Nachricht, die ich meinen Zuhörern vermitteln möchte. Darauf basierend entscheide ich mich für ein oder mehrere passende Barnum-Statements, die ich über meinen imaginären Freund (oder über mich) machen kann. Sobald ich die Statements gewählt habe, suche ich nach einer passenden Situation oder Geschichte, in die ich die Beschreibung dieser Statements verpacken kann, damit sich das Publikum sowohl mit den Statements als auch mit der nachfolgenden Nachricht identifizieren wird.

Mein weiser Freund Dr. Forer

Mein weiser Freund Dr. Forer riet mir einmal: Wenn du jemandem einen Rat geben möchtest, dann lege die Worte immer einer weisen Person in den Mund.

Bei dieser Technik handelt es sich um eine Verlagerung deiner Worte zu einer anderen Person. Sie gehört nicht strikt zu den Techniken des Cold Reading, findet aber bei Readings immer wieder Anwendung und lässt sich gut kombinieren. Der Grundgedanke dabei ist, deine Worte einer Autoritätsperson zuzuschreiben. Auf diese Art vermeidest du, dass dein Gegenüber dir widerspricht, nur um dir zu widersprechen (solche Menschen gibt es zuhauf), und verleihst dem Gesagten zugleich mehr Gewicht. »Du solltest drei Mal die Woche laufen gehen« wird dann zu »Usain Bolts Trainer rät Leuten, dass sie mindestens drei Mal die Woche laufen gehen«. ›Oh‹, denkt sich dein Gesprächspartner, ›Usain Bolts Trainer sagt das! Wird wohl stimmen‹ und zieht sich die Laufschuhe an (oder auch nicht – wäre doch alles im Leben so simpel!). Du nutzt diese Technik, indem du »mein weiser Freund« (oder eben den Namen einer Autoritätsperson) deiner Aussage voranstellst – natürlich am besten dann, wenn diese Person so etwas auch wirklich gesagt hat. Hier ist nämlich eine feine Gratwanderung zwischen dem Geben eines guten Rats und dem Verbreiten von Bullshit zu bewundern. Wo »Meine Omi hat immer gesagt, man soll vor dem Schlafen gehen nicht zu viel essen« harmlos ist, können dich fälschlich zugeordnete Zitate in anderen Bereichen durchaus in Probleme bringen. Außerdem legt man Leuten nicht einfach so irgendetwas in den Mund. Also vorher bitte kurz nachdenken. (Und bevor ich mir hier jetzt meinen eigenen Strick drehe: Dr. Forer hat mir natürlich nicht zu dieser Technik geraten. De facto hat er mir nie zu irgendetwas geraten und wird das mit sehr hoher Wahrscheinlichkeit wohl auch nicht mehr tun, weil er verstorben ist, als ich sechs Jahre alt war.)

In Kombination mit unseren Cold-Reading-Techniken könntest du jemandem raten: »Mein Großvater hat immer gesagt, dass Menschen, die manchmal Schwierigkeiten haben, ihre Ideen und Gefühle richtig zum Ausdruck zu bringen, obwohl sie eigentlich leidenschaftliche Emotionen haben, besonders häufig üben sollten, ruhig und offen zu kommunizieren.« Siehst du, was hier gemacht wird? Ich möchte meinem Gesprächspartner ans Herz legen, offener kommunizieren zu üben. Diesen Rat schreibe ich meinem Großvater zu, um Widerstand abzubauen, und mache ihn für mein Gegenüber relevant, indem ich die Menschen, für die dieser Rat vermeintlich gemeint war, mithilfe eines passenden Cold-Reading-Statements umschreibe.

Fokussierung auf spezifische Eigenschaften

Der Einsatz eines Barnum-Statement zur Beschreibung deines Gegenübers zieht eine kurzzeitige Fokussierung auf die im Statement vordergründige Eigenschaft nach sich. Schätzt du eine Gesprächspartnerin zum Beispiel verbal ein mit »Du bist, glaube ich, ziemlich stolz auf dein unabhängiges Denken und nimmst Aussagen nicht ohne Beweis hin« und sie bejaht (und identifiziert sich demnach mit diesem Statement), dann steht für eine kurze Zeit »Unabhängigkeit« in ihrem Denken und Handeln besonders im Vordergrund. Schätzt du dieselbe Person aber zum Beispiel mit »Ich glaube, obwohl du ein bisschen Abenteuer magst, weißt du die Sicherheit der eigenen vier Wände sehr zu schätzen« ein und sie identifiziert sich mit dieser Aussage, dann steht in ihrem Denken und Handeln kurzzeitig »Sicherheit« im Vordergrund. Sei dir der Implikationen eines jeden Barnum-Statement bewusst. So kannst du im Gespräch den Fokus deines Gegenübers auf dir zuträgliche Charaktereigenschaften und Verhaltensweisen lenken.

Kapitel 11

Werkzeugkasten 3 – oder: Knapp daneben ist nicht vorbei

Es kann passieren, dass dein Gegenüber ein von dir gemachtes Barnum-Statement nicht annimmt oder es geradeheraus ablehnt. Wenn ich auf der Bühne die Kunst des Cold Reading demonstriere, ist es wichtig, dass ich einen Plan habe, um mir in diesen Momenten zu behelfen. Schließlich kommt das Publikum zum Teil in meine Shows, um zu sehen, wie ich erfolgreich Gedanken lese. In der Anwendung von Cold Reading im Alltag ist es dahingegen weniger kritisch, wenn ein Statement nicht angenommen wird. Es erwartet ja niemand, dass du ein Barnum-Statement präsentierst oder mit deiner Einschätzung einen Volltreffer landest. So gesehen ist ein angenommenes Barnum-Statement hier eher ein Bonus als eine Notwendigkeit. Trotzdem ist es praktisch, ein paar der Rettungstechniken erfolgreicher Reader zu kennen. Nicht nur, weil du dich unbedingt um Kopf und Kragen reden müsstest, um dein Publikum davon zu überzeugen, dass du mit deiner Aussage eigentlich doch richtig liegst. Sondern Rettungsmuster bieten dir auch die Möglichkeit, im Falle eines abgelehnten Barnum-Statements das Gespräch trotzdem offenzuhalten und bei deinem Gegenüber weiter Vertrauen aufzubauen.

Rettung durch Faszination

»Ich bin ein Mops«, sagst du, den stechenden Magnolia-Sandelholz-Rauch aus deiner Nase pustend. *Der Krause*, Wahrsager, nickt nachdenklich. Seine Ringe glitzern im Kerzenlicht, welches das Zirkuslicht erhellt. Dann sagt er: »Ein Mops also. Der Mops-Schildkröte-Dinosaurier-Murmeltier-Test ist unfehlbar. Wenn du ein Mops bist, bedeutet das, dass du auf deine Erfolge stolz bist und das auch zeigst. Ab und an kann das aber falsch, fast überheblich bei Leuten rüberkommen. Richtig?« – »Nö.« Deinem Wahrsager entgleitet kurzzeitig das Gesicht. Als er seine Fassung wiedergewinnt, sagt er: »Faszinierend. Aber ich glaube, das *hätte* ein Problem für dich sein können. Wie hast du gelernt, diesen Eindruck bei deinen Mitmenschen zu vermeiden?« Du lächelst und setzt zu einer Erklärung an. Für den Moment ist *der Krause* gerettet.

Die Rettung durch Faszination kennst du schon aus Kapitel 6. Bei einer abgelehnten Aussage ist eine Möglichkeit zur Rettung, mit Interesse und Faszination nachzufragen, *wieso* dieses Statement abgelehnt wurde. Die offene Frage eröffnet deinem Gegenüber die Gesprächsbühne und erlaubt es ihm, über eines seiner Lieblingsthemen zu sprechen: sich selbst. Nachfragen wie »Wie gehst du damit um?«, »Wie hast du das gelernt?« und »Wie vermeidest du das?« fallen unter diese Technik.

Vor Kurzem fuhr ich mit Sarah in meinem trauten Smart (aufgrund seiner Form und Farbe liebevoll *the blueberry*, die Blaubeere, genannt) einige weite Stunden aus Amsterdam, um eine Hundezüchterin in Deutschland zu besuchen (ich bin Hundetyp, Sarah ist Katzenmensch, wie das funktioniert, wissen wir beide nicht, aber anscheinend klappt es). Der Besuch war für mich der Himmel auf Erden: 16 Hunde, die alle zugleich auf den Schoß möchten, um gestreichelt zu werden. Im Gespräch mit der Züchterin erwähnte ich, dass »Sie sich doch als Züchterin bestimmt oft redselig und extrovertiert geben müssen – da kann ich mir vorstellen, dass Sie dann privat manchmal zurückhaltender sein müssen, um Ihre Batterien wieder aufzuladen.« – »Nein«, kam es von ihr zurück, »eigentlich bin ich auch privat immer unter Menschen, ich liebe das.« – Zwei Hunde beherbergend hakte ich nach: »Ach wirklich? Und wie haben Sie gelernt, damit umzugehen? Ich wäre da selber, glaube ich, viel zu schnell ausgelaugt.« Meine Frage führte zu einer langen Erklärung, mit vielen Ausschweifungen ihrerseits. Und obwohl der Kaffee schon lange leer war, konnten wir noch länger bleiben, um weiter mit den Hunden zu kuscheln … äh, ich meine natürlich, um die Züchterin besser kennen zu lernen.

Rettung durch Metapher

Der Krause bewegt seine Hände langsam über einer ausgeschraubten Glühbirne hin und her. Aus seinem Smartphone unterm Tisch klingt blechern ein Hans-Zimmer-Soundtrack – ist das nicht der *Inception*-Soundtrack? Oder vielleicht *Fluch der Karibik*? Deine Gedanken werden unterbrochen, als der Wahrsager dramatisch seine Augen nach hinten rollt und mit rauchiger Stimme verkündet: »Ich sehe eine Reise … eine weite Reise. Gehst du auf eine Reise?« Du schmeißt dir unbeeindruckt ein Popcorn in den Mund. »Nö.« Der Krause dreht seine Augen nach vorne und guckt dich anklagend an. »Ich meine ja auch keine *physische* Reise. Ich meinte eine spirituelle Reise. Eine Entwicklung. Du bist als Person gewachsen, richtig? Erzähl mir davon.«

Die Rettung durch die Anwendung von Metaphern ist ein beliebtes Werkzeug unter Wahrsagern. Du gehst nicht auf eine Reise? Ich meinte ja auch eine spirituelle Reise. Du bist nicht reich geworden? Es ging ja auch nicht um Geld, sondern um *emotionalen* Reichtum. Dein Betrieb ist nicht gewachsen? Mit gewachsen war nicht der Umsatz, sondern die Vision der Firma gemeint. Je nachdem wie du dein Barnum-Statement formuliert hast, kannst du eine regelrechte Metapher nutzen oder zumindest im Nachhinein abändern, wie du deine Aussage (angeblich) gemeint hast. »Du bist jemand, die manchmal stark an der Richtigkeit ihres Tuns zweifelt.« – »Hm, eigentlich nicht wirklich.« – »Mit *zweifeln* meine ich nicht, dass du nachts davon wach liegst, aber du bist darum bemüht, die moralisch richtigen Entscheidungen zu treffen. Du reflektierst, bevor du handelst.« – »Stimmt.«

Rettung durch Verlagerung

»Mein Engelberater erzählt mir von einer Person, die viele Schwächen in ihrer Persönlichkeit hat, sie aber meistens auszugleichen weiß. Manchmal fällt es ihr jedoch schwer, ihre eigenen Schwächen einzugestehen. Bist du das?«, fragt der Krause, Hände neben seinem Kopf ausgebreitet, in die Leere lauschend. Du steckst schnell dein Handy weg, mit dem du subtil ein Foto machen wolltest (#wahrsager #wtf #kennenwiruns), und sagst: »Nö.« Dein Wahrsager verliert nicht eine Sekunde, als er sich elegant rettet: »Du hast das Problem nicht, nein, aber viele andere schon. Deshalb ist es gut, dass wir jetzt darüber sprechen … Behalte diese Eigenschaft unbedingt bei: Es ist gut, dir deiner Schwächen bewusst zu sein.«

Die Rettung durch Verlagerung funktioniert, indem du ein breit aufgestelltes Barnum-Statement bei Ablehnung im Nachhinein auf »viele Menschen« beziehst. Ähnlich wie bei der Rettung durch Faszination öffnest du dir so den Weg zu einem Gespräch über diese Menschen und wieso dein Gegenüber da anders ist. Menschen lieben es, sich von anderen abzuheben und als besonders empfunden zu werden.

Wenn im Gespräch mit deinem Gegenüber zum Beispiel das Statement »Du hast noch nicht all deine Talent zur vollen Blüte gebracht. Wenn du sie für dich entdecken würdest, könntest du noch viel größere Schritte im Leben machen« abgelehnt wird, kannst du das Statement mit »Gut, dass du das Problem nicht hast, vielen anderen geht es nämlich so. Deshalb ist es auch gut, dass wir jetzt schon darüber sprechen – mit der Teilnahme an meinem Kreativkurs vermeidest du, jemals an diesen Punkt zu kommen« verlagern und das Gespräch dennoch zu einem dir dienlichen Ziel führen.

Rettung durch Gewichtung

»Die Runen«, sagt *der Krause* und blickt dir nicht nur tief, sondern auch unangenehm lang in die Augen, »lügen nie. Und genau jetzt verraten sie mir, dass du, obwohl du dich bei deinen Mitmenschen möglichst aufgeschlossen gibst, auch eine nachdenkliche, stille Seite hast, die du nur deinen Liebsten zeigst. Richtig?« – »Na ja … nachdenklich bin ich schon, aber nicht so richtig aufgeschlossen.« – »Genau das sehe ich hier auch. Aber diese nachdenkliche Seite ist genau deine Stärke.«

Wenn du ein Barnum-Statement mit zwei Aspekten (so wie im obigen Beispiel) oder mehrere Barnum-Statements im selben Fluss benutzt, kann es manchmal sein, dass dein Gegenüber nur einen Teil des Statements annimmt. In diesem Fall kannst du dich retten, indem du im Nachhinein die Gewichtung auf eben jenen Teil der Aussagen legst. So, als wäre das die ganze Zeit der Teil gewesen, dem du die meiste Bedeutung beigemessen hast. Im Gespräch könnte das folgendermaßen aussehen: »Manchmal enttäuschen dich deine Mitmenschen, weil du an sie genauso hohe Erwartungen wie an dich selbst hast.« – »Enttäuscht werde ich nicht wirklich oft, aber ich erwarte schon sehr viel von mir selbst.« – »Ganz genau. Auf der einen Seite ist das zwar deine Stärke, auf der andere Seite könntest du dir aber auch ab und an etwas mehr Entspannung gönnen.« Der Teil des Statements, der nicht angenommen wurde, wird hier einfach fallen gelassen. Auf diese Weise bleibt der Anschein erhalten, dass du dich perfekt in dein Gegenüber hineinversetzt hast.

Jetzt kennst du meine (beziehungsweise: unsere) ganze Cold-Reading-Werkzeugkiste. Wie jeder Job ein passendes Tool hat, so hat auch jede Situation ein passendes Sprachmuster. Mit der Zeit wirst du immer vertrauter mit deiner Kiste werden. Du wirst lernen, blind nach dem richtigen Werkzeug zu greifen.

Kapitel 12

Gefahren des Barnum-Effekts – oder: Was Nazis mit Astrologie zu tun haben

2019, Pulheim, Deutschland

»Astrologie ist Bullshit!«, rufe ich in einem undiplomatischen Mix aus Euphorie und freudigem Übermut nach einer Show im Foyer des »Theater im Walzwerk« zur Antwort auf die Frage eines Zuschauers nach meinem Sternzeichen. Weil ich ja »ganz bestimmt ein Skorpion« sei. Ich merke, wie der Raum nach meinem kurzen Ausbruch abrupt leiser wird. Marco, der Inhaber des familiengeführten Theaters, schaut mich mit vielsagendem Blick vom anderen Ende des Raumes an, kann sich aber zugleich das Lachen nicht ganz verkneifen. Er winkt mich rüber zur Theke. Ich ziehe entschuldigend die Schultern hoch: »Sorry. Ich hab' halt eine … Meinung … zu Astrologie.« – »Weiß ich. Aber es glauben immer noch viele Menschen daran«, antwortet Marco und winkt einer Zuschauerin, die grade das Theater verlässt, zu: »Tschüss, Monica, bis zum nächsten Mal! – Ja, ich leg' dir Karten zurück. Grüß deine Kinder ganz lieb.« Ich wiege den Kopf hin und her, sage: »Aber der Glaube an Astrologie ist völlig irrational.« Marco nickt. »Klar. Aber du weißt doch selbst, wie das funktioniert, von wegen Barnum-Statements und so. Außerdem fühlen sich Menschen von ihrem Horoskop verstanden. Und das will doch eigentlich jeder irgendwie, verstanden werden. Oder?« Mir entfährt ein Seufzer, ich nicke und will grade zu einer neuen adrenalin-gesteuerten Argumentation ansetzen, als Marco mir ein Snickers hinhält: »Spar's dir, jetzt ist nicht der richtige Moment dafür. Iss' lieber das Snickers. Immer wenn du Hunger hast, wirst du zur Diva.«

Mein Problem mit Astrologie & Co.

Wenn du dieses Buch bis hierher gelesen hast, dann ist dir vielleicht schon aufgefallen, dass ich nicht viel von Astrologie halte. Das ist eine Ansicht, die ich, wie die meisten meiner Ansichten, durchaus öffentlich vertrete und (manchmal zu) laut verkünde. Als amüsantes Spiel habe ich dabei gar nichts gegen Horoskope. Ich kann die Attraktivität und den Unterhaltungsfaktor von Astrologie voll und ganz nachvollziehen. Problematisch wird das Ganze für mich (und das bezieht sich auch auf andere Formen von Horoskopen oder Wahrsagetechniken wie Runenlegen, Kartenlesen, Channeling von Engelbegleitern und so weiter) dann, wenn wichtige Entscheidungen aufgrund eines Glaubens an die höhere Autorität dieser Systeme getroffen werden. Dem Klienten wird Geld für die Anwendung eines Systems abverlangt, welches wissenschaftlich und empirisch betrachtet nicht haltbar ist. Oftmals folgt daraus der Glaube an weitere, nicht haltbare Systeme (»Oh! Das mit den Engeln war wahr, dann wird das mit den Energiekristallen in der Wasserflasche ja wohl auch stimmen. Besser, ich besuche noch den Kurs dazu, wie ich mein *spirit animal* finde.«)

Eine wissenschaftlich haltbare Theorie zeichnet sich durch die Prinzipien wissenschaftlicher Untersuchung aus:

- Das Phänomen muss *objektiv* zu beobachten und zu messen sein.
- Es muss *Beweise* geben.
- Hypothesen werden mithilfe von *Experimenten* geprüft.
- Theorien müssen von außenstehenden Parteien *verifizierbar* sein.
- Die Ergebnisse von Experimenten müssen *wiederholbar* sein.
- Das Prinzip der *Induktion* kann auf erhaltene Ergebnisse angewandt werden, und man kann darauf basierend akkurate und messbare Vorhersagen treffen.

EXKURS SCHWÄNE UND WISSENSCHAFT

Induktion bedeutet: Aus einer Vielzahl beobachteter individueller Fälle können wir eine Regel ableiten, zum Beispiel »Wir haben jetzt 100 Tage hintereinander gesehen, dass die Sonne im Osten aufgeht und im Westen untergeht. Daraus schlussfolgern wir, dass die Sonne *mit hoher Wahrscheinlichkeit* auch weiterhin im Osten auf- und im Westen untergehen wird«. Induktion ist nie zu 100 Prozent sicher, ist aber das beste wissenschaftliche Werkzeug, das uns momentan zur Verfügung steht. Es gibt das berühmte Beispiel vom schwarzen Schwan: Lange Zeit wurde aufgrund von Induktion gedacht, alle Schwäne seien weiß, weil bisher nur weiße Schwäne gesichtet wurden. Irgendwann wurde ein schwarzer Schwan gesichtet. Et voila: Die Induktion lag daneben. Die (simple) wissenschaftliche Theorie »Alle Schwäne sind weiß« wurde daraufhin zu »Schwäne sind weiß oder schwarz« angepasst. Das ist ein weiteres Kennzeichen guter Wissenschaft: Gegenbeweise modifizieren bestehende Theorien; eine Theorie darf im Angesicht von legitimen Gegenbeweisen nicht in Stein gemeißelt bleiben.

Orakelsysteme, die unter dem Paradigma einer übernatürlichen Kraft fungieren (sei es »Energie«, »Schicksal«, die »Law of Attraction«, »Chakren« oder »Synchronizität«) bestehen den Test gegen keines dieser Prinzipien. So ist zum Beispiel das vermeintliche Phänomen »Sternzeichen X bedeutet Charaktereigenschaft Y« ganz sicher nicht objektiv beobachtbar und messbar.

Für die Existenz eines Gottes oder einer Göttin gibt es keinen Beweis, weder einen logisch-deduktiven noch einen empirisch-beobachtbaren. Gläubige stützen sich oftmals auf persönliche (eigene oder fremde) Anekdoten als »Beweis« für die Existenz einer höheren Macht. Auch hier begegnen wir dem Prinzip der *Transcendental Choice:* Manchmal ist es, je nach eigenem Glaubenssystem, attraktiver, ein bestimmtes Ereignis einem Gott und den eigenen Gebeten zuzuschreiben, als es einfach als Zufall oder Resultat menschlichen Könnens abzutun.

Wissenschaftlich ausgeführte Experimente, die wiederholbar und verifizierbar sind, suchen wir in den meisten New-Age-Kreisen vergeblich. Dort, wo Experimente ausgeführt werden und fehlschlagen, finden wir oft eine Variante der *Transcendental Choice:* Es werden Gründe dafür gefunden, weshalb die Energien nicht richtig flossen, die Aura nicht harmonisiert war …

Womöglich am verräterischsten für den pseudowissenschaftlichen Stand von Astrologie und Co. ist die Tatsache, dass das Prinzip der Induktion nicht erfolgreich angewandt werden kann. Eine Vielzahl von Experimenten zeigt, dass Charaktereigenschaften und Sternzeichen nicht den Funken einer Korrelation, geschweige denn Kausalität, in Bezug zueinander aufweisen. Dummerweise wissen das die meisten von uns, die erstmalig ihr Horoskop lesen, nicht. Und ebenso dummerweise ist der Forer-Effekt so effektiv, dass wir uns selbst in eine falsche Kausalität hineindenken, überzeugt von der scheinbaren Genauigkeit unseres »persönlichen« Horoskops. Die hartnäckigsten Ideen sind mal wieder jene, von denen wir uns selbst überzeugen. Das trifft auch hier zu. Wenn wir uns erst einmal selbst davon überzeugt haben, dass unser Horoskop aufgrund unseres Sternzeichens stimmt, dann ist diese Überzeugung nur schwer wieder abzulegen. Gleiches gilt für die Nutzung von, zum Beispiel, Orakelkarten. Haben wir uns dank Forer-Effekt erst einmal davon überzeugt, dass die Karten anscheinend unsere Vergangenheit offenbart oder unsere Zukunft akkurat vorhergesagt haben, dann wird es schwer, diese Überzeugung wieder abzulegen. Barnum-Statements, Forer-Effekt und die *Transcendental Choice* spielen sich hier gegenseitig in die Hände.

ONLINE-FANPOST #2

Manchmal bekomme ich auch … nennen wir es Fanpost, von Menschen, die überzeugt davon sind, dass sie übernatürliche Fähigkeiten besitzen. Hier ist eine meiner Lieblingsmails.

2019, Instagram, MajaXangel (Username geändert) *schreibt mich an.*

MajaXangel: Hallo Timon, ich würde dir gerne etwas sagen bzw. etwas mit dir teilen. Aber nur mit dir, nicht mit der Öffentlichkeit (Anm.

Timon: Sorry.). Du nennst dich Mentalist, sagst, du liest die Gedanken der Menschen, besitzt Telepathie usw.

Wieso ich dir schreibe? Hast du NUR EINMAL darüber nachgedacht, wie sich das, was du da öffentlich machst, für Wesen/Menschen anfühlt, die das tatsächlich können?

Ich kann noch viel mehr, ich sehe, schmecke, fühle, rieche Gedanken aller Lebewesen, ich bin auch eine Seherin, also durch die Zeit, vor oder zurück. Ich kann sooooo vieles ohne Show oder es gelernt zu haben. Ich kann es schon immer und wurde so geboren. Habe auch heilende Hände, doch ich verdiene mit keiner dieser Fähigkeiten Geld.

Weil ich kein Zirkusclown so wie du bin, der die Menschen unterhalten will oder damit Profit machen will.

Wenn du mich kennenlernen willst, melde dich.

Wahrscheinlich die beste Einladung auf ein Date, die ich jemals bekommen habe.

Was Nazis mit Astrologie zu tun haben: Das Problem der kognitiven Dissonanz

Obendrauf kommt, dass wir stets bemüht sind, kognitive Dissonanz zu vermeiden. Kognitive Dissonanz fühlen wir, wenn unser Verhalten und unsere Glaubenssätze nicht übereinkommen. Wenn ich zum Beispiel rauche und zugleich weiß, dass Zigaretten Krebs verursachen, verspüre ich kognitive Dissonanz. Um dieses Gefühl zu vermeiden, könnte ich zum Beispiel versuchen, das Wissen um die gesteigerte Krebsgefahr zu verdrängen oder gar zu verleugnen. Im Falle vom Glauben an Horoskope verspürt eine Person potenziell dann kognitive Dissonanz, wenn sie an eine übernatürliche Kraft glaubt, zugleich aber den Beweis der Wirksamkeit des Forer-Effekts vor Augen geführt bekommt. Um kognitive Dissonanz zu vermeiden, muss diese Person entweder ihren Glauben an die Wirksamkeit von Horoskopen ablegen (und sich damit eingestehen, dass sie womöglich jahrelang Energie in ein ineffektives Glaubenssystem gesteckt hat) oder den Gegenbeweis »unschädlich« machen – zum Beispiel, indem sie das als »dummen Zufall« abtut. Nach meinen Shows kommen Leute regelmäßig zu mir, um zu quatschen, ein Foto zu machen oder zu fragen, wie ich das denn eigentlich mache. Manchmal haben sie schon ihre eigenen Antworten parat: »Das mit der Hypnose, das machst du doch bestimmt, indem du die Aura manipulierst, oder?« Wenn ich dann antworte, dass ich, nein, nicht die Aura manipuliere, sondern mich auf psychologische Prinzipien verlasse, bekomme ich oftmals zu hören: »Ach ja, du meinst aber das Gleiche, wir sagen es nur unterschiedlich.« Aha. Danke, dass du mir sagst, was ich meine – und nein, wir meinen ganz sicher nicht das Gleiche. Hier geht es dem Fragenden darum, kognitive Dissonanz zu vermeiden und am eigenen Glauben (»er manipuliert die Aura« und damit zusammenhängend »Auren und Energiearbeit gibt es wirklich«) festzuhalten.

(Immer wieder amüsant ist übrigens auch die Aussage: »Ich weiß, wie du das mit dem Gedankenlesen machst. Du kannst eigentlich wirklich Gedanken lesen, sagst aber, du benutzt Psychologie, weil du nicht willst, dass irgendjemand weiß, dass du wirklich Gedanken lesen kannst.« Da hat aber jemand um sehr viele Ecken gedacht).

Das Vermeiden kognitiver Dissonanz ist oftmals der Grund, warum Gläubige (sowohl an Horoskope als auch an Religionen) häufig nur schwer mit rationalen Argumenten zu überzeugen sind. Sie blicken bei einem Eingeständnis ihrer argumentativen Fehler nämlich der emotionalen Gefahr kognitiver Dissonanz ins Gesicht. Kognitive Dissonanz kann auch ein großer Erklärungsfaktor dafür sein, wieso Ex-Nazis sogar im Angesicht starker Beweise für ihre schrecklichen Taten noch immer an der Idee festhalten können, dass sie alles richtig oder in Unwissenheit getan hätten. Auch heute noch erschwert uns kognitive Dissonanz, extremistisch denkende Menschen von ihrem gefährlichen Pfad abzubringen. Die denken sich nämlich (häufig unbewusst): ›Jetzt bin ich auf diesem Weg, jetzt muss ich den auch zu Ende gehen, wenn ich jetzt umdrehe, sieht jeder, ich selbst inbegriffen, dass ich mit meinen Ideen danebenlag.‹

Wie Horoskope zu Rassismus führen (können): Das Problem unbegründeter Vorurteile durch falsche Kausalität

2020, Lesesessel, Amsterdam, Niederlande

Das wiederholte Summen meines Handys kündigt einen Anruf an, Nummer unbekannt, deutsche Vorwahl. Ich lege meine Kopie von Hasnain Kazims neuem Buch zur Seite, schließe meine Kopfhörer an das Telefon an und drücke auf den grünen Hörer: »Timon Krause.« – »Moin. Thomas hier.« – »Thomas?« – »Ja. Brahm.« – »Ach so! Thomas! Moin! Mein Handy hat deine Nummer nicht erkannt.« – »Ist eine neue. Wir haben noch nicht gewhatsappt.« – »Was darf ich für dich tun?« – »Hör zu. Einer meiner Kollegen, lieber Kerl, hat an einem Seminar für …« Am anderen Ende der Leitung ist es kurz still, dann: »Physiognosis? Gesichter lesen?« – »Physiognomik?«, biete ich an. Es ruft: »Ja! Genau! Der hat an einem Physiognomikseminar teilgenommen. Und er ist zurückgekommen und war völlig am Boden, weil ihm da gesagt wurde, er hätte eine ganze Reihe Probleme im Leben aufgrund seines Gesichts. Du schreibst doch gerade dieses Cold-Reading-Buch. Ich habe so ein Gefühl, das könnte was miteinander zu tun haben. Kannst du mir einen Rat geben, wie ich ihm helfen kann? Der steht wirklich neben sich.« Ich hole tief Luft. »Physiognomik«, sage ich, »ist wie Astrologie, nur schlimmer. Und Astrologie ist schon Bullshit!«

Falls du nicht weißt, was Physiognomik ist: Das Wort lässt sich vom griechischen *physis*, Gestalt, und *gnome*, Erkenntnis, herleiten, also: Gestalts-Erkenntnis. Bei der Physiognomik geht es um das Herleiten der Charaktereigenschaften eines Menschen über seine Erscheinung. Hierbei müssen wir eine feine Linie ziehen. Es geht bei der Physiognomik nicht darum, dass zum Beispiel konventionell als »schön« betrachtete Menschen möglicherweise selbstbewusster werden, weil sie es im Leben etwas einfacher haben als konventionell »hässliche« Menschen (die vielleicht ihrer Erscheinung geschuldet Unsicherheiten entwickeln). Die Physiognomik behauptet, genau umgekehrt zu funktionieren, und beharrt darauf, dass das Erscheinungsbild eines Menschen fest und vorhersehbar mit seinen Charaktereigenschaften korreliert.

Etwa: Menschen mit starkem Kinn sind besonders autoritär, Menschen mit stark ausgeprägtem Augenbrauenknochen eher dümmlich. Ist das wissenschaftlich haltbar oder auch nur im Ansatz bewiesen? Nein. Ist das trotzdem ein nicht nur dummer, sondern auch sehr gefährlicher Gedanke? Und ob. Hat schon Aristoteles über die Physiognomik geschrieben? Ja. Und lag er damit voll daneben? Volle Kanne. Wieder mal ein Beweis dafür, dass weder ein bekannter Name noch eine lange Tradition gute Argumente für irgendetwas sind.

Was genau passiert nun bei so einem Physiognomikseminar? Im Grunde blicken wir bei solchen Veranstaltungen auf ein in sich geschlossenes Glaubenskonstrukt, das sich rund um den Forer-Effekt, falsche Kausalität und selbsterfüllende Prophezeiungen geformt hat. Lehrer wie Teilnehmer lernen, breit geltende Aussagen zu machen (»Du bist eher autoritär veranlagt« – fast ein Barnum-Statement), die bei Treffern als Bestätigung der Physiognomik gesehen werden (falsche Kausalität) und bei Fehlschlag einfach als »noch zu erfüllendes Potenzial« umdefiniert werden. Glaubt ein Teilnehmer aufgrund der vermeintlichen Autorität des Lehrers fest an das System, so kann eine über ihn getroffene Aussage zu einer selbsterfüllenden Prophezeiung werden. Das passierte dem Kollegen meines Bekannten, Thomas, der nach seinem Seminar völlig niedergeschlagen nach Hause zurückkehrte, weil ihm gesagt wurde, er sei schwach, unorganisiert und als Führungskraft unfähig.

Neben den potenziellen Schäden am Selbstbewusstsein der einzelnen Teilnehmer solcher Seminare sehe ich hier noch eine ganz andere, viel größere Gefahr, und zwar die der unbegründeten Vorurteile. Menschen, die ein derartiges Seminar absolviert haben, gehen in die Welt hinaus und fangen an, über ihre Mitmenschen aufgrund ihrer Erscheinung zu urteilen. Hohe Wangen? Bitch. Ausgeprägte Lippen? Bestimmt leicht zu haben. Fliehendes Kinn? Mit dem kann man machen, was man will. Es werden völlig unbegründete Vorurteile aufgebaut.

Weißt du, woher man das noch kennt? Klar – aus dem Rassismus. In der Physiognomik schwingen denn auch wenig überraschend stark rassistische Untertöne mit. So werden zum Beispiel besonders ausgeprägte Augenbrauenknochen in diesem kaputten System oft mit einem primitiven Geist in Verbindung gebracht. Dreimal darfst du raten, woher das kommt. Natürlich daher, dass Menschen afrikanischer Herkunft zu stärker ausgeprägten Knochen an den Augenbrauen neigen und dass Physiognomik seinen Ursprung im Westen hat. Alles, was anders ist als wir, ist – klar – uns erstmal unterlegen. Auch der Antisemitismus hat sich teils der Pseudowissenschaft der Physiognomik bedient: Denk nur an die »Judennnase«. Physiognomik erfreut sich leider (vor allem in Amerika) im Firmensektor noch immer vergleichsweise großer Beliebtheit. So werden Interviewer dazu ausgebildet, bei potenziellen neuen Angestellten auf bestimmte äußere Merkmale zu achten. Dadurch werden bewusst Vorurteile gefördert und die Chancengleichheit mit Füßen getreten.

Einmal diskutierte ich mit einem Befürworter der Physiognomik. Nachdem ich meine wissenschaftlich unterlegte Argumentation beendet hatte, kam es zurück: »Na und wenn schon, ich bin trotzdem der Meinung, Physiognomik funktioniert.« Dazu drei Dinge. Erstens gibt es hier keine »Meinung« zu. Ich ging mal einige Wochen mit einem Mädchen aus, das der »Meinung« war, wenn sie sich nicht mehr die Zähne putze (Fluorid in der Zahnpasta verstopft nämlich angeblich das dritte Auge), sondern sich mit Kokosöl den Mund ausspüle, werde das Loch in ihrem Weisheitszahn wieder zuwachsen. Sie konnte noch so sehr der Meinung sein, aber rate mal, was passierte? Die Situation wurde nur noch schlimmer. Zweitens – wenn jemand auch im Angesicht wissenschaftlicher Beweisführung und ohne eigene solide Beweisführung stur an einer »Meinung« festhält, dann darf diese Person nicht erwarten, dass wir diese Meinung respektieren oder ihr Gehör schenken (haben darf sie die Meinung natürlich trotzdem, aber Meinungsfreiheit schließt kein Recht darauf ein, dass andere sich den Quark auch anhören). Drittens – und das trifft in obigem Beispiel nur bedingt zu –, aber wo eine »Meinung« stark rassistische Töne hat (wie es unter anderem bei der Physiognomik der Fall ist), bewegt sie sich in gefährlichen Gebieten und darf guten Gewissens ignoriert oder muss sogar aktiv bestritten werden.

›Ach‹, mag man jetzt denken, ›auf so einen Bullshit wie Physiognomik falle ich doch eh nicht rein.‹ Vielleicht. Aber das Konstrukt von falscher Kausalität, Forer-Effekt und dem Vermeiden kognitiver Dissonanz kommt in vielerlei Gewändern daher. Vielleicht hast du schon einmal den Myer-Briggs-Test, auch 16-Personalities-Test genannt, gemacht? Du beantwortest eine Reihe Fragen und bekommst dann einen von 16 Persönlichkeitstypen zugeteilt, welcher dich »ganz individuell« umschreibt. Der Myer-Briggs-Test erfreut sich seit Langem großer Beliebtheit. Eine Zeitlang fand er auch bei mir Anklang, bis ich auf meiner Suche nach seiner wissenschaftlichen Basis dahinterkam, dass dieser Test viele Male als nicht wissenschaftlich fundiert entlarvt wurde. Letzten Endes handelt es sich beim Myer-Briggs-Test um nichts anderes als ein Orakel (der Test) mit viel Rauch und Show (das Beantworten der Fragen) vom Medium (den Entwicklern des Tests) und einem von 16 Feedbacks in Form leicht angepasster Barnum-Statements. Den Rest der Arbeit machen wir, indem wir das Feedback im Kopf genau auf uns beziehen und die Lücken mit Details füllen.

2018 veröffentlichte der Schwede Thomas Erikson einen (angeblich) neuartigen Persönlichkeitstest. Basierend auf dem DISC-Persönlichkeitstest entwickelte er einen vermeintlich wissenschaftlich fundierten Test, der Menschen in eine von vier Farben einteilen sollte. Schon bald hörte man in Cafeterien und Büros Aussagen wie »Ich kann auf keinen Fall einen Typ Rot daten« oder »Ich kann unmöglich mit Typ Gelb zusammenarbeiten«. Schnell stellte sich raus, dass Eriksons Test auf einem in 1928 veröffentlichten Buch basierte, dessen Theorie genau wie der DISC-Test weder damals noch heute handfeste Beweise mit sich brachte. Ein Hit wurde Eriksons Buch dennoch, viele (Vor-)Urteile wurden aufgrund vermeintlicher Differenzen zwischen den Farbtypen gefällt.

Du siehst: Es tut nichts zur Sache, ob so ein Konstrukt aus falscher Kausalität, Forer-Effekt und dem Vermeiden kognitiver Dissonanz sich als psychologischer Persönlichkeitstest oder als astrologisches Orakel tarnt. Die unterliegende Struktur bleibt dieselbe, und wir alle können uns davon verleiten lassen.

Es gibt noch eine weitere Gefahr bezüglich Persönlichkeitstests, und zwar, dass »Persönlichkeit« zur Erklärung und Entschuldigung des eigenen Verhaltens wird. Meine Ex-Freundin bekam regelmäßig krasse Ausraster, die zu heftigem Streit führten. Danach kam als Teil der Entschuldigung oftmals: »Tut mir leid, ich kann nichts dafür, ich bin Waage«. Ihr Sternzeichen war aber weder eine Erklärung noch eine Entschuldigung für ihr Verhalten. Gleiches gilt für die Resultate vermeintlicher Persönlichkeitstests (»Tut mir leid, ich kann das nicht ändern, ich bin Gelb« oder »Ich bin halt ein Typ Advocate«). Zu sagen »Tut mir leid, ich habe das gemacht, weil meine Persönlichkeit so ist« ist ein logisch zirkuläres Argument und deshalb nicht zulässig. Deine Persönlichkeit ist keine Erklärung für irgendetwas, sondern einfach der Dachbegriff für die Masse deiner über die Jahre vergleichsweise stabilen Verhaltensweisen. Ähnliche Fehler finden wir überall in der Psychologie. So könnte eine mit ADHS diagnostizierte Person denken: »Endlich weiß ich, wieso ich so schnell abgelenkt und zappelig bin: Ich habe ADHS«. Dabei ist ADHS aber nicht die Erklärung, sondern schlicht die Kategorisierung genau dieser Symptome – ein Label, das diesen Symptomen aufgeklebt wird (womit ich im Übrigen nicht die mitunter schwierige mit ADHS einhergehende Symptomatik untergraben möchte). Das Label als Erklärung zu nutzen, wäre in etwa, wie zu sagen, dass gutes Wetter die Sonne zum Scheinen bringt. Tut es nicht – »gutes Wetter« ist schlichtweg die Kategorisierung des Symptoms »Sonne scheint«. Und genauso ist »Persönlichkeit« weder Erklärung noch Entschuldigung für das eigene Verhalten.

Als erwachsener Mensch noch einen Schritt weiter zu gehen und sein Sternzeichen als Entschuldigung heranzuziehen, macht das Ganze nur noch obstruser.

Barnum-Statements in der öffentlichen Kommunikation

Barnum-Statements finden auch in der Politik und im öffentlichen Raum Anwendung. Wenn du dich aufmerksam mit den Sprachmustern aus unserer Werkzeugkiste (Kapitel 9, 10 und 11) auseinandergesetzt hast, sind dir die potenziell manipulativen Möglichkeiten der Barnum-Statements vielleicht schon aufgefallen. »Timon!«, schreist du jetzt möglicherweise, »wenn man Barnum-Statements falsch nutzen kann, dann lehre Cold Reading doch besser gar nicht erst! Das wird nachher nur für Böses genutzt!« Mag sein. Fakt ist aber: Die den Barnum-Statements verwandten Techniken werden ohnehin schon für fragwürdige Zwecke genutzt. Dann ist mir lieber, dass du dir dessen bewusst bist und dich davor schützen kannst und dass du die hier gezeigten Techniken für Gutes anwenden kannst. Wie zum Beispiel zur Entwicklung von Empathie deinen Mitmenschen gegenüber oder für geschmeidigere Kommunikation untereinander. Cold Reading an sich ist weder gut noch böse, sondern ein neutrales kommunikatives Werkzeug. Hellhörig werden solltest du, wenn im öffentlichen Raum spezifisch klingende Statements gemacht werden, die aber vermutlich auf eine große Anzahl Menschen zutreffen. Vor allem in jenen Kontexten, wo eine Agenda verfolgt wird, wie eben in der Politik oder bei öffentlichen Rednern. So gab es zum Beispiel einmal eine Reihe Poster einer (weit) rechten Partei, die mit Formulierungen wie »Wünschst du dir auch Sicherheit für deine Familie?« oder »Mehr Sicherheit für dich und deine Freunde« um die Ecke kam. Wenn du mich fragst, ob ich mir Sicherheit für meine Familie wünsche, dann sage ich: »Klar wünsche ich mir das.« Dummerweise wird ein potenzieller Wähler so über ein Barnum-artiges Statement blitzschnell in eine Ecke getrieben, in der er sich scheinbar mit den (angeblichen) Werten so einer Partei identifiziert. Wir alle wünschen uns Sicherheit für unsere Lieben. Gleiches gilt für Redner, die Barnum-Statements verwenden, um sich selbst zugänglicher und vertrauenswürdiger erscheinen zu lassen, als sie es eigentlich sind. Schützen kannst du dich dagegen vor allem durch Aufmerksamkeit, Skepsis und Übung. Wenn du das nächste Mal denkst: ›Ja, das, was da gesagt wird, das trifft voll auf mich zu!‹, frage dich kurz: Handelt es sich dabei wirklich um spezifisch auf dich zutreffende Werte und Ziele, oder sind es eher clever formulierte Allgemeinheiten?

Kapitel 13

Interview mit Ian Rowland – oder: Wahrsagerei beim FBI

2019, London, Vereinigtes Königreich, 20:34 Uhr

In einem Keller in Covent Garden, London, steht eine Bühne. Auf der Bühne im Keller steht ein Einrad, zwei Meter hoch, bunt bemalt und mit kleinen Lichtern in seinen Speichen. Auf dem Einrad auf einer Bühne in einem Keller im Covent Garden von London sitzt ein Mann. Präzise hoch über dem Boden balancierend schaukelt er vor, zurück, vor, zurück. In seinen Händen hält er Dreierlei: einen gebogenen Säbel, eine entzündete Fackel, eine offene Bierflasche.

In einem Keller in Covent Garden, London, steht eine Bühne, mit darauf einem Einrad, mit darauf einem Mann und davor einem Publikum, das den Atem gespannt anhält und ihn erst dann mit begeistertem Jubelgeschrei rauslässt, als der Mann auf dem Einrad anfängt, mit Säbel, Fackel und Flasche zu jonglieren. Als die Einlage zu Ende ist, verlässt der Künstler unter tosendem Applaus die Bühne.

»That«, sagt Ian und grinst breit ins Publikum, »was ab-so-lutely wonderful. Unglaublich. Danke, dass ihr alle heute hierhergekommen seid. Einmal im Jahr möchte ich mit meinen Freunden die Kunst, die Leidenschaft, die Magie feiern. Ihr seid alle wundervolle Menschen. Danke, dass es euch gibt.« Das Scheinwerferlicht der Bühne verwandelt Ians Anzug in ein blau schimmerndes Meer aus Stoff. »Ich habe heute Abend das Vergnügen, noch mehr Freunde aus aller Welt auf dieser Bühne begrüßen zu dürfen. Wir haben heute Anthony Jacquin, einen meisterhaften Hypnotiseur, direkt hier aus England, bei uns«, Applaus. (Ich lehne mich zu Sarah rüber und flüstere ihr leise zu: »Anthony ist krass.«) Auf der Bühne macht Ian weiter: »Sowie Timon Krause, einen Mentalisten, der extra aus Amsterdam angereist ist«, wieder Applaus, »und, eine ganz besondere Ehre, Ria Lina aus … Neuseeland!« Heftiger Applaus, Ians Grinsen wird noch breiter. »Ja! Aber für den Moment, entspannt euch, sprecht miteinander, die Bar ist jetzt offiziell geöffnet. Viel Spaß auf meiner Party.«

2019, London, Vereinigtes Königreich, 22:37 Uhr

Ian kommt auf mich zu, breitet die Arme aus, drückt mich. Um uns herum bewegen sich Bohemiens, Künstler, Autoren, Menschen im Anzug, Menschen im Kostüm, kurzum: eine bunte Masse gleichgesinnter Seelen. Ian sagt: »Das war ein toller Auftritt von dir vorhin, Timon! Den Gästen hat es gefallen, aber das hast du ja schon gehört. Danke, dass du Zeit finden konntest, bei meiner Party dabei zu sein!« Ich lache: »Ian, für dich finde ich immer Zeit.« Ian dreht sich zu Sarah und schüttelt ihre Hand: »Und du! Schön, dass du mitkommen konntest. Seit ich Timon bei meinem Kurs letztes Jahr kennen gelernt habe, habe ich mich gefragt, welcher Mensch ihn wohl im Griff haben würde.« Ich rolle mit den Augen, Sarah lacht, Ian auch. Er fragt: »Ihr bleibt aber noch ein bisschen, oder? Du musst mir unbedingt nochmal die Sache zeigen, wo du errätst, in welcher Hand ich die Münze verstecke. Ich weiß immer noch nicht, wie du das machst.« Ich nicke. »Gerne. Aber wir gehen spätestens um Mitternacht. Und ich mach das nur, wenn du Sarah deine Cold Reading Skills demonstrierst.« Ian grinst. »Ich hab zwar schon ein, zwei Bier intus, aber … I can try.«

2019, London, Vereinigtes Königreich, 1:11 Uhr

Auf einer Bühne in einem Keller im Londoner Covent Garden sitzen im Scheinwerferlicht eine Reihe Menschen, manche im Anzug, manche kostümiert, und sprechen mit ihrer eigenen Hand. Das Publikum schaut gebannt und atemlos zu.

»Spürt, wie der Geist von Annie de Montfort erst Besitz von eurer Hand, dann von eurem ganzen Körper ergreift«, beschwört sie der Mann, der hinter ihnen steht. »Gebt Annie die Kontrolle über euch.« Wir schauen uns kurz in die Augen, der Mann auf der Bühne und ich in der ersten Reihe, und er zwinkert mir zu. Sein Mund formt still die Worte »watch this« und er schnippt mit den Fingern. Ohne zu zögern, fangen seine Freiwilligen an, in fremden Zungen zu sprechen, am ganzen Körper zu schütteln, zu tanzen, unkontrollierbar zu lachen.

Ich lehne mich zu Sarah und flüstere: »Ich habe doch gesagt, Anthonys Hypnose ist krass.«

2019, London, Vereinigtes Königreich, 2:53 Uhr

»Wir müssen jetzt wirklich, wirklich gehen«, sage ich und schüttle Ian zum wiederholten Male die Hand. »Es war schön, dich kennen zu lernen!«, ruft Sarah ihm nochmal aus dem Türrahmen zu und legt sich ihren Schal um. Ich frage: »Aber bist du sicher, dass wir dir hier mit nichts mehr helfen können?« Ian winkt ab: »Nein, nein, den ganzen Abbau mache ich die Woche.« – »Okay. Und sicher, dass du morgen Nachmittag Energie für das Interview hast?« Ian wirft die Arme in die Luft. »Natürlich habe ich da Energie für! Aber der Kaffee geht auf dich.« Ich ziehe meine Jacke über, laufe hinter Sarah die Treppe hoch, rufe noch: »Perfekt, bis morgen! Danke!« und trete aus dem warmen Keller in die kalte Januarluft Londons hinaus.

Kurz vor unserem Hotel erhebt sich ein alter Kirchturm in den Nachthimmel. Graffitis wickeln sich um seinen Hals, am Boden ist er mit leicht verspäteten (»oder«, merkt Sarah an, »sehr verfrühten«) Weihnachtslichtern umwickelt. Für einen flüchtigen Moment erinnert er mich an ein Einrad auf einer Bühne in einem Keller in Covent Garden, London: bunt bemalt und mit kleinen Lichtern in seinen Speichen.

Interview mit Ian Rowland

Wenn du weltweit irgendeinen Mentalisten nach den aktuellen Experten für Cold Reading fragst, dann stehen die Chancen gut, dass der Name »Ian Rowland« eher früher als später fallen wird. Ian Rowland ist ein in London ansässiger freiberuflicher Autor. 1998 publizierte er das *Full Facts Book of Cold Reading* und erlangte damit internationalen Ruhm sowohl innerhalb als auch außerhalb der Szene der Mentalisten. Schon lange, bevor ich geboren wurde, beschäftigt er sich eingehend mit den Techniken des Cold Reading. Er gibt seit vielen Jahren regelmäßig Seminare zum Thema und hat sich auf die Anwendung von Cold Reading im Businessbereich spezialisiert. Daneben schreibt Ian Bücher über eine Vielzahl anderer Themen, wie zum Beispiel über Techniken zum Überwinden verschiedener Süchte, und stellt Ressourcen auf seiner Website *Cold Reading Success* zur Verfügung.

Unsere Cold-Reading-Ansätze unterscheiden sich zwar stark voneinander, sind aber dennoch komplementär. 2018 hatte ich das große Vergnügen, an zwei seiner Seminare teilzunehmen. Über das Jahr hinweg waren wir zufällig auf vielen derselben Veranstaltungen als Speaker gebucht und unsere Freundschaft festigte sich. Einmal im Jahr veranstaltet Ian eine geheime Party für seine Künstlerfreunde in einer jeweils wechselnden Location in London. Am Tag nach der Party setzten wir uns im Shakespeare's Head Pub auf Kaffee, Tee und Burger (frag nicht) zu einem Interview zusammen.

T »Okay, Aufnahme läuft. Gestern Abend, auf deiner Party, hast du mehreren Mentalistenkollegen Readings gegeben. Wieso funktioniert Cold Reading sogar dann, wenn man weiß, was dahintersteckt? Oder vielleicht, warum funktioniert Cold Reading überhaupt?«

I »Cold Reading bedeutet: Ich liefere die Worte, du lieferst die Bedeutung. In einer normalen Konversation ist das nicht so. Wenn ich sage: Willst du Kaffee? …«

(Ian greift zur Kaffeekanne, hebt fragend die Augenbraue und schenkt mir auf mein Nicken hin nach.)

I »Wenn ich also sage, ›Willst du Kaffee?‹, dann verstehst du meine Worte so, wie sie im Wörterbuch stehen. Es gibt keinen Zweifel, was ich meine. Klar, in der Kommunikation steckt immer eine Metaebene aus Beziehungskontext, Haltung und Anlass …«

T »Wie Wittgensteins Sprachspiele?«

I »Genau, wie Wittgensteins Sprachspiele, wo bestimmte Worte oder Ausdrücke je nach Situation unterschiedliche Bedeutungen annehmen. Aber im Grunde ist die Bedeutung meiner Worte in unserer alltäglichen Kommunikation klar. Im Cold Reading ist das anders.«

T »Inwiefern?«

I »Im Cold Reading liefere ich Worte, die *keinerlei* Bedeutung haben, und du lieferst die Bedeutung dazu. Meine Worte haben keine Bedeutung, weil ich nichts über mein Gegenüber weiß. Ein klassisches Beispiel: Wenn ich meinem Klienten in einem Reading sage ›Ich sehe ein offizielles Schreiben, welches dir etwas Bauchweh bereitet‹, dann hat das erstmal keine Bedeutung. Ich weiß ja nicht, was bei meinem Klienten im Leben grade so aktuell ist. Allerdings weiß ich, dass meine Aussage ein sehr breites Netz ist. Wenn ich dieses Netz durch das Bewusstsein meines Klienten ziehe, stehen die Chancen gut, dass sich etwas darin verfängt. Der eine Klient bezieht meine Aussage vielleicht auf einen Brief von seinem Anwalt, auf den er wartet. Der nächste Klient meint vielleicht, es handelt sich um den Brief von seinem Arzt, den er gestern bekommen hat. Und ein nächster bezieht das Statement auf den persönlichen Brief von einem alten Freund, der zufällig auch Politiker ist, und irgendwie wird dann auch so eine sehr vage Verbindung passend gemacht. Ich gebe die Worte, du gibst die Bedeutung dazu. So ist das schon immer gewesen.«

T »Schon immer?«

I »Ja. Cold Reading ist eine anthropologische Konstante. Es gibt nicht viele solcher Konstanten, die wir in allen Kulturen antreffen – das Tabu gegen Inzest ist eine, das Verbot von Mord zum Vergnügen auch, aber Cold Reading gehört in irgendeiner Form dazu.«

T »Wir finden also in jeder Kultur eine Form von Cold Reading?«

I »So ziemlich. Natürlich wird das nicht immer als Cold Reading erkannt oder so genannt. Es geht dabei um Orakel und Horoskope. Die Requisiten unterscheiden sich auch von Ort zu Ort. Im Norden Englands, wo ich herkomme, war das Lesen aus Teeblättern sehr beliebt. In China gab es das I-Ching, anderswo nutzte man dafür Spielkarten. Was all diese Orakel miteinander verbindet, ist, dass sie bedeutungslose Worte oder Symbole generieren und dem Klienten Platz bieten, seine eigene Bedeutung dazu zu liefern.«

T »Verstehe. Wieso ist Cold Reading so eine anthropologische Konstante? Warum finden wir das in allen Kulturen?«

I »Das liegt daran, dass wir zwei Barrieren im Leben haben: Wir können die Zukunft nicht sehen, und wir können nicht immer alles, was in der Welt passiert, erklären. Wir würden aber so gerne wissen, was passieren wird. Werde ich Julia heiraten? Werde ich diese Krankheit überstehen? Aber die Zukunft ist eine verschlossene Tür. Wäre es jetzt nicht gut, wenn man durchs Schlüsselloch blicken könnte?«

T »Klar. Das würde ein Gefühl von Sicherheit bieten.«

I »Genau! Auch heute fühlt sich das Leben oft unfair an. Aber für 15 Pfund kann dir ein Handleser am Trafalgar Square die Sicherheit geben, dass alles okay sein wird. Dahinter steckt der Wunsch nach und der Glaube an Magie.«

T »Woher kommt dieser Glaube an Magie?«

I »Magisches Denken, also der Glaube an Magie, ist immer ein Versuch, die Barrieren der Welt zu überwinden.«

T »Ich erkenne das aus meinem Philosophiestudium. Sartre hat viel über magisches Denken geschrieben. Er beschreibt es als den Versuch, die externe Welt den eigenen Vorstellungen nach zu formen. Meistens endet das aber in einer Umformung der eigenen Innenwelt. Sartre zufolge geht es dabei immer um eine vermeintliche Vereinfachung der Außenwelt über die Innenwelt. Wie du grade zum Beispiel schon gesagt hast: Die Welt ist zu komplex, also versuchen wir sie durch ein Horoskop zu vereinfachen und zu verstehen. Dabei ändert sich natürlich *eigentlich* nichts an der externen Welt. Die einzige Veränderung findet in unserer internen Erfahrung statt.«

I »Ganz genau. Wir können die Zukunft nicht vorhersagen? Dann nutzen wir eben ein Orakel. In seinem Buch *Stolen Lightning* führt Daniel O'Keefe magisches Denken und falsche Kausalität als Triebwerke der Entwicklung verschiedener Rituale an. Zum Beispiel: Stell dir vor, vor tausenden Jahren fällt eines Tages die Ernte besonders schlecht aus. Den Winter danach stirbt zufällig eine junge Frau im Dorf. Im Sommer darauf ist die Ernte wieder reichlich. Was schlussfolgern wir daraus? Wenn wir jeden Winter eine Jungfrau opfern, wird die Ernte gut ausfallen. Die Ernte ist immer noch mäßig? Dann opfern wir besser noch ein Mädchen, vielleicht war sie nicht jungfräulich, *better safe than sorry.* Falsche Kausalität und magisches Denken, klar, aber das passiert uns in anderen Formen auch heute noch. Denk nur an den Placeboeffekt, Aberglaube oder Psychoanalyse.«

T »Wieso Psychoanalyse?«

I »Freuds ursprüngliche Psychoanalyse war im Grunde nichts anderes als Cold Reading. Menschen wollen immer noch wissen, dass alles gut wird. Readings geben dir diesen Effekt viel billiger als Psychoanalyse, aber heutzutage klingt es für eine Führungsperson vermutlich etwas besser zu sagen, sie gehe zu ihrem Psychoanalytiker als zu ihrem Wahrsager.«

T »Noch einmal zurück zu meiner Anfangsfrage. Wieso funktioniert Cold Reading sogar dann, wenn man weiß, was dahintersteckt? Und möchtest du Kaffee?«

(Ian winkt ab und hält an seinem English-Breakfast-Tee fest, ich fülle meine Tasse erneut.)

I »Wir beide befinden uns manchmal in der ungewöhnlichen Situation, dass wir anderen Mentalisten ein Cold Reading geben. So wie gestern Abend auf meiner Party. Ich glaube, in solchen Fällen ist der Wow-Effekt weniger vorhanden, als wenn ich einem Laien Cold Reading demonstriere. Allerdings weiß ein Kollege die technische Finesse viel mehr zu schätzen. Wenn ich Kollegen arbeiten sehe, dann kann ich bewundern, wie elegant und technisch einwandfrei sie ihre Gedankenlesetechniken ausführen. Wenn ich dich die Handpan spielen sehe, dann kann ich das genießen, aber zugleich auch bewundern, wie elegant du spielst.«

T »Danke.«

I »Das kommt einfach mit den Jahren der Erfahrung. Wenn ich jemanden eine Wand aus Ziegelsteinen bauen sehe und diese Person das schon seit 30 Jahren macht, dann sitzt jeder Griff und der ganze Prozess ist bewundernswert elegant. Ich glaube, deshalb funktioniert Cold Reading auch dann, wenn man weiß, wie es funktioniert.«

T »Ich glaube aber auch, dass unser Mustererkennungssystem im Kopf sich niemals abschalten lässt. Sogar wenn ich weiß, dass du in deinen Aussagen das Cold Reading verwendest, suche ich instinktiv nach dem Bezug zu mir.«

I »Auch das. Und dazu kommt ja für Kollegen auch noch: Wenn ich einen anderen Mentalisten arbeiten sehe, kann ich meine eigene Erklärungsnot abschalten und mich wie ein Laie auf die Performance einlassen. Der große Magier Eugene Burger sagte bei seinen Seminaren immer: ›Ihr könntet versuchen, meine Magie zu analysieren, oder ihr könntet euch für einen Moment darauf einlassen und sie genießen. Zeit für Analyse ist später noch.‹

T »Nächste Frage. Wo siehst du die Gefahren des Cold Reading?«

(Ian lacht.)

I »Timon, kennst du das, wenn du was sagst und dabei bei deinem Gesprächspartner eine ganze Lawine lostrittst?«

T »Ja …«

I »Sowas ist dir grade passiert. Aber ich schätze dich und deine Zeit zu sehr, um mich jetzt eine Stunde lang über die Gefahren des Cold Reading auszulassen. Ich fasse mich kurz. Cold Reading ist wie ein scharfes Messer: In den Händen eines Verbrechers kann es dir wehtun, in den Händen eines Chirurgen kann es dein Leben retten. Das Messer selbst ist weder gut noch schlecht.«

T »Wie ein Werkzeug.«

I »Wie ein Werkzeug. Skeptiker legen oft den Fokus auf die Ausbeutungen mittels Cold Reading und sehen vor allem die Scharlatane, die ihren Opfern tausende Pfund abknöpfen, um sie von einem angeblichen Fluch zu befreien. Aber sie übersehen dabei tausende Wahrsager, die es gut meinen, die vielleicht auch an ihr Orakel glauben und die ihre Klienten sich für wenig Geld besser fühlen lassen. Man kann mit Cold Reading viel Gutes tun. Manchmal, wenn der Moment passt, gebe ich zum Beispiel einer Kellnerin oder einem Kellner ein kurzes persönliches Reading. Mir wurde schon mehrmals gesagt, dass dieses Reading das Netteste war, was dieser Person die ganze Woche über passiert ist! Einfach nur, weil ich mir Zeit für sie genommen habe und ihr zugehört habe. Übrigens habe ich noch nie im Leben Geld für ein Reading genommen.«

T »Missbrauch von Cold-Reading-Techniken ist eine Gefahr. Eine weitere sehe ich dort, wo sich der Barnum-Effekt unbemerkt versteckt, wie zum Beispiel bei einer Reihe Persönlichkeitstests.«

I »Stimmt. Psychometrisches Testen, Graphologie, der Myer-Briggs-Test, hinter keinem davon steckt Wissenschaft. Sie sind alle nur Masken für manchmal unbewusst angewendetes Cold Reading. Astrologie in der Personalbeschaffung sollte nicht existieren. Oftmals sind solche Persönlichkeitstests oder vermeintliche Einstellungstests auch ein Vorwand, mit dem Vorurteile gerechtfertigt werden können. Statt einfach zu sagen ›Ich will dich nicht einstellen, weil du eine Frau bist‹ oder ›Ich will dich nicht einstellen, weil du dunkle Haut hast‹, kann man jetzt behaupten, das benutzte Profiling-System hätte Resultate geliefert, die darauf hinweisen, dass der Kandidat nicht für den Job geeignet gewesen wäre. Ich habe bis heute nicht von einem einzigen Einstellungstest erfahren, der, wissenschaftlich belegt, tatsächlich brauchbare Resultate liefert.«

T »Aber die Menschen wollen wie immer den Eindruck haben, sie hätten ein System, nach dem sie ihre Mitarbeiter einstellen. Wieder eine Simplifizierung der Welt. Magisches Denken.«

I »Genau. Außerdem kann man keine Industrie darauf aufbauen, wenn man zugibt, dass das Einstellen von Mitarbeitern so oder so ein ziemliches Glücksspiel ist. Der einzige Test, der funktioniert:

Lass die Person eine Weile testweise arbeiten, und schau, wie das läuft. Aber damit lässt sich nicht so gut Geld verdienen.«

(Kaffee, Tasse vier, dieses Mal macht Ian mit.)

T »Danke dir. Nächste Frage: Wie empfiehlst du meinen Leserinnen und Lesern, am besten Cold Reading zu üben?«

I »Viele meiner Freunde sind Zauberer. Wenn einer von ihnen lernen möchte, unbemerkt eine Karte ins Spiel zu bringen, dann übt er das meistens erstmal bei Kunststücken, wo er die Karte nicht zwingend braucht. Falls es schiefgeht, hat er nichts verloren. Falls er es aber unbemerkt schafft, weiß er, dass er die Technik gemeistert hat. Mit Cold Reading kannst du das so ähnlich machen. Ich übe immer dann, wenn es nicht darauf ankommt, ob meine Statements wohl oder nicht angenommen werden.«

T »Wann denn zum Beispiel?«

I »Vor ein paar Tagen war ich am Flughafen und habe der Bedienung im Café ein kurzes persönliches Reading gegeben. Ich werde diese Frau vermutlich nie wiedersehen, und es war nicht wichtig, ob ich erfolgreich war. Am selben Nachmittag nutzte ich aber die gleichen Techniken während meines Businessmeetings, wo ich eine halbe Stunde lang über professionelles Boxen sprechen konnte, ohne etwas darüber zu wissen.«

T »Ohne etwas darüber zu wissen?«

I »Genau. Cold Reading ist ja nichts anderes, als scheinbar über etwas zu sprechen, worüber du nichts weißt. Statt auf ein eigenes Thema umzuschwenken, kann ich mit meinem Gegenüber über das Thema sprechen, wofür es brennt. Statt mich interessant zu machen, bleibe ich interessiert.«

T »Hast du noch einen Tipp, wie man ein Barnum-Statement am besten auf sein Gegenüber anpasst?«

I »Du weißt, dass ich relativ wenig mit Barnum-Statements arbeite. Ich improvisiere im Cold Reading viel. Aber natürlich musst du dasselbe Reading zwei unterschiedlichen Personen auf ganz unterschiedliche Arten präsentieren. Dafür muss man üben, sich auf Menschen einzustellen. Du musst dich fragen: Was muss diese Person, mit der ich grade spreche, wohl hören? Eine 55-jährige Managerin in England braucht ein anderes Reading als ein 16-jähriges Mädchen aus Kalifornien.«

(Ian beugt sich nach vorne, schaut mich eindringlich an und flüstert verschwörerisch.)

I »Man würde ja schließlich auch nicht jeder Person deinen Haarschnitt verpassen.«

T …

I »Aber die unterliegenden Techniken zum Haareschneiden sind gleich.«

T …

I »Oder, in deinem Fall, zum Nicht-Schneiden.«

T »Sehr witzig«.

I »Zurück zu Cold Reading: Der beste Tipp, den ich geben kann, ist einfach mal still zu sein und zuzuhören. Du kannst unglaublich viel lernen, wenn du einfach nur zuhörst.«

T »Was ist eine Sache, die du vom Zuhören gelernt hast?«

I »Das klingt jetzt wie etwas, das man auf einer Postkarte in einem New-Age-Laden finden würde, aber ich meine das ernst: ›Everyone is doing the best they can with what they have at the time to try and be content and happy.‹ — ›Jeder tut sein Bestes, mit dem, was er oder sie zu dem Zeitpunkt hat, um zu versuchen, erfüllt und glücklich zu sein.‹ Das trifft sogar auf die Menschen zu, die dir aus deiner Sicht Schlechtes tun.«

T »Letzte Frage. Wie kam es, dass du …«

I »Du willst mich nach der FBI-Geschichte fragen.«

T »Ähm.«

I »Oder?«

T »Okay, ja, wollte ich: Wie kam es, dass du dem FBI Cold Reading beigebracht hast?«

I »Mein erstes Buch, das *Full Facts Book of Cold Reading*, fing aus irgendeinem Grund Feuer. Es verkauften sich unglaubliche viele Exemplare davon. Ein Mann, der einmal pro Jahr ein Trainingswochenende für das FBI veranstaltet, las dieses Buch auch. Es treffen sich also einmal jährlich ungefähr 50 FBI-Agenten an einem Ort, den ich dir nicht verraten darf.«

(Ian schaut sich kurz um, als würde er prüfen, dass wir nicht beobachtet werden.)

I »Ziel dieses Wochenendes ist es, den Agenten mehr über die menschliche Natur beizubringen. Einer der anderen gebuchten Trainer war zum Beispiel eine Kunstwissenschaftlerin. Sie zeigte den Agenten ein Gemälde und bat sie, es zu analysieren. ›Aha‹, hieß es, ›da ist ein Engel und irgendein Typ steht daneben.‹ Dann erzählte die Wissenschaftlerin den Agenten das Märchen, das im Bild dargestellt wurde. ›Aha‹, hieß es jetzt, ›dann ist die Figur da also eigentlich ein Zentaur.‹ Zuletzt gab sie den Agenten Hintergrundinformationen zur Lebenssituation des Künstlers zum Zeitpunkt der Erschaffung des Gemäldes. Und jetzt hieß es: ›Ach so, dann repräsentiert das also den Vater, und das da ist seine verstorbene Schwester.‹«

T »Wozu müssen FBI-Agenten sich mit Kunsttheorie auskennen?«

I »Der Punkt war nicht das Gemälde. Der Punkt war, dass die vorliegenden Informationen, also in diesem Fall das Bild, unverändert blieben, aber das Verständnis und die Interpretation dieser Informationen sich je nach vorhandenem Hintergrundwissen grundlegend änderten. Mit Menschen verhält sich das ganz ähnlich. Du kannst die Oberfläche sehen, dann kannst du ein Stück weit hinter die Maske blicken oder ganz runter bis zum Boden der Seele.«

T »Und wieso hast du ihnen Cold Reading beigebracht?«

I »Erstens lehrt uns Cold Reading viel über die menschliche Natur. Zweitens ist das eine praktische Fähigkeit im Verhör. Ich spreche jetzt nicht von der ›Ich stelle hier die Fragen‹-Art von Verhör in einem dunklen Hinterzimmer. Aber wenn du in einer Bar jemanden sitzen hast, von dem du meinst, dass er Informationen besitzt, dann kann es praktisch sein, dir über Cold Reading eine Vertrauensebene mit dieser Person aufzubauen. Und sobald dein Gesprächspartner dann denkt: ›Aha, wir mögen also denselben Fußballclub und unsere Frauen haben beide ähnliche Interessen‹, dann erst setzt du mit ›Ach übrigens, die Fabrik die hier letztens abgebrannt ist, ganz schöne Schande, was?‹ an.«

T »So funktioniert ein Undercover-Verhör?«

I »Keine Ahnung.«

T »Hast du während des Wochenendes irgendwelche James-Bond-Tricks gelernt?«

I »Nein. Aber diese FBI-Agenten sind ziemlich beeindruckend. Extrem hoher IQ, perfektes Seh- und Hörvermögen, immer aufmerksam. Ich werde niemals vergessen, wie wir abends mit einer Gruppe in einem Taxi zu einem Restaurant saßen und ich erwähnte, dass ich noch einen Geldautomaten aufsuchen müsste. Und plötzlich schreit die Agentin neben mir, ohne jemals aus dem Fenster zu schauen: ›450 Meter bis zu einem Wells-Fargo-Bankautomaten, du brauchst 43 Sekunden, bis du da bist, halten auf der linken Seite, Vorsicht beim Aussteigen, 12 Sekunden hinter uns befindet sich ein Moped.‹ Fast schon gruselig. Das war die ganze Zeit so. An meiner Gedankenleseshow hatten sie aber, glaube ich, trotzdem Spaß.«

T »Danke für deine Zeit. Der Kaffee geht wie versprochen auf mich.«

Kapitel 14

Die vier Lebensthemen – oder: Die Weisheit des Autodiebes

2011, Auckland, Neuseeland

Endlich sitze ich wieder mit Richard Webster an einem Tisch. Maria hat mich unter einem Vorwand nach Auckland gebracht, damit der Rotary Club sich nicht unnötig in Richards und meine Mentor-Lehrling-Beziehung einmischt. Wir haben Gesellschaft: Ken »the Weatherman« Ring und Marc »Marc Duffy« Duffy treffen uns in der Mittagssonne an einem kleinen Tisch draußen vor Stephanie's Café.

»Und deshalb«, sagt Richard, »hat sich meine Tochter entschieden, am 27. statt am 26. oder 28. zu heiraten. Und siehe da? Am 26. regnet es, am 28. regnet es, aber am 27. scheint wunderbar die Sonne! Perfektes Hochzeitswetter.« Ken Ring sagt anhand des Mondstandes angeblich mit beeindruckender Genauigkeit das Wetter für Neuseeland, Australien und Irland voraus. Ken ist ein kräftiger älterer Mann, weißer Bart, Glatze, Lederjacke, neben seinem Stuhl glänzt ein Motorradhelm in der Sonne. »Well«, sagt er, »vielleicht hattet ihr auch einfach Glück mit dem Wetter. Aber die Chancen standen ganz gut.« Er schaut breit grinsend über den Rand seiner Kaffeetasse in die Runde. Neben ihm trommelt Marc mit seinen Fingern auf dem Tisch herum, schaut von rechts nach links, die Straße entlang, zurück zum Tisch, holt Luft, setzt an, sagt doch nichts, trommelt weiter. Irgendwo mittleren Alters (40? 50? Schwer zu sagen) sieht er mit seinem Drei-Tage-Bart, den blondbraunen Haaren, den Jeans und Hemd eigentlich nicht besonders bemerkenswert aus – wenn er nicht am laufenden Band in Bewegung wäre. Ich treffe selten Menschen, die zappeliger sind als ich, Marc Duffy ist aber definitiv einer davon. Nach ein paar weiteren Sekunden fragt er, ohne dass seine Finger aufhören zu trommeln: »Ken. Warum? Warum machst du das? Mit dem Wetter.« Trommel. »Wird das nicht langweilig?« Trommel, trommel. »Hm? Außerdem. Du liegst doch manchmal daneben. Warum trauen Leute dir trotzdem noch? Oder dem Wetterbericht. Nicht böse gemeint.« Trommel. Ken wischt sich die Mundwinkel ab und zwinkert mir zu. »Das ist ganz einfach«, antwortet er, »Menschen wollen die Stabilität. Sie wollen Sicherheit. Ob ich nun 100 Prozent richtig liege oder nicht ... Aber präziser als der Wetterbericht bin ich übrigens schon, ich darf ja wohl sehr bitten!« Marc und Richard lachen laut, doch Ken fährt unberührt fort: »Außerdem könnte ich dich ja wohl das Gleiche fragen, Marc, warum du das machst ...« Marc schaut noch einmal nervös nach links und rechts, bevor er im Stakkato antwortet: »Na ja. Ich will, dass die Jugendlichen ihr Leben nicht wegschmeißen. Dass sie was aus sich machen ...« Ken unterbricht ihn mit einer Handbewegung. »Du weißt genau, was ich meine«, sagt er, »nicht, warum du deine Vorträge machst, sondern warum du ... du weißt schon, früher.« Ich schaue fragend zu Richard rüber. Er lächelt, nickt Marc zu und erklärt mir: »Marc war mal der erfolgreichste Autodieb Neuseelands. Na ja ... bis er geschnappt wurde.« Ken prustet los, Marc blickt ihn immer noch fingertrommelnd finster an. »Seine Spezialität waren ... Mercedes?«, fragt Richard und schaut rüber zu Marc. »BMW«, murmelt der zurück. »Ah. BMW. Wie dem auch sei, irgendwann wurde Marc geschnappt, ging für einige Zeit ins Gefängnis, und heute spricht er in Schulen vor Jugendlichen, um sie auf einen graden Weg zu bringen.« Ich schaue Marc bewundernd an und sage: »Das ist *awesome*! Aber warum hast du das damals gemacht? Und warum jetzt nicht mehr?« Marcs Finger stoppen kurz. Bevor er antwortet, denkt er kurz nach. »Damals für Kohle. Ich wollte Karriere machen. Ich wollte viel Geld. Dann bin ich hinter Gittern gelandet.« Trommel. »Und jetzt merke ich, wie sehr meine Beziehungen darunter gelitten haben. Zu meinen Eltern, meinen Freunden, meiner Ex. Ich will Jugendlichen zeigen, wie sie auf dem richtigen Weg bleiben. Dafür ist wichtig, dass sie nicht alleine sind. Beziehungen sind alles im Leben. Viel wichtiger als BMW.« Marc guckt Richard an und fragt: »Und du? Warum machst du das. Mit dem Handlesen.« Richard wiegt den Kopf langsam nach links und rechts, dann sagt er: »Handlesen ist für viele meiner Klienten eine Art Therapie. Das Gespräch, die Reflexion, das hilft dabei, einen klaren, gesunden Kopf zu behalten.« Eine fröhliche Kellnerin – dem

Namensschild nach zu urteilen, ist es *Stephanie* selbst – kommt aus dem Café nach draußen. »Vier Mal Avodacotoast!«, verkündet sie und stellt vier Teller auf dem Tisch ab. Dann setzt sie mir ein Glas Saft vor die Nase und sagt: »Aufs Haus. Feijoasaft. Hast du das schon mal probiert?« Ich schüttle den Kopf. »Dann ist heute dein Glückstag!« (Stephanie hat Recht: Feijoa Juice scheint das neuseeländische Ambrosia zu sein.) Marc schnappt sich einen der Teller und macht sich hungrig über seinen Toast her, Ken lässt es etwas ruhiger angehen. Richard nimmt sich eine Serviette und zieht einen Stift aus seiner Brusttasche. Einen Moment später schiebt er die nun beschriebene Serviette zusammengefaltet rüber und bedeutet mir, sie einzustecken. Wir verbringen einen wundervollen Nachmittag in faszinierender Gesellschaft, der mir noch viele Jahre in lebhafter Erinnerung bleiben wird. Als wir uns aufmachen zu gehen, hält Marc kurz inne, schaut mich an und sagt: »War schön dich kennen zu lernen. Nicht vergessen: Beziehungen. Sind so wichtig. Deine Freunde. Deine Familie. Deine Freundin. Oder dein Freund. Verkack's nicht.«

Ken Ring setzt seinen Helm auf und steigt auf sein Motorrad. Richard und ich steigen in seinen müden, aber gemütlichen Jaguar. Marc Duffy steigt in einen BMW. Als mich Maria abends in Hamilton bei meiner Gastfamilie absetzt, finde ich in meiner Tasche eine gefaltete Serviette. In Richards Handschrift darauf gekritzelt sind die Worte *Karriere – Beziehungen – Sicherheit – Gesundheit.*

Die vier Lebensthemen im Cold Reading

Wenn du mit einem Problem oder einer Frage zu einer Wahrsagerin gehst, kann sie dir vermutlich auch ohne weitere Informationen deinerseits recht schnell sagen, worum es grob geht. Das liegt daran, dass die meisten unserer (wichtigen) Probleme sich in einer von nur ein paar wenigen Kategorien zusammenfassen lassen. Bevor du weiterliest, probier mal das Folgende: Überlege dir eine Frage, die für dich wichtig genug wäre, um sie einer Wahrsagerin zu stellen. Also eher nicht so etwas wie »Was soll ich heute Abend essen« (auch wenn sich das, ich weiß, manchmal wie eine Frage um Leben und Tod anfühlen kann), sondern vielleicht »Ist sie die Richtige« oder »Soll ich den Job wechseln?«. Hast du eine Frage im Kopf? Gut. Dann lies weiter.

Klassisch spricht man unter Cold Readern von sieben Kategorien, oder Themen, in die sich ein Problem oder eine Frage einordnen lässt: Geld, Beziehungen, Karriere, Gesundheit, Bildung, Ziele, Reisen. Denk zurück an deine Frage von eben. Lässt sich deine Frage unter eines dieser Themengebiete ordnen? Wahrscheinlich schon.

Die Schlussfolgerung, die wir daraus ziehen können, ist, dass diese Themen in den Leben der meisten Menschen ziemlich konstant eine wichtige Rolle spielen. Ich fand sieben Themen immer etwas zu viel, um sie im Kopf zu behalten (manchmal bin ich ein fauler Mentalist), und außerdem stimmte ich für den Alltag nicht der Wichtigkeit all dieser Themen zu. Inspiriert von meiner Lehrzeit mit Richard (und im Gespräch mit ihm) sowie dem oben beschriebenen Treffen reduzierte ich die Themen des Cold Reading für meine Arbeit von sieben auf vier: Ziele, Beziehungen, Sicherheit, Gesundheit. Ich bin der Überzeugung, dass die meisten aller wichtigen Probleme in unserem Leben sich unter einer dieser vier Kategorien erfassen lassen. Ich würde sogar so weit gehen zu behaupten, dass es sich hierbei um Themen handelt, an die wir auf die eine oder andere Art mehrmals täglich denken. Ich nenne diese vier Kategorien auch die vier Lebensthemen, da sie uns Zeit unseres Lebens und in allen Bereichen unserer Existenz folgen und beschäftigen.

Ian Rowland wies mich darauf hin, dass diese Kategorien gewisse Ähnlichkeiten mit der Maslowschen Bedürfnishierarchie haben. Die Maslowsche Bedürfnishierarchie ist ein im Grunde recht simples, doch sehr wertvolles Modell, um unsere Motivationen im Leben zu verstehen. Online wie offline kannst du problemlos eine einfache Erklärung dieses Modells finden.

Im Gegensatz zu Maslow gebe ich meinen Kategorien keine hierarchische Zuordnung. Für unsere Zwecke ist das nicht nötig.

Ziele

Unter »Ziele« fasse ich dabei sowohl Karriereziele als auch persönliche Ziele – also alles von einer erhofften Beförderung, zu einer ersten eigenen Theatertour, zum eigenen Traumgewicht oder der lang ersehnten Weltreise. Es geht zu gleichen Teilen um große Hoffnungen, Träume und Ambitionen wie um handfeste, messbare Ziele.

Beziehungen

»Beziehungen« umfasst jede Art der Beziehung von romantisch zu kollegial, von professionell bis familiär, von Freundschaft bis Feindschaft, von eins-zu-eins bis zu Gruppen untereinander. Es geht um die Dynamik zwischen Menschen und die Beziehungen, die wir zueinander aufbauen, in welchem Kontext und mit welchem Resultat auch immer.

Gesundheit

»Gesundheit« bezieht sich sowohl auf die physische als auch die mentale Gesundheit. Es kann um den emotionalen Zustand einer Person gehen, es kann um Gewichtsprobleme gehen, es kann um eine Krankheit gehen.

Sicherheit

Bei »Sicherheit« geht es um Stabilität und Sicherheit in verschiedenen Lebensbereichen: finanziell, charakterlich, sozial. Da aber »Beziehungen« und »Gesundheit« teils auch Sicherheit in ihrem Bereich abdecken, liegt der Fokus hier (für mich) auf finanzieller und materieller Sicherheit: also genug Geld zum Leben und um die Rechnungen zu bezahlen, Geld für die nötige Kleidung, Essen und Trinken. Wie genau diese Sicherheit ausgelegt wird, hängt dabei sehr vom individuellen Standard ab (ein Mensch mit geringfügigen finanziellen Mitteln fühlt sich womöglich schneller wieder sicher als ein Mensch, der einen extravaganten, teuren Lebensstil aufrechtzuerhalten versucht).

Du hast wahrscheinlich gemerkt, dass einige Probleme in mehrere dieser Kategorien passen würden. »Soll ich den neuen Job wirklich annehmen?« könnte auf die Karriere bezogen werden und unter »Ziele« fallen, es könnte sich wegen des schwierigen Chefs um ein Problem im Bereich »Beziehungen« handeln, oder es könnte wegen des Gehalts um »Sicherheit« gehen. Der Punkt ist aber, dass wir alle uns konstant mit diesen vier Themen beschäftigen. Über diese Erkenntnis kannst du dich in deine Mitmenschen einfühlen, ihre Motivationen verstehen und mit ihnen eine Verbindung eingehen.

In meinen Shows performe ich oft eine Demonstration, in der Menschen aus dem Publikum im Geheimen ihre wichtigen Fragen aufschreiben, zum Beispiel »Liebt er mich wirklich?«, »Sollen wir nach Indien oder Neuseeland reisen?« oder »Wird Marie wieder gesund?«. Ich versuche dabei zu erraten, wer an welche Frage denkt und sie, so gut es geht, zu beantworten. Das Wissen um die vier Lebensthemen hilft mir dabei ungemein.

Veränderung und die vier Themen

Die vier Themen sind für sich genommen neutral: weder problematisch noch besonders positiv, sondern einfach nur Themengebiete. Probleme, Konflikte, Sorgen und Hoffnungen bezüglich dieser Themen müssen wir deshalb immer durch die Linse der *Veränderung* betrachten. Sowohl Sorgen als auch Hoffnungen entstehen durch Hoffnung auf oder Angst vor Veränderung oder durch Hoffnung auf oder Angst vor Beständigkeit (Nicht-Veränderung).

Wenn zum Beispiel jemand pleite ist und sich darum sorgt, ob er die Stromrechnung nächsten Monat noch zahlen kann, dann geht es bei der Sorge nicht um »Sicherheit« als Konzept, sondern um »Angst vor Nicht-Veränderung bezüglich seiner finanziellen Sicherheit« (also die Angst, dass er pleite bleibt und die Rechnung nicht zahlen kann) oder, umgekehrt, um »Hoffnung auf Veränderung bezüglich seiner finanziellen Sicherheit« (also die Hoffnung, dass er genug Geld aufbringen wird, um die Rechnung doch noch zu zahlen).

Auch unter Fragen, wo der Faktor der Veränderung nicht direkt evident ist, können wir ihn dennoch finden. Einer Frage wie »Ist Jonathan der Richtige für mich?« unterliegt oft eine Sorge (oder Hoffnung) wie »Werde ich wieder Single sein?« (Angst vor/Hoffnung auf Veränderung) oder »Werden wir für immer zusammenbleiben?« (Angst vor/Hoffnung auf Beständigkeit). Wir erlangen ein tieferes menschliches Verständnis, wenn wir uns regelmäßig vor Augen halten, dass Angst vor oder Hoffnung auf Veränderung Triebfedern im menschlichen Denken und in der menschlichen Emotion sind.

Die Lebensthemen im Cold Reading nutzen

Wie nutzt du diese vier Themen – Ziele, Beziehungen, Sicherheit, Gesundheit – im Cold Reading? Nun, einige deiner bereits auswendig gelernten Barnum-Statements beinhalten schon Verweise auf diese Themen. Zum Beispiel »Du bist auf die Bewunderung und Zuneigung anderer angewiesen« (Beziehungen) oder »Sicherheit ist eines deiner größten Ziele im Leben« (Sicherheit). Du könntest ein sehr simples Statement über die Wichtigkeit dieser Themen im Leben deines Gegenübers machen und damit richtigliegen, etwa: »Du machst dir oft Sorgen um die Gesundheit deiner Selbst und deiner Nächsten« oder »Du denkst mehrmals am Tag an deine Ziele und Träume«. Das wäre aber weder besonders elegant noch sehr beeindruckend. Dafür sind diese Beispielstatements dann wieder *zu* allgemein (auch wenn du das Ganze etwas komplexer formulieren könntest, etwa: »Du bist der Typ Mensch der, obwohl er gut im Moment sein und arbeiten kann, oftmals abschweift und im Kopf schon seine nächsten Zielen und Träumen plant.« – Hey, in dem Fall wäre so ein Statement gar nicht mal schlecht). Das wirkliche Potenzial dieser vier Themen zeigt sich aber auf zwei andere Arten. Erstens verleihen sie dir ein tieferes Verständnis der alltäglichen Motivationen, Sorgen und Hoffnungen deiner Mitmenschen. Zweitens geben sie dir, wie du in Kapitel 17 sehen wirst, eine solide Grundlage, um eigene Barnum-Statements zu entwickeln.

Kapitel 15

Dantes' Lebensphasen – oder: Wie du dein Leben leben wirst

2018, Madrid, Spanien

»Spicy, isn't it?!«, sagt Victor, als die Pik-Dame sich vor unseren Augen in einer Viertelsekunde in das Herz-Ass verwandelt. »Spicyyyyy.« Think und ich schauen beide begeistert zu, setzen zu lobenden Worten an, doch Victor macht wie ein Wirbelwind weiter: »And now, watch this…« – eine einzelne Karte verschwindet – »and this« – eine Karte ändert die Farbe – »and *this*« – das komplette Kartenspiel verschwindet. Zurück bleibt nur die anfangs gezogene Pik-Dame – »spicyyyy.« Wir nicken stumm, doch unsere Blicke sprechen Bände: sehr, sehr gut. Victor Pinã klatscht in die Hände und ruft dem Kellner zu: »More *tinto de verano, por favor!*«

Tinto de verano (übersetzt: Roter Sommerwein), haben wir in unseren bisherigen zwei Wochen in Spanien gelernt, ist eine Art Mischgetränk aus Wein und Limonade, oft mit frischen Früchten drin. Man bringt uns eine große, in der Nachmittagssonne glitzernde Karaffe. Ich winke ab: »I don't drink.« Ohne zu zögern, schnappt Victor sich mein Glas, stellt es vor Think ab und verkündet: »Dann bekommt er deinen *tinto.*« Wir stoßen an. Think und Victor mit Tinto, ich mit Wasser. »Jetzt du. Zeig, was du kannst«, sagt Victor und nickt Think zu. Think zieht ein Kartenspiel aus seiner Tasche, und Victors Augen werden groß. Er zeigt begeistert auf die Karten und ruft: »Echte Jerry's Nuggets! Ein Kartenspiel, wie es sich für einen meisterhaften Künstler wie dich gehört.« Think zieht die Jerry's-Nuggets-Karten aus ihrer Schachtel (für Experten der Kartenmagie gibt es kleine, aber lebenswichtige Unterschiede im Arbeitsgefühl mit verschiedenen Kartenspielen, die für uns Normalsterbliche nicht erkennbar sind – meine Einschätzung eines Kartenspiels geht meist nicht weiter als: »Oh, schöne Farben!«)

und beginnt sie mit ruhigen Bewegungen zu manipulieren. Ich sehe nichts Auffälliges, doch anscheinend ist etwas Bemerkenswertes passiert, denn Victor grinst breit und sagt: »Spicy. Very spicy.« Think lächelt wissend.

Als wir viele Stunden später zum Hotel laufen, sagt Think: »Die Spanier sind schon echt heftig. Ich wünschte, ich könnte hier eine Zeitlang leben und von der spanischen Schule der Magie lernen.« Ich nicke und erwidere: »Ja. Aber für den Moment ist es umgekehrt: Die Spanier lernen von dir.« »Von uns, meinst du«, sagt Think.

Manchmal reisen Magier durch die Lande, meistens allein, und bieten den lokalen Kollegen in verschiedenen Städten Kurse und Workshops an. Eine *Lecture Tour* heißt sowas, eine Lesungstour also, in der Künstler ihren Mitkünstlern die eigenen Techniken, Ansätze und Philosophien beibringen. So lernen und lehren Magier untereinander. Bei Mentalisten geht das ähnlich. Viele Zauberer interessieren sich für Mentalismus und umgekehrt. Mein eigenes Interesse an der Zauberei beschränkt sich weitestgehend auf ihren psychologischen sowie philosophischen Hintergrund: auf das, was uns der Erfolg von Zaubertricks über unsere Wahrnehmung und unser Denken lehren kann, sowie auf den Grundgedanken, dass wir alle nach etwas Unerklärlichem streben. Letzteres ist einer der Gründe, aus dem uns Illusionen doch immer wieder so sehr anziehen. Aufgrund meines eher theoretischen Interesses an der Zauberei hält sich sowohl meine Fingerfertigkeit als auch mein Wissen um die Methoden der Magier stark in Grenzen. Das bedeutet, dass mir geschickte und talentierte Magier, wie zum Beispiel mein vietnamesisch-belgischer Freund Think Nguyen, immer wieder vor meinen Augen kleine Wunder bereiten können. Und das ist schön! So werde ich immer wieder an das Gefühl erinnert, das sich hinter meinem persönlichen Leitspruch *Give Magic* verbirgt: jenes Gefühl der Magie, das ich in meinen Performances dem Publikum nahebringen möchte. Dafür steht auch mein Logo (wenn du das Buch umdrehst, kannst du es auf der Rückseite sehen): das Streben nach Magie für mich selbst und andere. Für mich steckt, aber das ahnst du vielleicht schon, diese Magie weniger im vermeintlich Übernatürlichen und mehr in der Verbindung zwischen Menschen untereinander. Wenn ich Seminare für Kollegen gebe, dann spreche ich in der Regel nicht über den technischen Teil meiner Arbeit, sondern über meine Philosophie und Vision der Magie. Dabei ist es ganz egal, ob diese Vision von einem Zauberer, einem Mentalisten, einem Musiker, einem Autor oder jemand ganz anderem angewendet wird. Im Grunde geht es mir darum, anderen eine Form von Magie zu schenken.

2018 bereiste ich mit Think vier Wochen lang Spanien. Wir klapperten 23 Städte ab und gaben an jedem Ort unsere Lesung (englischer Titel unserer Lesung war *Mates* – Kumpels). Think lehrte seine revolutionären Techniken zum Umgang mit Karten, ich sprach über meine Philosophie der Magie (Thinks Teil der Lesung kam meistens besser an). Das Schöne und manchmal Unerwartete am Lehren ist, dass man durch das Lehren selbst viel mehr lernt, als dass man lehrt. Man versteht plötzlich, warum man eine Sache auf eine bestimmte Art tut, oder man gewinnt Einsicht in die eigenen Gedankengänge und in die unterliegenden (aber nie explizit ausformulierten) Ideen. Das ist übrigens auch, wieso ich schreibe: um herauszufinden, was ich eigentlich denke.

2018, Barcelona, Spanien

Nach einem exquisiten Fünf-Gänge-Menü und unserer Lesung lädt uns eine der lokalen Zaubervereinigungen Barcelonas ein, während einer nächtlichen Tour ihr geheimes Museum der Magie zu sehen. Dieses Museum ist nur für Mitglieder des (zugegebenermaßen ziemlich exklusiven) Clubs sowie Gäste des Clubs (an diesem Abend: wir) zugänglich. Selbstverständlich stimmen wir zu.

Einige Minuten mit dem Taxi, mehrere enge Gassen, zwei Hinterhöfe, drei verschlossene Türen und vier Etagen per Treppe in einem alten Mehrfamilienhaus später befinden wir uns in einer kleinen, zu einem Museum umfunktionierten Wohnung. Think macht große Augen bei der in Glaskästen aufgestellten Sammlung alter Kartenspiele. Sein Herz macht einen sichtlichen Sprung, als er ein mehrere hundert Jahre altes Spiel in die Hand nehmen und mischen darf. Miguel, Kurator des Museums und unser Gastgeber für den Abend, tippt mir auf die Schulter. »You like books, right? Du magst doch Bücher?«, fragt er. Und wie ich Bücher mag. Mit einem Nicken bedeutet er mir, ihm zu folgen. Vor uns erheben sich zwei rote Flügeltüren. Der Kurator drückt sie langsam auf, und ich atme hörbar ein. Auf grauen Fliesen stehen ein kleiner Tisch sowie ein einzelner Stuhl. Daneben erhebt sich ein kleiner Schrank, wieder mit Glastüren, und dahinter – Bücher. *Alte* Bücher. Miguel geht zum Schrank, dreht den rostigen Schlüssel in der Glastür und öffnet sie. Er nickt mir zu: »Viel Spaß.«

Eine knappe Stunde später schlägt irgendwo eine Kirchturmglocke Mitternacht. Ich blättere vorsichtig durch die Seiten eines spanischen Zauberbuches von 1733. Miguel streckt seinen Kopf ins Zimmer und klopft an die Wand. »Hey«, sagt er, »gleich wird es Zeit zu gehen.« Ich stehe auf und orientiere mich zurück im Hier und Jetzt. Neben dem alten Band auf dem Tisch liegt ein kleines Heftchen, bedruckt mit dem Namen *Dantes* und dem Jahr *1944*. Ich zeige darauf und sage: »Das kannte ich noch gar nicht. Darf ich davon vielleicht ein paar Fotos für meine eigene Arbeit machen?« Miguel nimmt das Heft in die Hand, blättert hindurch, zieht eine Augenbraue hoch. »Cold Reading, huh? Ich wusste gar nicht, dass ich das hier habe.« Dann reicht er mir das Büchlein. »Du kannst es sogar mitnehmen. Bring es mir nur irgendwann zurück. Oder gib es, sobald du damit fertig bist, einfach an jemandem weiter, der vielleicht etwas davon hat.«

2018, Spanien, unterwegs

Think und ich setzen unseren Weg durch Spanien noch mehrere Wochen fort. In Valencia treffen wir eine alte Freundin, Sofia, die ich seit acht Jahren erstmalig wiedersehe. In Pamplona bekommen wir eine Audienz mit der spanischen Zauberlegende Juan Tamariz. In Madrid treffen wir auf einem Zwischenstopp Victor für eine weitere magische, *tinto*-befeuerte, spicy Jam-Session. Sogar nach Portugal bringt es uns für ein paar Tage, wo ich meine sündhafte Liebe zu den gebackenen Pastel de Nata entdecke. An jedem Ort, den wir bereisen, gewinnen wir, dank einer geteilten Leidenschaft für Magie, neue Freunde. Doch ob auf Gleisen oder Brücken, laufend, mit dem Fahrrad oder per Anhalter fahrend: Mir gehen die fast 80 Jahre alten Worte Dantes' nicht mehr aus dem Kopf.

Dantes' Reading der Lebensphasen

In einem vergilbten Büchlein, gefunden in einem angestaubten Schrank im Hinterzimmer eines geheimen Museums in Barcelona, begegnete ich im Grunde demselben Gedanken, wie ich ihn seit meiner Lehrzeit unter Richard Webster in meiner Arbeit als Mentalist immer wieder anwendete: *Im Großen sind wir alle gleich, im Detail sind wir verschieden.* Statt diesen Gedanken aber wie die meisten Cold Reader auf die allgemein menschlichen Erfahrungen zu beziehen (eben das, was wir nun als Barnum-Statements kennen gelernt haben: Jeder möchte geliebt werden, jeder zweifelt an sich selbst …), tat der geheimnisvolle Autor Dantes (und wir wissen bis heute nicht, wer sich damals hinter diesem vermutlichen Pseudonym versteckte) einen weiteren Schritt zurück und schaute aus noch allgemeinerer Sicht auf die Sache. Dantes beschreibt in seinem Text ein vorgefertigtes Reading – im Grunde einfach ein komplettes Skript zum Auswendiglernen, geformt aus einer Aneinanderreihung von Barnum-Statements –, das den kompletten Lebensweg einer Person, von der Wiege bis ins Grab, mit relativ hoher Wahrscheinlichkeit treffend umschreiben würde. Wie immer handelte es sich bei diesem Reading um allgemein gehaltene Aussagen und muss der Bezug zum Individuum vom Klienten gesehen werden. Nichtsdestotrotz faszinierte mich dieser Ansatz sehr. Vielleicht fragst du dich jetzt, wie so ein Reading über deinen Lebensweg aussehen könnte …

1944, Columbus, Ohio, Vereinigte Staaten von Amerika

Ein Streichholz wird über die Schachtel gerieben, fängt Feuer und erhellt für einen flackernden Moment den Raum. Eine Kerze übernimmt die Flamme, spendet dem Dunkel ein ruhigeres Licht. Dir gegenüber sitzt, an einem runden Tisch, ein in die Tage gekommener Herr. Um seine Augen liegen Lachfalten, faltige Hände sprechen von vielen Jahren. Hände, die er dir gerade sachte entgegenstreckt.

»Bisher«, sagt Dantes, als du deine Hand in seine legst, »hast du dein Leben in vier Phasen gelebt. Du bist fast am Ende der vierten Phase angekommen und stehst kurz vor der fünften. Von der ersten Phase, deiner frühen Kindheit, kann ich nur wenig sehen. Sie läuft in die zweite Phase, welche für dich sehr wichtig war, über. Dort sehe ich dich alleine stehen, in der Schule. Nicht unbedingt einsam und manchmal mit Menschen um dich herum, aber in deinem Kopf warst du damals oft allein. Du warst nicht unbedingt introvertiert, aber manchmal fühlte es sich an, als ob die Welt gegen dich stünde.«

Dantes dreht deine Hand in seiner und holt tief Luft. Als sein Atem über die Kerze streift, lässt das Licht eure Schatten an der Wand miteinander tanzen.

»Um dieselbe Zeit gab es eine Tragödie in deinem Leben, entweder direkt auf dich oder auf jemanden in deiner Nähe bezogen. Diese Tragödie hat dein Leben zum Glück nicht maßgeblich verändert. Ich sehe viel Lachen und nur wenige Tränen. Die Tränen hast du meistens zurückgehalten. Herzschmerz hast du in dieser Zeit für dich behalten. Du hast viele Fragen gestellt, manchmal sogar das Leben selbst hinterfragt, mal bitter, mal glücklich.

Dann eine weitere Phase sowie weitere Fragen. Wo die Straße zuvor gradlinig war, gibt es jetzt eine Gabelung – eine wichtige Entscheidung. Beide Möglichkeiten sehen einladend aus. Deine Entscheidung wurde, vielleicht ohne, dass du es gemerkt hast, von außen beeinflusst. Wenn du jetzt zurückschaust, siehst du, dass diese Entscheidung vermutlich nicht so wichtig war, wie sie damals erschien. Ich sehe hier viele Veränderungen in deinem Leben, die dich sehr als Menschen geprägt haben. Ich sehe Liebe. Entweder war jemand sehr in dich verliebt oder du sehr in jemand anderen. Diese Liebe hat einen starken Eindruck in deinem Leben hinterlassen.» Dantes schaut etwas besorgt, als er dir tief in die Augen blickt. »Es gab auch eine dunklere Seite. Unerfüllte Wünsche, unerfüllte Bedürfnisse. Mehrmals warst du kurz davor zu verzagen, doch irgendjemand oder irgendetwas hat dich an der Hand genommen und dich von der Niedergeschlagenheit weggeführt. Vielleicht eine Person, vielleicht eine neugefundene Berufung.

In der nächsten, der vierten Phase, deines Lebens sehe ich einige Sorgen und Ängste, manchmal auch … Eifersucht? Manche deiner Sorgen waren gerechtfertigt, andere waren bloße Erfindungen deiner Fantasie. Die Momente der Eifersucht waren das Resultat von Sturheit, entweder deiner eigenen Sturheit oder der einer anderen Person, die dir nahesteht. Neben der Sorge sehe ich Wachstum, sowohl materielles als auch spirituelles Wachstum: dein Selbstverständnis, deine Beziehungen, deine Familie.

Zweimal standst du in dieser Phase kurz vor dem Ende dieses Lebens, vielleicht durch Krankheit, vielleicht durch finanzielle Not, vielleicht durch einen Unfall. Du hast außerdem einen lieben Menschen verloren, auch wenn das nicht vollends unerwartet kam.«

Dantes nimmt deine andere Hand und blickt eindringlich auf ihre Linien.

»Die nächste Phase steht kurz bevor. Ich sehe Frieden und dass du mehr als je zuvor in dir selber ruhen wirst. Es gibt eine große Veränderung. Diese Veränderung findet vor allem auf spiritueller Ebene statt. Jede physische Veränderung, die damit einhergeht, ist ein Resultat dieser spirituellen Entwicklung. Eine neue Person kommt in dein Leben. Diese Person wird dich ein tiefes, nie zuvor gesehene Verständnis der Welt und deiner eigenen Prioritäten lehren …« – Dantes lässt deine Hände langsam auf den Tisch sinken. – »… und du wirst einen Weg finden, diese Prioritäten der Welt weiterzugeben. Wie eine Flamme vom Streichholz zur Kerze.«

Modernes Cold Reading und Dantes' Lebensphasen

Ähnlich wie obig beschrieben hätte ein Reading von Dantes vielleicht aussehen können. Es handelt sich dabei um eine leicht gekürzte und abgeänderte Version seines Readings zu den Lebensphasen eines Menschen. Je nachdem, an welchem Punkt du in deinem Leben stehst, konntest du dich damit vermutlich mehr oder weniger gut identifizieren. In meinem Fall, also für eine Person um die 25, hätte Dantes wohl ungefähr die Hälfte seines Lebensphasen-Readings als Vorhersage der Zukunft darstellen müssen.

Dantes Annahme war einfach: Wir alle durchlaufen unser Leben in einer Reihe grob ähnlicher Phasen. Über diese Ähnlichkeiten in unseren Leben lassen sich Cold-Reading-Statements generieren, die mit hoher Wahrscheinlichkeit zutreffen. Dantes beschrieb in seinem ursprünglichen Reading sieben Phasen. Ich habe diese Einteilung für meine eigene Arbeit auf fünf Phasen reduziert.

Ich bin natürlich nicht der Erste, der sich seit der Zeit von Dantes' Manuskript mit vergleichbaren allgemeinen Lebensphasen beschäftigt. 1978 publizierte Roger L. Gould sein Buch *Transformations*, 1974, vier Jahre zuvor, aber basierend auf Goulds akademischen Untersuchungen, publizierte Gail Sheehy ihr Hitbuch *Passages*, 2008 fügte Neil Killion dem Gebiet mit seinem Buch *Life Cycles* seine eigene (wenn auch kontroverse) Interpretation der Materie hinzu. Cold Reader griffen also auch schon vor meiner Zeit auf die Erkenntnis, dass unsere Lebenswege im Allgemeinen oftmals ähnlich strukturiert sind, zurück. Mein Freund aus London, Ian Rowland, hat Cold-Reading-Statements, die darauf basieren, den Namen »Jacques-Statements« gegeben: wegen des Charakters »Jacques« aus Shakespeares *As You Like It*, der die Rede »Seven Ages of Man« hält. In dieser Rede geht es um den Lebensweg vom Kleinkind bis ins hohe Alter, den wir alle durchlaufen. War Shakespeare *the original cold reader*? Schwer zu sagen, wir kannten uns nicht, aber du siehst: Dantes' Erkenntnis taucht durch die Zeit hinweg immer wieder auf.

Du siehst außerdem, dass ganze Bücher zur Theorie der menschlichen Lebensphasen geschrieben wurden. Was ich dir hier vorstelle, ist eine stark reduzierte Sicht auf diese Phasen: Ich gebe dir nur das, was für uns zum Einsatz von Cold Reading im Alltag wirklich von Nutzen ist. Sieh die Lebensphasen als einen Modifikator, durch den du eventuelle Barnum-Statements geben kannst. Ein Verständnis der Lebensphasen hilft dir, die richtigen Statements zu wählen, sie richtig zu formulieren und neue Statements so effizient wie möglich zu kreieren. Sie stellen einen Filter dar, den du für das Verständnis deiner Mitmenschen nutzen kannst.

Oftmals werden die Lebensphasen in unterschiedliche Pfade für Männer und Frauen eingeteilt. Wo das bei früheren Werken verständlich war (zu Dantes' Zeit war es normal, dass Frauen sich um das Heim kümmerten, während der Mann das Geld verdiente), habe ich diese Unterteilung hier vermieden. Diese Phasen beziehen sich einfach auf Menschen, so wie es eben sein sollte.

Genau wie bei allen vorangegangenen Barnum-Statements handelt es sich bei diesen Lebensphasen keinesfalls um in Stein gemeißelte Fakten. Weder ihre Inhalte noch ihre Dauer noch ihre Altersgrenzen sind definitiv oder präzise. Es handelt sich dabei um eine grobe Einschätzung und Einteilung meinerseits, aufgrund der Erkenntnisse mir vorangegangener Wissenschaftler, Autoren, Anthropologen und Mentalisten sowie meiner eigenen Erfahrung. Es geht also um einen allgemeinen Überblick. Ein außergewöhnliches Ereignis im Leben eines Menschen, wie zum Beispiel der sehr frühe Tod eines Elternteils, kann diese Lebensphasen problemlos durcheinanderwerfen oder sie null und nichtig machen.

Die fünf Lebensphasen

Hier also die fünf Lebensphasen, wie ich sie für meine Cold-Reading-Arbeit verstehe und nutze. Jede dieser Phasen betrachten wir durch die Linse unserer vier Kernthemen aus dem vorigen Kapitel: Sicherheit, Gesundheit, Beziehungen, Ziele. Da es sich bei diesen vier Themen um übergreifende und durchgehend wichtige Themen im Leben aller Menschen handelt, können wir durch sie ein solides Verständnis jeder Lebensphase gewinnen. Wenn du einen deiner Mitmenschen vor dir siehst, kannst du dich fragen: In welcher Lebensphase steckt diese Person (wahrscheinlich) grade? Welche Annahmen kann ich bei ihr darauf basierend zu Sicherheit, Gesundheit, Beziehungen und Zielen machen?

Phase 1: 0 bis 12 Jahre

Bei jungen Kindern wird (im Idealfall) das Sicherheitsgefühl maßgeblich von Eltern und Vertrauten gegeben. Eine Garantie für Stabilität im Leben wird vor allem extern statt bei sich selbst gesucht. Auch ein Gefühl der Unsicherheit hängt oft von den Eltern ab: durch ihre (tatsächliche oder mentale) Abwesenheit oder durch ihren inadäquaten Umgang mit ihrem Kind.

Gesundheitlich treten hier meist (nochmals: im Standardfall) nur wenige Probleme auf, von eventuellen Unfällen abgesehen. Gesundheit ist demnach auch keine Kategorie, um die sich ein Kind bewusst und übermäßig viel sorgt.

Beziehungen beschränken sich größtenteils auf jene zu Eltern als Vorbildfunktion und zu Freunden gleichen Alters als soziale Kontakte. Beziehungen und Beziehungsziele sind deutlich non-sexuell.

Ziele im Allgemeinen halten sich eher kurzfristig. Je älter das Kind wird, desto längerfristige Hoffnungen, Wünsche und Ziele werden meist bewusst entwickelt.

Phase 2: 13 bis 21 Jahre

Nachdem das Kind sich seiner selbst als Individuum bewusst geworden ist, wird in der Jugend meist stark an der eigenen Individualisierung weitergearbeitet. Das soll extern sichtbar sein, oft resultiert das in der scheinbar »rebellischen« Phase der Jugend.

Nichtsdestotrotz wird ein Gefühl der Sicherheit (finanziell wie spirituell) noch immer zu einem signifikanten Teil von den Eltern gegeben. Erste Jobs und Tests der Verantwortung stellen eine Erkundung der eigenen Fähigkeit, Stabilität im Leben zu erzeugen, dar. Das mögliche Sterben eines oder mehrerer Großelternteile kann anfangen, das Gefühl der absoluten Sicherheit zu untergraben.

Gesundheitlich ist auch hier meist noch alles im grünen Bereich und stellt nicht unbedingt eine Priorität im Denken und bei Entscheidungen dar. In dieser Phase fängt allerdings oftmals das Experimentieren mit Alkohol, Zigaretten und anderen Drogen an; teils aus einem Individualisierungsdrang, teils aus Neugierde, manchmal auch motiviert vom sozialen Umfeld.

Beziehungen verlagern sich von der direkten Familie mehr nach außen. In dieser Phase formen sich häufig neue Freundschaften sowie erste romantische Beziehungen (und damit einhergehend erstmalig das schmerzhafte Ende von Freundschaften und Beziehungen). Verschiedene soziale Umfelder und Rollen werden ausprobiert, oftmals bringt das Zweifel an der eigenen Authentizität mit sich. Eine der Hauptsorgen dreht sich um einen selbst: die eigene Popularität und den eigenen Platz im sozialen Konstrukt.

Nach und nach werden längerfristige Ziele gesetzt: erste Karrierepläne, das Sparen auf bestimmte Gegenstände, die bewusste Zielsetzung, einen Wettbewerb zu gewinnen. Meist geht es in dieser Phase um auf das Individuum bezogene Ziele.

Phase 3: 22 bis 35 Jahre

Im Übergang vom jungen Menschen zum Erwachsenen wird die Verantwortung für Sicherheit im Leben nun selbst übernommen. In manchen Fällen wird diese Verantwortung mit Freunden oder dem Partner geteilt. Es formen sich erstmalig ein möglicher finanzieller Druck und die Notwendigkeit, sich eindringlich mit Geldfragen zu beschäftigen.

Mit dem Alter kommt die Realisierung, dass man selbst nicht unantastbar ist. Sorgen um Gesundheit, Gewicht und Fitness gewinnen an Wichtigkeit. Eventuelle Fehlschritte in der Kindheit (wie eine ungesunde Körperhaltung) fangen hier oft an, sich zu rächen.

Beziehungen, die es aus den vorigen Phasen bis hierher geschafft haben, bleiben oft fürs Leben. Es werden in der Regel weniger neue (freundschaftliche oder romantische) Beziehungen ausprobiert und mehr längerfristige Beziehungen gepflegt. Mitglieder der Familie, manchmal auch Freunde, versterben und tragen zur Realisation um die eigene Verletzlichkeit bei. Die Sorge um sich selbst verändert sich langsam zu einer Sorge um andere: den Partner, eventuelle Kinder, die eigenen Eltern. Man fängt an, sich bewusst selbst für die Liebsten zurückzustellen. In manchen Beziehungen bildet sich eine neue Art der Dynamik heraus, in der man selbst Vorbild und Lehrer für andere ist.

Ziele sind auch hier oft längerfristig gesetzt und umfassen oftmals die eigene Karriere, die Familie und Bildung. Die Zielsetzung wird häufiger mit Blick auf andere statt nur auf sich selbst gesetzt.

Phase 4: 35 bis 60 Jahre

Ein Gefühl der Sicherheit geht oft damit einher, die persönlichen Finanzen in Ordnung zu bringen. Teil der Motivation dazu ist häufig die Notwendigkeit, jetzt anderen ein Gefühl der Sicherheit zu geben (zum Beispiel dem Partner, den Kindern oder Geschäftspartnern). Innerlich kann sich dennoch ein Gefühl der spirituellen Unsicherheit einstellen: Es sterben oder erkranken mehr Menschen im nahen Umfeld, und man realisiert, dass man auch als Erwachsener das Leben nie ganz durchschaut. Einige Menschen graben sich in dieser Phase in ihre Arbeit ein, um die eigenen Probleme und Konflikte zu ignorieren.

Gesundheit bleibt hier ein wichtiger Faktor, das Risiko für ernstzunehmende gesundheitliche Probleme erhöht sich. Die Sorge um sich selbst verlagert sich weiter auf die Sorge um andere.

Beziehungstechnisch wird eine Balance zwischen dem Fokus auf sich selbst und dem Fokus auf andere gefunden. Menschen, die eine Familie gegründet haben, erleben in dieser Phase mit dem Ausziehen der Kinder gegebenenfalls das *Empty Nest Syndrome.* Man findet einen Weg zurück zu sich selbst und kann sich selbst neu finden. Eine *Midlife Crisis* ist in manchen Fällen der Weg dahin.

Jene persönlichen Ziele, die für den Partner, die Karriere oder die Familie zurückgestellt wurden, werden langsam wieder verfolgt.

Phase 5: 60+ Jahre

Das Gefühl der Sicherheit in dieser Phase ist ein direktes Resultat der vorigen Phase. Meist steht der Mensch an dieser Stelle stabiler im Leben und hat die eigenen Finanzen im Griff. Sogar, wenn nicht viel Vermögen vorhanden ist, hat man meistens (!) gelernt, mit weniger zu leben, und kennt die eigenen finanziellen Möglichkeiten gut genug, um sich selbst die nötigen Grenzen zu setzen.

Gesundheitlich gibt es, wenig überraschend, dem Alter geschuldet mehr Einschränkungen, manchmal Resultate des vorangegangenen Lebens. Teils treten auch neue Probleme auf, die in jüngeren Jahren keine Rolle gespielt hätten, jetzt aber zu einer gesundheitlichen Herausforderung werden können.

Die Beziehungen zu anderen haben sich häufig noch gestärkt, oft gibt es in dieser Phase auch eine Reihe neu aufblühender sozialer Kontakte aufgrund von neu gefundenen oder wieder aufgegriffenen Hobbys. Im voranschreitenden Alter vertieft sich gegebenenfalls die Sorge um den Partner und überschattet eventuelle Sorgen um die eigene Gesundheit. Manche Menschen in dieser Phase kämpfen mit einem Gefühl des Alleingelassenwerdens: durch den Partner (spirituell oder tatsächlich, zum Beispiel bei Versterben), durch die Familie oder Kinder, Freunde oder ehemalige Geschäftspartner. Zugleich wird nun gelernt, mehr als je zuvor in sich selber zu ruhen und eine stabile Beziehung mit sich selbst einzugehen.

Die Ziele in dieser Phase sind im Allgemeinen weniger öffentlichkeitswirksam oder von der Gesellschaft diktiert und wieder mehr persönlich erfüllend. Ziele werden wieder auf weniger längerfristige Sicht erfüllt und umgesetzt: Es binden einen mitunter weniger soziale und zeitliche Verantwortungen.

Diese fünf Phasen bieten dir, wie gesagt, *eine* Linse, durch die du die Lebenssituation deiner Mitmenschen grob einschätzen und verstehen lernen kannst. Es ist keine immer gültige, *absolute* Wahrheit (wer versucht, dir das zu verkaufen, versucht dich vermutlich über den Tisch zu ziehen).

Auf dem Las Vegas Strip

2016, Las Vegas, Nevada, Vereinigte Staaten von Amerika

Ich bin glücklich. Schon einige Jahre begleitete mich Las Vegas immer wieder in Filmen und Fotos: die Lichter, die Menschenmassen, der in den Bildern fast schon spürbare Puls der Stadt. Und weißt du was? Las Vegas ist *genau* wie auf den Fotos.

Ich bin glücklich. Mit 16 sagte ich zu Richard Webster, dass ich mit spätestens 21 für einen Auftritt in Las Vegas stehen würde. Gestern stand ich, mit 21, für einen Auftritt in Las Vegas.

Ich bin glücklich. Ich reiste nach Las Vegas, um in Penn & Tellers TV-Show *Fool Us!* anzutreten. Gestern nahm ich völlig unerwartet den Siegerpokal mit nach Hause.

Ich bin glücklich, ich bin glücklich, ich bin glücklich. Und deshalb kaufe ich mir jetzt ein Eis.

»Next please«, dröhnt die Computerstimme an der Schlange bei Walgreens. Ein grünes Lämpchen leuchtet über Kasse 5 auf. Ich nehme mein Magnum (mit Mandelsplittern) und bewege mich dorthin. Die ältere Dame hinter der Kasse lächelt mich an. »Na«, sagt sie, »was bringt dich her?« Ich sprudele noch immer fast über vor Glück, als ich antworte: »Ich hatte gestern meinen ersten Auftritt! In Las Vegas! Can you believe it?!« Die Kassiererin lächelt aufrichtig und fragt: »Ah, bist du ein Zauberer?« Sie zieht mein Eis mit einem *Piep* über den Scanner. »Ja, nein, na ja, eigentlich bin ich Mentalist. Ich lese Gedanken.« Die Dame hält inne, macht große Augen und fragt: »Kannst du auch Handlesen?« Sie streckt ihre Hand über die Kasse. Ich zögere. Ich will diese Frau nicht mit dem Gedanken zurücklassen, dass ich übernatürlich begabt bin. Deshalb antworte ich: »Handlesen kann ich nicht. Aber ich kann mich gut auf Menschen einstellen und ihnen etwas über sich erzählen.« Die Kassiererin nickt begeistert. »Erzählst du mir etwas über mich?«, fragt sie. Ich schaue kurz besorgt zur Schlange wartender Menschen, doch die Dame weiß, was ich denke und winkt ab: »Papperlapp. Wir haben 23 Kassen. Wenn wir hier etwas länger brauchen, geht das in Ordnung.«

Ich zucke mit den Schultern und stimme zu. Zur Show schaue ich meiner Kassiererin kurz eindringlich in die Augen, bevor ich anfange.

»Obwohl du dich deinen Mitmenschen, zum Beispiel hier hinter der Kasse, immer aufgeschlossen gibst, hast du eine nachdenkliche, stille Seite, die du nur deinen Liebsten zeigst. Das liegt mitunter daran, dass du die Erfahrung gemacht hast, dass es unklug sein kann, dich anderen allzu bereitwillig zu öffnen. Deshalb fällt es dir auch trotz deiner leidenschaftlichen Emotionen manchmal schwer, deine Gefühle zum Ausdruck zu bringen. Du hast schon lange das Gefühl, nicht all deine Fähigkeiten voll entfaltet zu haben, und hast kürzlich vielleicht ein neues Hobby aufgegriffen. Ich sehe außerdem neue soziale Kontakte, die dich glücklich machen.«[3]

Von der anderen Seite der Kasse blicken mich zwei Augen wortlos an. Dann schüttelt die Kassiererin sich und sagt: »Stimmt genau, woher weißt du das alles?! Ich habe vor Kurzem angefangen zu malen, und bei meinem Malkurs habe ich einen ganz tollen Mann kennen gelernt, er ist wirklich ein Gentleman, und wir verstehen uns so gut, aber ich weiß gar nicht, wie ich den nächsten Schritt gehen soll, bin ich nicht viel zu alt für so etwas?«

---

3 Zum Zeitpunkt dieser Ereignisse hatte ich Dantes' Buch noch nicht gelesen. Trotzdem gab ich der Dame an der Kasse, im Nachhinein betrachtet, intuitiv ein Reading passend zu ihrer Lebensphase und vermittelte ihr so das Gefühl, verstanden und gesehen zu werden.

Ich lächle zurück und sage: »Weißt du, ich weiß wahrscheinlich noch nicht so viel vom Leben wie du, aber eine Sache weiß ich dann doch: Manchmal braucht es den einen mutigen Schritt, und zwar eher früher als später. Wenn du zu lang wartest, kann der richtige Moment einfach vorbei sein.«

Als ich draußen auf dem Strip unter der Sonne Las Vegas mein Magnum öffne, tropft mir Schokolade über die Finger. So ist das Leben: Wenn du zu lange wartest, schmilzt dein Eis.

2018, Las Vegas, Nevada, Vereinigte Staaten von Amerika

Seit meinem erstmaligen Auftritt in Las Vegas bin ich jährlich hierher zurückgekehrt: um aufzutreten, um zu lehren, um zu lernen. Auch, um alte Freunde wiederzusehen.

Dieses Jahr brennt die Sonne besonders heiß vom Himmel. Rick Maue, ein wundervoller Freund und Kollege, und ich stehen in der Schlange bei Walgreens. »Next, please!«, dröhnt es und ein grünes Lämpchen bei Kasse 18 leuchtet auf. Wir laufen hinüber und zwei alte, lächelnde Augen blicken uns an. Wir kommen ins Gespräch. Rick erwähnt, dass wir Gedankenleser sind. »Gedankenleser!«, ruft die Kassiererin. »Vor ein paar Jahren hatte ich so einen netten jungen Mann hier, der konnte auch Gedanken lesen.« – »Ach so?«, fragt Rick interessiert. Die Kassiererin nickt euphorisch und erzählt: »Er erzählte mir aus dem Nichts alles über den Mann, den ich gerade beim Malkurs kennen gelernt hatte, und riet mir, nicht zu lange damit zu warten, ihn mal einzuladen.« Rick grinst und fragt: »Und? Hast du ihn eingeladen?« Die Dame streckt uns stolz ihre linke Hand entgegen. »Wir sind verlobt!«, ruft sie. Wir gratulieren ihr, rechnen ab und nehmen unser Eis mit nach draußen. Unter der knallenden Sonne Las Vegas beißen wir zufrieden in die knackige Schokolade.

Kapitel 16

Moderne Barnum-Statements – oder: Was mich Instagram über das Cold Reading lehrte

CarlaXCharmy schreibt:

»Ja, das passt wirklich zu 100 % :o«

DanielSrt schreibt:

»wtf das ist amazing dude, ich hab gänsehäut :D!«

Davideeex schreibt:

»thats me in a nutshell! Perplexing!«

OhLaLara schreibt:

»Wow das passt einfach 1zu1 zu mir«

Trishasindhe258 schreibt:

»omg das passt genau ich bin geschockt«

Tyler94 schreibt:

»OMG!!! You're absolutely right i have just eaten even if i was not hungry, that's funny«

VelaLula schreibt:

»Bingo! Sehr lustig, dass du das sagst, da ich mich heute noch darüber unterhalten habe, dass ich, selbst wenn das Positive überwiegt, eher auf die negativen Dinge fokussiert bin. :D«

Du kannst dir vermutlich schon denken, was hier passiert ist. Als ich anfing *Kennen wir uns?* zu schreiben, beschloss ich, direkt noch einmal eine moderne Version des Forer-Experiments durchzuführen. Statt für das Experiment wie Bertram Forer meine Psychologie-Studenten zu nutzen (die ich nicht habe), beschloss ich, den Versuch über Instagram laufen zu lassen. Neben der Tatsache, dass es mir spaßig erschien, dieses Experiment meinen Followern vorzustellen, war mein Ziel, meine Formeln zur Erstellung neuer Barnum-Statements zu testen. Wenn ich spontan neue Barnum-Statements entwerfe, mache ich das nach einer Sammlung von Regeln, die in den meisten Fällen ihre Effektivität gewährleisten. Für dieses moderne Forer-Experiment entwarf ich also diesen Formeln zufolge neue Statements und bot sie meinen Followern in zufälliger Reihenfolge an.

In diesem Kapitel erkläre ich dir, wie das Cold-Reading-Experiment auf Instagram abgelaufen ist. Ich zeige dir auch die acht neuen Barnum-Statements, die ich dafür entwickelt habe. Du kannst diese Statements zwar auswendig lernen, musst es aber nicht. Im nächsten Kapitel erkläre ich dir nämlich, welche Formeln ihnen zugrunde liegen. Dann verstehst du, wieso manche dieser Statements effektiver als andere waren, und lernst, wie du selbst auf die Schnelle an die Situation angepasste Barnum-Statements entwickeln kannst.

Das Instagram-Cold-Reading-Experiment

Auf meinem Instagram-Kanal platzierte ich für 24 Stunden die Aufforderung, mir in einer Nachricht die eigene Lieblingsfarbe sowie eine Form, die einem *nicht* gefällt, zu schicken. Im Gegenzug würde ich eine kurze, darauf basierende Charakteranalyse zurückschicken. Ich hatte acht neue Barnum-Statements vorbereitet und plante, jeder Person einfach der Reihenfolge nach ein Statement als Antwort zuzuschicken. Person eins bekäme Statement A, Person zwei Statement B… Person acht bekäme Statement H, Person neun dann wieder Statement A und so weiter. Meine Hoffnung war, dass ich um die 80 Antworten bekommen würde, damit jedes Statement mindestens zehn Mal auf Zufallsmanier getestet werden könnte. Meine Hoffnungen wurden weit übertroffen: Innerhalb von 24 Stunden bekam ich knapp über 400 Farben und Formen zugesendet. Richard Webster hatte Recht mit dem, was er mich schon 2010 in Neuseeland lehrte: Menschen sind fasziniert von sich selbst und versuchen konstant, sich besser verstehen zu lernen. Mein einfacher »Charaktertest« erfreute sich demnach großer Beliebtheit. Ich verbrachte viele Stunden am Handy, in denen ich meine vorbereiteten Barnum-Statements per Copy-and-Paste an meine Follower verschickte (die Statements verschickte ich übrigens auf Englisch, damit ich das Experiment zeitgleich mit meinen niederländischen, deutschen und internationalen Followern durchführen konnte). Die Antworten am Anfang dieses Kapitels sind eine kleine Auswahl an Reaktionen auf meine vermeintliche Charakteranalyse, aber im Großen und Ganzen wurden meine Statements extrem positiv angenommen. Eine komplette Ablehnung des Statements gab es nur um die 40 Mal: Prozentual gesehen ist das für ein rein zufällig ausgegebenes Statement sehr wenig.

Was hat das Instagram-Cold-Reading-Experiment so erfolgreich gemacht? Dreierlei. Erstens hatte ich natürlich einen klaren Vorteil, weil es sich bei den Teilnehmern um meine Fans und Follower handelte. Die Chancen standen gut, dass sie schon von meinen Fähigkeiten als Mentalist überzeugt waren und mir also einen Vertrauensvorschuss gaben. Vermutlich wäre die Ablehnungsrate meiner Statements bei zufällig auf der Straße angesprochenen Teilnehmern etwas höher gewesen. Zweitens habe ich, wie jeder gute Wahrsager, ein vermeintliches Orakel benutzt und etwas Show um die ganze Sache kreiert: Das Zusenden der Lieblingsfarbe und einer Form, die *nicht* gefällt, hatte natürlich nichts mit der letztendlich erhaltenen »Analyse« zu tun. Aber es wirkte so. Die angebliche Notwendigkeit von favorisierter Farbe und ungeliebter Form für die Analyse erweckte bei meinem Gegenüber eine falsche Kausalität. Obendrein identifizierten sich meine Teilnehmer in einem gewissen Maß mit der Farbe und Form, weil es sich spezifisch um die *Lieblings*farbe sowie eine Form, die man *nicht* mag, handeln sollte. Glauben wir nicht alle irgendwie ein bisschen, dass unsere Lieblingsfarbe etwas über unseren Charakter aussagt? Ein Statement, dass angeblich darauf basiert, wird deshalb mit größerem Wohlwollen betrachtet und angenommen.

Drittens handelte es sich bei meiner Analyse, wie bereits erwähnt, um nichts anderes als Barnum-Statements, wenn auch neue Statements (in meiner Arbeit als Mentalist hatte ich diese und ähnliche Statements schon vor diesem Experiment regelmäßig genutzt, jetzt hatte ich sie allerdings erstmalig schwarz auf weiß niedergeschrieben).

Die Instagram-Barnum-Statements

Hier sind die Statements, die ich im Instagram-Experiment benutzt habe, mit jeweils einer kurzen Anmerkung dazu. Lies mit und schau, ob du meinst, dass du dich damit identifizieren könntest.

STATEMENT A *Manchmal reagierst du sehr empfindlich auf Ablehnung. Deshalb sagst du nicht immer das, was du denkst. Das bereust du. Zuweilen hängst du zu sehr in der Vergangenheit und spielst oft negative statt positive Erinnerungen ab.*

Dieses Statement wurde extrem häufig ohne weitere Anmerkungen der Teilnehmer angenommen. Auf eine Art handelt es sich um Variationen auf »Du bist auf die Zuneigung anderer angewiesen« (deshalb reagierst du stark auf Ablehnung) und »Oftmals zweifelst du an der Richtigkeit deiner Entscheidungen« (deshalb fokussierst du dich mehr auf negative Entscheidungen und damit zusammenhängende Erlebnisse).

STATEMENT B *Oft isst du, ohne hungrig zu sein, manchmal sogar ohne es zu merken. Obwohl du dir oft vornimmst gesünder und fitter zu leben, fällt es dir schwer, das auf lange Sicht durchzuhalten, obwohl du eigentlich nicht faul bist.*

Mit der starken Fokussierung auf Fitness und Gesundheit heutzutage fallen uns ungesunde Gewohnheiten mehr und mehr auf. Jeder snackt ab und an, manchmal auch unbewusst. Dieses Statement lenkt schlicht den Fokus des Gegenübers auf solche Situationen. Die meisten Menschen haben Schwierigkeiten damit, große Pläne lange durchzuhalten – oftmals, weil sie sich zu viel auf einmal vornehmen. Dieses Statement wurde von Menschen im Schul- bis Studentenalter besonders gut empfangen; vermutlich weil hier Fitness und Erscheinung eine große Rolle im Alltag spielen, aber auch wegen der Tatsache, dass das Studentenleben aufgrund von finanziellen und zeitlichen Einschränkungen (sowie sozialen Verpflichtungen: Stichwort Partytime) nicht immer mit einer optimalen Diät verbunden ist.

STATEMENT C *Manchmal fühlst du dich, als ob du der Welt etwas vorspielst. Du fragst dich, ob du das alles wirklich verdienst, und sorgst dich darum aufzufliegen, sogar wenn du schon an der Spitze stehst.*

Dieses Statement greift zurück auf die Diskrepanz zwischen unserer Außenwirkung und Innenwahrnehmung. Wir kennen das Gefühl, uns nach außen hin anders zu geben, als wir uns nach innen fühlen.

STATEMENT D *Du machst nicht immer das, was dich wirklich glücklich machen würde. Obwohl du weißt, welche Dinge das wären, findest du nicht immer die Zeit, die Energie und den Fokus, die du gerne in diese Dinge stecken würdest.*

Hierbei geht es um Hoffnungen und die von vielen Menschen geteilte Erfahrung, dass sie zu wenig Zeit haben und möglicherweise an ihren Jobs und Verpflichtungen festhängen. »Wenn ich nur nicht jeden Tag ins Büro müsste, könnte ich endlich Autor werden« oder »Wenn ich nicht ständig auf die Kinder aufpassen müsste, könnte ich endlich richtig singen lernen« sind Beispiele daraus resultierender Gedanken.

Ich hatte das Glück, bisher immer von meiner Leidenschaft leben zu können. Aber auch im Künstlerleben verrennt man sich manchmal in Verpflichtungen und einer zu großen Anzahl an Projekten. Wenn ich daraus eines gelernt habe, dann das: *Veränderung geht immer*. Der Weg nach vorne ist nie blockiert. Manchmal ist er ungemütlich, manchmal nicht einfach, manchmal muss man etwas dafür aufgeben, aber einen Weg gibt es *immer*.

STATEMENT E *Du kannst dich sogar umgeben von Freunden und Kollegen einsam fühlen. Sogar in einem Raum voller Menschen fühlst du dich manchmal allein und isoliert.*

Dieses Statement hat die stärksten Reaktionen bei meinen Teilnehmern ausgelöst und führte am häufigsten zu tiefergehenden Gesprächen. Fakt ist: Wir alle fühlen uns im Leben oft allein und isoliert. Anscheinend sprechen wir aber nicht häufig genug darüber. Das obige Statement hat meinen Teilnehmern das Gefühl gegeben, verstanden zu werden, sowie die Erlaubnis, über ihre eigene Einsamkeit zu sprechen.

Hier ein Ausschnitt aus einem besonderen Gespräch mit einer jungen Frau, das sich im Zuge des Instagram-Experiments aus Statement E entwickelte:

@timonkrause: Du kannst dich sogar umgeben von Freunden und Kollegen einsam fühlen. Sogar in einem Raum voller Menschen fühlst du dich manchmal allein und isoliert.

@jeololii: Wow! Das passt einfach genau dazu, wie ich mich grade fühle. Ich fühle mich so oft allein

@timonkrause: Danke fürs Mitmachen. »Allein sein« muss nicht immer das Gleiche wie »einsam sein« bedeuten. Das musste ich auch lernen.

@jeololii: Ja, aber manchmal fällt es mir schwer, das so zu sehen. Wie hast du das gelernt?

@timonkrause: Ich glaube, für mich war der erste Schritt, mich gut mit mir selbst zu verstehen. Wenn du dich mit dir selbst verstehst, kannst du zwar allein, aber niemals einsam sein.

@jeololii: Verstehe … mir geht es aber grade wirklich ziemlich mies. Ich glaube, dass ich schon seit ein paar Jahren psychische Probleme habe, meine Eltern wissen aber nichts davon. Es wird halt immer schlimmer und ich kann es einfach nicht mehr für mich behalten :(

An dieser Stelle läuteten meine Alarmglocken, weil ich zwar gerne auch für fremde Menschen da bin, mich aber nicht über Instagram in die Rolle eines Therapeuten begeben kann.

@timonkrause: Immer, wenn ich mich einsam gefühlt habe, hat es mir sehr geholfen, mit jemandem zu reden. Manchmal kann da eine Person, die du noch nicht kennst (wie zum Beispiel ein Arzt oder ein Psychologe) besser sein als jemand, der dir nahesteht (wie zum Beispiel deine Eltern). Da fällt es oft einfacher, ganz offen zu sein.

@jeololii: Stimmt. Ich gehe morgen zum Arzt (wegen einer Verletzung am Knie), meinst du, ich kann da mit meinem Arzt darüber sprechen, oder sagt der das dann meinen Eltern?

@timonkrause: Da kannst du mit deinem Arzt drüber sprechen. Ärzte haben hier eine Schweigepflicht, auch bei Minderjährigen – voraus-

gesetzt die Person besitzt die mentale Reife, selbst Entscheidungen zu treffen. Das bedeutet, dass der Arzt deinen Eltern ohne deine Zustimmung nichts davon erzählen kann. Je nach Einschätzung kann er dir Rat geben, oder dich mit einem Experten in Kontakt bringen.

@jeololii: Okay, vielen vielen Dank, ich hoffe ich krieg das morgen hin! :)

Über ein einfaches Barnum-Statement hatte diese junge Dame die Erlaubnis erhalten, sich zu öffnen, und fühlte sich verstanden. Eine Zeitlang hörte ich nichts, einen Monat später kam aber die folgende Nachricht:

@jeololii: Hallo, ich wollte mich nur mal bedanken, dass du mir geholfen hast, mit jemandem über meine Probleme zu reden. Es hat zwar lange gedauert, aber heute habe ich mich endlich getraut. Danke

@timonkrause: Hello! Perfekt – Gute Arbeit :) und herzlichen Glückwunsch. Kommunikation ist in vielen Bereichen des Lebens der Schlüssel!

Vier Monate später kam folgende Nachricht:

@jeololii: Hey, danke, dass du mir damals gesagt hast, mit einem Psychotherapeuten zu reden, ich weiß nicht, ob ich jetzt noch leben würde, wenn ich nichts getan hätte. Es wurde heute spontan entschieden, dass ich in eine Klinik gehe, was mich wirklich erleichtert. Danke für deine Hilfe! :)

@timonkrause: Hey! Gut, dass du um Hilfe gebeten hast. Der Absprung stellt immer nur ein Ende, aber keine (Auf-)Lösung dar und ist darum nie eine Option. Bitte bleib am Ball! Viel Glück in der Klinik, die Leute da werden dir so viel Gutes tun! Und: Matt Haigs Reasons to Stay Alive *ist ein super Buch zum Thema. Meine Empfehlung!*

Wenige Woche später erreichte mich dann diese freudige Nachricht:

@jeololii: Nochmals danke für den Buchtipp! Er hat mir während meiner Zeit in der Klinik sehr geholfen :) Mir geht es schon sehr viel besser.

Über so etwas kann ich mich richtig doll freuen. Wie schön, dass wir einander manchmal so leicht die Hand reichen können.

STATEMENT F *Komplimente sind dir manchmal unangenehm. Wenn jemand dir ein Kompliment macht, freust du dich zwar darüber, aber weil Komplimente dich generell unsicher oder unbehaglich machen, wechselst du oft schnell das Thema.*

Vielleicht erkennst du schon, worum es hier geht: Selbstzweifel. Vor Kurzem hat mich mal jemand gefragt, wie ich mit »den ganzen Komplimenten« (so viele sind es ehrlich gesagt gar nicht) nach meinen Shows umgehen kann und ob mich das nicht unsicher macht. Macht es nicht. Wenn ich jemandem ein Kompliment mache, dann tue ich das doch gerade, weil ich will, dass er oder sie weiß, dass ich etwas an ihr oder ihm schätze. Die beste Art, ein aufrichtiges Kompliment anzunehmen, ist, sein Gegenüber anzuschauen und ganz ehrlich Danke zu sagen. Ob ein Kompliment aufrichtig ist, das musst du spüren lernen, aber lass deine Selbstzweifel dir nicht erzählen, dass jedes Kompliment ja ohnehin nicht ernst gemeint sein kann. Wenn dir jemand ein Kompliment macht, dann stehen die Chance sehr, sehr gut, dass du das verdient hast. Wirklich.

STATEMENT G *Du hast sowohl privat als auch professionell Sorge, zu sehr eingeengt und kontrolliert zu werden. Manchmal denkst du an all die negativen Dinge, die passieren würden, sollte man dir zu viele Regeln auferlegen.*

Wir möchten uns nicht sagen lassen, was wir zu tun haben. Wenn uns Regeln auferlegt werden, neigen wir dazu, zu versuchen, sie zu brechen. Wie sich das genau äußert, ist von Person zu Person anders.

STATEMENT H *In letzter Zeit bist du mal besorgt, mal verwirrt über die Situation auf der Welt. Manchmal fragst du dich, ob alle Hoffnung verloren ist. Obwohl du gerne helfen würdest, fällt es dir schwer zu sehen, wie.*

Dieses Statement basiert auf dem O-Ton vieler Gespräche mit Freunden, Bekannten und Kollegen. Vor allem in den letzten Jahren höre ich immer wieder Menschen sagen, dass sie sich um die Welt sorgen, zugleich aber nicht wissen, wie genau sie helfen sollen. Sorge um den Zustand der Welt ist (vermutlich) immer mehr oder weniger vorhanden und nimmt zu oder ab, je nachdem, was aktuell passiert.

Ursprünglich wurde dieses Statement oft abgelehnt, weil ich den zweiten Satz folgendermaßen einleitete: »Manchmal liegst du nachts wach im Bett und fragst dich, ob alle Hoffnung verloren ist.« Die Aussage, mein Gegenüber läge nachts wach im Bett, war zu spezifisch und konnte einfach verneint werden. Nachdem ich diese Einleitung entfernt hatte, wurde dieses Statement deutlich häufiger angenommen. Im Großen sind wir gleich, im Kleinen verschieden – und genau deshalb muss ein Barnum-Statement sich mit dem Großen beschäftigen und das Einfügen der Details dem Geist des Gegenübers überlassen.

Das Instagram-Cold-Reading-Experiment war für mich ein voller Erfolg: wegen des Unterhaltungswertes, wegen des Testgebietes für neue Barnum-Statements, wegen der daraus resultierenden Unterhaltungen. Follower, die mich nach ihrer Teilnahme fragten, wie das Experiment funktionierte, bekamen jeweils eine knappe Erklärung zum Forer-Effekt zugeschickt.

Wie du siehst, sind Barnum-Statements bei Weitem nicht auf Forers ursprüngliche Statements begrenzt. Im nächsten Kapitel zeige ich dir, wie du eigene Statements abändern oder ganz neu entwickeln kannst.

Kapitel 17

Entwicklung neuer Statements – oder: Zehn Formeln für Erfolg im Cold Reading

Du hast in den vorangegangenen Kapiteln alles nötige Hintergrundwissen bekommen, um zu verstehen, wie und warum Barnum-Statements funktionieren und was sie uns über uns und unsere Mitmenschen lehren. Im vorigen Kapitel habe ich dir von meiner Neuauflage des Forer-Experiments über Instagram berichtet, inklusive meiner dafür neu entwickelten Barnum-Statements. In diesem Kapitel erkläre ich dir die zehn effektivsten Formeln, um selber Barnum-Statements zu modifizieren oder sie neu zu entwickeln, um dir zum Erfolg in deiner Kommunikation zu verhelfen.

Ich unterscheide dabei zwischen Formeln zur *Entwicklung* neuer Barnum-Statements und Formeln zur *Modifikation*, also zum Anpassen, bestehender Statements.

Sprechen wie ein Orakel: Qualifikatoren und Komplimente

Notiz vorab: Um deinen neuen oder angepassten Statements die optimale Wirkung zu verleihen, ist der richtige Sprachgebrauch von Belang. Zwei Techniken werden dir dabei besonders dienlich sein: Qualifikatoren und Komplimente. Qualifikatoren sind jene Worte, die deine Aussage etwas abschwächen und ihr einen nicht absoluten Charakter verleihen. Ein Statement wie »Du bist sehr introvertiert« kannst du mit einem Qualifikator abschwächen: »Manchmal neigst du dazu, eher introvertiert zu sein«. Hier finden wir sogar gleich drei Qualifikatoren: »manchmal«, »neigst« und »eher«. Du kennst diese Art der Formulierung schon von vielen vorangegangenen Barnum-Statements. Sie alle machen meistens keine absoluten Aussagen, sondern tasten sich vorsichtig vor. Das lässt mehr Spielraum für dein Gegenüber, das Statement auf seine Art zu interpretieren und sich damit zu identifizieren. Andere Beispiele von Qualifikatoren sind »du kannst«, »du hast eine Tendenz«, »ab und an«, »du hast das Potenzial«, »du hast eine Seite, die ...« und so weiter.

Komplimente, der zweite wichtige Punkt beim Entwickeln neuer Barnum-Statements, sind genau das: Komplimente. Vor allem, wenn du nur ein einziges Statement abfeuerst, stehen die Chancen manchmal besser, dass es angenommen wird, wenn es zumindest positiv formuliert ist. Du brauchst deinem Gegenüber nicht nach dem Mund zu reden (Erinnerst du dich, was Richard Webster mir riet? Wenn dein Gegenüber merkt, dass du ihm nicht authentische Komplimente vor den Kopf knallst, verlierst du alle Verbindung mit ihm.), aber eine auch nur im Ansatz schmeichelhafte Formulierung trifft vor allem am Anfang, solange du die richtige Balance findest und nicht unauthentisch wirkst, auf weniger Widerstand als direkte Kritik. Sobald du eine Verbindung mit deinem Gegenüber geschaffen hast, hast du etwas mehr Freiraum bei der Positivität oder Negativität deiner Formulierungen.

Formeln zur Entwicklung

Als Kind habe ich sehr gerne mit meinem Bruder mit Lego gespielt. Was mich faszinierte, war die Tatsache, dass wir mit einer begrenzten Anzahl Steinen eine unbegrenzte Anzahl an Konstrukten bauen konnten. Gerade weil wir uns in den Beschränkungen eines bestimmten Systems (eben das System Legosteine) bewegten, wurde unsere Kreativität angeregt, darin immer Neues zu entdecken. Die gleiche Faszination verspüre ich bei meiner Arbeit als Mentalist, Entertainer und Cold Reader. Mit einer begrenzten Anzahl an Techniken werden mein Team und ich immer wieder herausgefordert, Neues zu schaffen: neue Shows, neue Performances oder eben neue Techniken und Resultate in unseren Kommunikationsmethoden.

Die ersten sechs der hier präsentierten Formeln sind darauf ausgelegt, ein von Grund auf neues Barnum-Statement zu entwickeln. Behalte bei deiner Beschäftigung mit diesen Formeln im Kopf, dass du manchmal ein oder mehrere von ihnen bei der Entwicklung kombinieren kannst. Du kannst sie wie Legosteine neu aufeinanderstecken, sie miteinander verbinden, sie mit den Sprachtechniken aus den Kapiteln 9, 10 und 11 kombinieren und so ein perfekt auf die Situation abgestimmtes Konstrukt bauen.

Formel 1: Entwicklung auf Basis eines Lebensthemas

Die vier Lebensthemen Ziele, Gesundheit, Beziehungen und Sicherheit bieten uns fruchtbaren Boden, um auf ihnen basierend neue Barnum-Statements zu entwickeln. In den meisten Fällen, in denen ich mich für die Entwicklung eines Statements über ein Lebensthema entscheide, hat das einen von zwei Gründen: Entweder merke ich, dass mein Gegenüber stark mit einem Thema zu kämpfen hat. Vielleicht scheint durch, dass es zu Hause mit der Familie kriselt. Dann könnte ich mit einem Statement zum Thema Beziehung eine Tür zum Vertrauen öffnen: »Du, ist alles in Ordnung? Es wirkt gerade so, als ob du zwischenmenschlich ein bisschen zu kämpfen hast.« Merke, dass ich nicht sage: »Es wirkt, als ob du mit deinem Mann Streit hast« oder »Hast du Streit mit deinen Eltern?« Das wäre zu präzise (außer ich wüsste, dass es so ist – aber dann bewegen wir uns weg vom Cold Reading). Mein Statement bleibt vage und offen, damit mein Gegenüber es selbst interpretieren und füllen kann.

Der zweite Grund für so ein Statement ist meist der, dass ich mich vortasten möchte, um herauszufinden, was meinem Gegenüber gerade besonders auf dem Herzen liegt. In diesem Fall könnte ich zum Beispiel sagen: »Das war diesen Monat wieder hart, die Rechnungen rechtzeitig zu bezahlen. Kennst du das, wenn man sich trotz all des materiellen Überschusses irgendwie unsicher fühlt?« oder »Ich denke in letzter Zeit plötzlich so viel über meine Gesundheit nach und über die meiner Kinder …«. Ziel solcher lebensthema-basierten Statements über mich selbst ist es zu sehen, ob und auf welches mein Gegenüber anspringt, um es so aus seiner Reserve zu locken und es dazu zu bringen, sich mir zu öffnen. Selbstverständlich sollten die Statements, die du über dich machst, auf der Wahrheit basieren – wenn du (so wie ich) keine Kinder hast, würde obiges Beispielstatement eher zu Verwirrung als zu Vertrauen führen …

Formel 2: Entwicklung auf Basis der individuellen Situation

Wenn du dich in die Situation deines Gegenübers hineinversetzen kannst, kannst du auch ein neues Barnum-Statement über seine spezifische Situation entwickeln. Es hilft dabei, dir die folgenden Fragen zu stellen:

- Welchen Problemen begegnet diese Person vermutlich im Alltag?
- Wieso macht sie das, was sie macht?
- Was für Menschen begegnet sie vermutlich?
- Gibt es Risiken in ihrem Alltag?

Wenn du genau hinschaust, entdeckst du übrigens auch in diesen Fragen wieder die vier Lebensthemen Sicherheit, Ziele, Beziehungen und Gesundheit. Mithilfe dieser Fragen erlangst du einen Einblick in dein Gegenüber, welchen du dann in ein Barnum-Statement umwandelst. Nehmen wir an, ich treffe eine Lehrerin. Jetzt frage ich mich: Welchen Problemen begegnet diese Person vermutlich im Alltag? Vielleicht begegnet sie unwilligen Schülern. Vielleicht ist es stressig, einen Lehrplan vorzubereiten. Womöglich muss sie ständig auf dem neuesten Lehrstand bleiben. Wieso machst sie das, was sie macht? Vielleicht aus Idealismus (zum Beispiel, um den Kindern eine solide Zukunft zu bieten) oder aus Liebe zu ihrem Fachgebiet? Was für Menschen begegnet sie vermutlich? Größtenteils wohl Lehrern, Schülern und manchmal Eltern. Gibt es Risiken in ihrem Alltag? Zurückblickend auf meine eigenen Lehrer definitiv ein hohes Stressrisiko. Vielleicht auch die Sorge, nicht alle Kinder adäquat lehren zu können. Innerhalb von ein paar Sekunden habe ich auf diese Weise eine Reihe von Annahmen vorliegen. Jede von ihnen kann ich jetzt in einem Cold-Reading-Statement formulieren, zum Beispiel: »Ich kann mir vorstellen, dass es manchmal ganz schön stressig sein kann, den Lehrplan vorzubereiten und auf dem neuesten Stand zu bleiben« oder »Ich kann mir vorstellen, dass die Interaktion mit Kollegen, Schülern *und* Eltern für manche Lehrer fast überwältigend sein könnte. Ich könnte das sicher nicht. Aber du wirkst, als ob du wirklich für dein Fach brennst.« Könnte ich mit diesen Aussagen danebenliegen? Wie immer: ja, natürlich. Aber für solche Fälle haben wir ja unsere Rettungsmuster in der Hinterhand.

Wenn du vor einer Begegnung mit einer Person weißt, dass du Cold Reading im Gespräch nutzen möchtest, dann lohnt es sich oftmals, wenn du dir kurz die Zeit nimmst, um dir die oben beschriebenen Fragen zu stellen und ein paar Statements auf dem Papier oder im Kopf auszuformulieren. Im besten Fall zeigst du deinem Gegenüber erfolgreich, wie gut ihr einander versteht. Und wenn nicht, dann hast du dich im Vorhinein zumindest schon mit deinem Gesprächspartner beschäftigt und versucht, dich in ihn hineinzuversetzen. Verlieren kannst du also so oder so nicht! Mit etwas Übung wird dir das bald auch im Gespräch ohne großes Nachdenken gelingen.

Formel 3: Entwicklung auf Basis der jeweiligen Lebensphase

Dem mysteriösen Dantes in seinen Fußstapfen folgend, kannst du neue Barnum-Statements aufgrund der Lebensphase deines Gegenübers entwickeln. Vor allem wenn du, wie oben erklärt, Annahmen über seine individuelle Situation miteinbeziehst, entstehen effektive Statements. Stell dir die Fragen:

- Wie beeinflusst das Alter meines Gegenübers sein Denken und Verhalten im Alltag/Beruf?
- Wie hat sich sein Denken und Verhalten gegenüber früher entwickelt?
- Wie wird es sich vermutlich entwickeln?

Bleiben wir bei der im vorigen Beispiel beschriebenen Lehrerin. Nehmen wir an, sie sei um die 40 Jahre alt. Wir können jetzt davon ausgehen, auch ohne sie jemals getroffen zu haben, dass sie mittlerweile weniger darauf aus ist, sich zu beweisen, und sich mehr dahin entwickelt hat, anderen (zum Beispiel ihren Schülern) ein Gefühl der Sicherheit zu geben. Vielleicht stürzt sie sich sogar extra in die Arbeit, um ihre eigenen internen Konflikte zu vermeiden. Ein Statement basierend auf dieser Annahme könnte dann zum Beispiel sein: »Du wirkst wie jemand, der von Herzen gern anderen hilft und ihnen einen sicheren Hafen bieten will. Manchmal kommen deine eigenen Probleme dabei zu kurz, vor allem dann, wenn du deine Arbeit und andere vor dich selber stellst.«

Formel 4: Entwicklung auf Basis von Statistik

Ich greife eher selten auf Statistiken zur Entwicklung neuer Barnum-Statements zurück. In den Fällen, wo ich es tue, ergeben sich allerdings starke Statements. So kann eine statistische Untersuchung zum Einsamkeitsgefühl unter jungen Menschen eben ein Statement wie »Du kannst dich sogar umgeben von deinen Freunden und Kollegen einsam fühlen. Sogar in einem Raum voller Menschen fühlst du dich leicht allein und isoliert« hervorbringen. Wichtig dabei ist, dass du aus der vorliegenden Statistik einen wahrscheinlichen Charakterzug oder einen wahrscheinlichen Erfahrungswert (zum Beispiel das Gefühl der Isolation) extrahierst. Diesen musst du danach wieder in die für Barnum-Statements übliche offene Form gießen. Zu sagen »Es gibt eine 73-prozentige Chance, dass du dich manchmal isoliert fühlst«, wäre dabei völliger Quatsch. Erstens ist Cold Reading kein Glücksspiel (das Ziel ist es, so zu kommunizieren, dass du immer einen Schritt voraus tust), und zweitens geht es bei Cold Reading um das Teilen menschlicher Erfahrungen, nicht um das Vorhalten statistischer Fakten.

Formel 5: Extrem A und Extrem B

Du erinnerst dich: Charakterlich sind wir nie zu 100 Prozent das eine oder das andere. Du »bist« nicht introvertiert, und du »bist« nicht extrovertiert. Dein Charakter ergibt sich aus einer Vielzahl zwischen allen Menschen geteilten Charakterzügen, die sich auf einer Skala vom einen Extrem bis zum anderen Extrem hin und her schieben lassen. Eine der einfachsten Arten, ein Barnum-Statement über eine spezifische Charaktereigenschaft zu machen, ist es deshalb, deinem Gegenüber schlicht beide Extreme der jeweiligen Eigenschaft unter Vorbehalt zuzuordnen. Hier kommt das klassische und oft ironisch gebrachte Beispiel für vermeintliche Wahrsager »Manchmal bist du introvertiert, manchmal bist du extrovertiert« her. Selbstverständlich muss ein auf dieser Formel basierendes Barnum-Statement mit etwas mehr Feingefühl als in diesem Beispiel formuliert werden. Eine bessere Formulierung derselben Idee wäre: »Obwohl du dich bei deinen Mitmenschen möglichst aufgeschlossen gibst, hast du eine nachdenkliche, stille Seite, die du nur deinen Liebsten zeigst.«

Das funktioniert mit jeder Charaktereigenschaft. Beispiel: Selbstbewusstsein. Die Extreme »sehr selbstbewusst« und »sehr unsicher« könnten wir wie folgt in einem Barnum-Statement verpacken: »Obwohl du dich in deinem Fachgebiet meistens sehr sicher fühlst, stolperst du immer mal wieder über Situationen oder Menschen, die ein bisschen an deinem Selbstbewusstsein kratzen.«

Formel 6: Nicht negativ A, wohl positiv B

Hierbei handelt es sich um eine Variation der vorherigen Formel. Du benennst das eine Extrem einer Charaktereigenschaft im negativen Licht und teilst deinem Gegenüber das andere Extrem als Kompliment zu. Weil du ein Lob aussprichst, stehen die Chancen gut, dass dieses Statement angenommen wird. Ein Beispiel: »Es gibt viele Ärzte, die sind total verbittert und behandeln ihre Patienten wie Maschinen … Aber du wirkst wie ein warmer Mensch, der mit Leidenschaft bei der Sache ist.« Ziel kann es sein, sich über das Kompliment Brownie-Punkte beim Gegenüber zu holen oder seinen Fokus auf eine bestimmte Charaktereigenschaft zu lenken (im Beispiel: menschliche Wärme. Sobald sich unser Gegenüber mit dem Statement identifiziert, wird es sein Bestes tun, uns diese Wärme auch zu zeigen, um kognitive Dissonanz zu vermeiden).

Formeln zur Modifikation

Bei diesen Formeln geht es um die Anpassung oder Umformung bereits bestehender Barnum-Statements.

Formel 7: Klassisches Barnum-Statement umformulieren

Diese Formel kennst du schon. Je nachdem, mit wem du im Gespräch bist, kannst du ein bereits bestehendes Barnum-Statement in Duktus und Wortwahl abändern, um es natürlicher wirken zu lassen. Das Statement »Du hast beträchtliche Fähigkeiten, die du noch nicht zu deinem Vorteil nutzt« kann so zum Beispiel zu »Du hast noch nicht all deine Talent zur vollen Blüte gebracht. Wenn du sie für dich entdecken würdest, könntest du noch viel größere Schritte im Leben machen« umformuliert werden. Der Inhalt bleibt dabei gleich, es wird nur anders gesagt.

Formel 8: Modifikation aufgrund von Lebensthema

Ein bereits bestehendes Barnum-Statement kannst du mittels eines der Lebensthemen (Ziele, Gesundheit, Beziehungen, Sicherheit) umformulieren. Grund dafür könnte sein, dass du den Fokus deines Gesprächspartners (und damit das Gespräch) auf ein bestimmtes Lebensthema lenken möchtest oder dass du den Verdacht hast, dass ein bestimmtes Thema gerade eine besondere Rolle bei deinem Gegenüber spielt. Das Statement »Du hast eine Neigung zur Selbstkritik« könnte im Zusammenspiel mit dem Lebensthema Beziehungen etwa so aussehen: »Manchmal enttäuschen dich deine Mitmenschen, weil du an sie genau so hohe Erwartungen wie an dich selbst hast«. Das Statement »Manchmal zweifelst du stark an der Richtigkeit deines Tuns und deiner Entscheidungen« in Kombination mit dem Lebensthema »Ziele« könnte lauten: »Es wirkt, als ob du dir so viele Sorgen um deine vergangenen Fehler und Entscheidungen machst, dass du dich nicht traust, die nötigen Schritte nach vorne zu tun, um deine Ziele und Träume zu erreichen.«

Formel 9: Modifikation aufgrund von individueller Situation

Alles, was du über die Situation deines Gegenübers weißt, kannst du nutzen, um ein vorgefertigtes Barnum-Statement zu modifizieren. Das kann so simpel sein, wie auf den Beruf der Person zu verweisen. Das klassische Barnum-Statement »Deine Persönlichkeit weist einige Schwächen auf, die du aber allgemein auszugleichen weißt« könnte beispielsweise für einen imaginären Zahnarzt so aussehen: »Ich kann mir vorstellen, dass man als Zahnarzt manchmal frustriert ist: Du weißt, dass du nicht immer perfekt bist, tust dein Bestes, um das auszugleichen, aber deine Patienten merken's nicht und jammern immer weiter.« Im Grunde dasselbe Statement, aber dieses Mal für einen Comedian umformuliert und modifiziert: »Du wirkst, als wärst du nur sauer, dass deine improvisierten Witze nicht immer zünden. Aber du vergisst dabei, dich selber für die brillanten Wortwitze zu schätzen, die du schreibst! Hast du nicht gesehen, dass das Publikum dabei vor Lachen am Boden lag?«

Formel 10: Modifikation aufgrund von Lebensphase

Genau wie du die Lebensphasen zur Entwicklung neuer Barnum-Statements nutzen kannst, kannst du sie auch zur Anpassung vorgefertigter Statements herbeiziehen. Das klassische Statement »Du hast beträchtliche Fähigkeiten, die du noch nicht zu deinem Vorteil nutzt« könntest du für eine junge Person, die sich gerade stark selbst sucht, so formulieren: »Du spürst, dass du bei Weitem noch nicht all deine Talente zur vollen Blüte gebracht hast, und weißt, dass du Beachtliches erreichen kannst, wenn du lernst, diese Talente für dich einzusetzen«. Für einen älteren Menschen, der gerade in Rente geht, könntest du aufgrund deiner Vermutungen um seine Lebensphasen folgendes Statement aussprechen: »Wenn es dir geht wie mir, hast du gerade ein neues Talent für dich entdeckt, von dem du schon lange gespürt hast, dass es in dir steckte – endlich kannst du ihm die nötige Zeit und Energie widmen!«

Ob du neue Barnum-Statements entwickelst, bereits bestehende Statements anpasst oder schlicht die klassischen Statements nutzt: Wenn du mit dem Ziel der menschlichen Verbindung ins Gespräch gehst, wenn du danach strebst, dein Gegenüber zu verstehen, wenn du versuchst, ihm das Gefühl des Verstandenwerdens zu vermitteln, dann könnt ihr beide nur gewinnen.

Kapitel 18

Interview mit Rainer Mees – oder: Anleitung, kein Arschloch zu sein

2020, Köln, Deutschland

»Das ist Kathi«, sagt Rainer, »meine Nachbarin.« Ich strecke der mir gegenüberstehenden jungen Frau die Hand entgegen. »Oh. Timon. Hi.« – »Kathi.« Es ist still. Ich schaue Rainer an und ziehe subtil eine Augenbraue hoch, denke: ›Ich dachte, ihr mögt euch nicht.‹ Rainer schnallt, was ich meine. Er platzt heraus: »Ja, ja, wir hatten nicht den besten Start, aber die Kathi ist mega. Wir gehen jetzt immer zusammen laufen. Rob kommt auch mit.« Rob leckt mich gerade am Bein (und ist, zum Glück, ein Hund). Rainer schlägt sich auf seinen Bauch. »Ich will jetzt endlich wieder so fit werden wie früher. Du weißt ja, mit der OP und allem, da hat sich was angesetzt, das muss wieder runter. Ich hab schon seit 'nem halben Jahr nichts mehr getrunken, und letzte Woche wurde mein Thermomix geliefert. Total geil das Teil. Wir können hier jetzt immer richtig schön easy kochen. Wenn du Bock hast, kannste mir mal ein paar vegetarische Rezepte zeigen.« Rainer ist Typ *all-in* oder *all-out*. Wenn er was anpackt, dann richtig. Mein Blick hängt noch immer an seinem deutlich kleiner gewordenen Bauch. Vor ein paar Wochen war da noch mehr. Für Mitte 40 ist das eine ziemlich flotte, ziemlich beeindruckende Veränderung. Um ehrlich zu sein, wäre das sogar für Mitte 20 ein beeindruckendes Resultat gewesen. Wie gesagt: *all-in*.

Ich frage: »Komm ich denn gelegen? Wenn ihr gleich laufen wollt …« – »Nee, alles gut, setz dich Jung', willst'n Kaffee?« Natürlich will ich Kaffee. Rainers Kaffeemaschine ist wie ein maschinelles Steampunk-Wunderwerk der Technik. Bohnen werden gemahlen, Wasser wird gekocht, Milch wird aufgeschäumt, alles unterlegt mit dem steten fröhlichen Strom von Rainers Updates aus der Szene. Er ist deutlich besser vernetzt als ich und berichtet von den neuesten Geschehnissen rund um die Mentalisten-Community: Wer mit wem, wer wem was geklaut hat, wer wem schlecht nachredet, wer in seiner Show abgeliefert hat, wer aufgelaufen ist. Wenig später landen drei Latte macchiato in drei paar Händen. Kathi sitzt auf dem Sofa und liest eines der Bücher aus Rainers privater Bibliothek. Rainer und ich sitzen an seinem hölzernen Tisch, das Aufnahmegerät im Anschlag. Rob liegt zwischen Sofa und Tisch, träumend vom baldigen Spaziergang.

Rainer Mees ist, zusammen mit seinem kreativen Partner Thomas Heine, schon lange kein Geheimtipp der Mentalistenszene mehr. Künstler aus aller Welt kommen regelmäßig für Rat zu ihm. Dabei geht es meistens entweder um die Entwicklung neuer Kunststücke (Rainer ist nicht nur ein extrem kluger Kopf, sondern auch ein ausgesprochen kreativer Denker) oder, und deshalb bin ich heute hier, um das Erlernen des Cold-Reading-Handwerks. Es gibt weltweit nur wenige Menschen, die ihr Leben so voll und ganz der Kunst der Readings verschrieben haben wie Rainer. Wenn Rainer seine Kunst im kleinen Kreis oder auf der Bühne zeigt, geht es ihm nicht darum, sein Publikum zu beeindrucken. Es geht ihm darum, sein Publikum zu *bewegen*. Rainer möchte berühren, im Herzen, und in den allermeisten Fällen gelingt ihm das auch. Ein paar verdrückte Tränen sind in seiner Gegenwart keine Seltenheit. Wenn ich in Köln auftrete, schlafe ich öfter auf seiner Couch als im Hotel. Hotelzimmer sind schön und gut, aber nichts übertrifft die Wärme und Herzlichkeit eines guten Freundes. Rainers Sohn Max macht mittlerweile die meisten meiner Videos (er ist ein fantastischer Kameramann) und viele meiner Kaffees, weil mir ihre Maschine auch nach Jahren der Beobachtung immer noch ein Rätsel ist.

»Okay. Ich würde dann jetzt aufnehmen. Bereit?«

T »Moin Rainer. Schön, dass du das Interview machst. Wie geht's dir?«

R »Versuchste jetzt, das aussehen zu lassen, als ob wir grade nicht schon 20 Minuten gequatscht hätten?«

(Lacht.)

R »Gut geht's mir, weißte doch. Ich freu mich auf das Interview.«

T »Okay. Erste Frage. Warum sollte irgendjemand überhaupt Cold Reading lernen?«

(Rainer springt auf, rennt zum Bücherschrank und zieht einen schmalen Band heraus.)

R »Hier, da kann ich sofort mal auf dieses Buch verweisen. *Vom Verschwinden der Rituale*[4]. Da geht's drum, dass die Grundformen der Höflichkeit und des anständigen Miteinanders langsam verloren gehen. Das hat alles mit Kommunikation zu tun. Wir müssen den Fokus wieder mehr auf Kommunikation legen. Es ist schon immer so, dass Leute nur zuhören, damit sie selbst an die Reihe kommen, was zu sagen. Aber mit Smartphones ist das alles noch viel schlimmer geworden. Wir glotzen ja nur noch wie blöd auf unsere Screens. Viele wissen gar nicht mehr, wie man richtig ein Gespräch führt. Cold Reading erfordert Fokus auf den anderen. Da steckt ein riesiger kommunikativer Mehrwert drin.«

(Ich setze an, etwas zu sagen.)

R »Außerdem zeigt man damit Wertschätzung! Beim Cold Reading musst du deinem Mitspieler wirklich zuhören und ihm deine Aufmerksamkeit schenken. Das kommt kaum noch vor heutzutage.«

T »Schön, dass du Mitspieler statt Zuschauer sagst.«

R »Klar. Es handelt sich bei Cold Reading genau wie in jeder anderen Kommunikation um eine Straße, die in beide Richtungen fährt. Fahren muss. Sonst ist das nichts als verbale Masturbation.«

(Lacht.)

T »Wie wahr. Wie würdest du den Prozess des Cold Reading beschreiben?«

R »Also erstmal sage ich dazu nie Cold Reading. Das würde ja heißen, dass es kalt ist. Ist es aber nicht. Ich sehe ja, mit wem ich da spreche. In unseren Seminaren nennen Thomas und ich das deshalb ›Silent Reading‹. Weil wir uns in aller Stille in unserem Kopf ein Bild des anderen machen. Da formt sich eine Idee, und mithilfe dieser Idee kommunizieren wir dann.«

---

4 Von Prof. Dr. Byung-Chul Han.

T »Und wie formt sich diese Idee?«

(Rainer nimmt einen Schluck Kaffee.)

R »Na ja, da spielt so einiges mit. Meine Sozialisierung zum Beispiel. Wie ich aufgewachsen bin. Welche Menschen ich kenne. Wenn ich jemand Neues kennen lerne, dann gleiche ich diesen Menschen mit all den Menschen ab, die ich schon kenne. Ich frage mich: ›Kenn ich diesen Archetypen?‹, und erlaube mir so, diese neue Person über Bekanntes einzuschätzen. Irgendwann passiert das unbewusst. Und darüber kann ich dann ein Reading geben.«

T »Verstehe. Spielen Barnum-Statements dabei für dich eine Rolle?«

R »Nur begrenzt. Barnum-Statements sind ein bisschen wie Stützräder für Readings. So kannst du halt erstmal was sagen und hast ein sicheres Gerüst, an dem du dich entlanghangeln kannst. Aber später musst du flexibel werden und dich trauen, dein Reading an deinen Gesprächspartner anzupassen.«

T »Flexibel bleiben. Richard Webster hat genau dasselbe gesagt.«

R »Ja. Der Typ weiß auch, wovon er redet. Nicht wie manche von diesen Blendern, die meinen, alles zu wissen …«

(Rainer regt sich kurz über »Blender«, »Neider« und »Arschlöcher« auf. Ich trinke Kaffee. Kathi schmunzelt. Rob träumt von Leckerchen und sabbert ein bisschen auf den Boden. Rainer ist ein von Grund auf ehrlicher Kerl, und es gibt drei Dinge, die er absolut nicht leiden kann: Neider, Blender und Arschlöcher.)

R »Na ja, ist ja auch egal. Du musst jedenfalls beim Cold Reading einfach offen kommunizieren. Mach dir mal wirklich Gedanken über dein Gegenüber und was du sagen kannst. Denk mal weiter nach als nur über die Marke des Pullovers oder ob ihre Schuhe wohl oder nicht stylisch sind. Dann fällt dir garantiert einiges ein, was du sagen kannst. Irgendwann lässt man die Barnum-Statements öfter mal los und verlässt sich auf seine natürliche Intuition. Intuition ist in diesem Fall ja nichts anderes, als auf das zu hören, was du ehrlich spürst.«

T »Und wie geht man den Schritt von der Nutzung auswendiggelernter Barnum-Statements zur Nutzung der eigenen Intuition?«

R »Das Zauberwort heißt Mut.«

T »Mut?«

R »Mut, gefiltert durch Höflichkeit. Du musst ganz einfach das sagen, was du wirklich wahrnimmst. Dazu brauchst du Mut. Natürlich kannst du das *so* oder *so* sagen, deshalb musst du das, was du fühlst, durch Höflichkeit filtern. Du willst den anderen ja nicht beleidigen. Zumindest nicht immer.«

T »Ist denn das, was du wahrnimmst, immer akkurat? Liegst du mit deiner Intuition immer richtig?«

(Rainer zeigt auf ein eingerahmtes Foto von ihm und Thomas Heine.)

R »Thomas hat mal gesagt: ›Eine Intuition kennt kein Richtig oder Falsch.‹ Du sagst in diesem Fall ja nur, was du ehrlich wahrnimmst. Dass du das so wahrnimmst, ist die Wahrheit – ob es auch vom Gegenüber so gemeint war oder ausgestrahlt wurde, ist eine andere Frage. Wenn du deinem Gesprächspartner deine Intuition mitteilst und danebenliegst, dann fragst du einfach nach: ›Wieso nehme ich das dann so bei dir wahr? Hast du das schon öfter mal so von anderen gehört?‹ Das lädt dann zur Reflexion ein.«

T »Orakel, Cold Reading, das sind ja sowieso starke Tools zur Selbstreflexion. Ich führe da grade mit Enrique Enriquez eine E-Mail-Diskussion zu.«

(Rainer knallt seine Kaffeetasse auf den Tisch.)

R »Geil! Enrique ist der Hammer. Will ich unbedingt lesen. Unbedingt.«

T »Ich schreibe das Interview auch für *Kennen wir uns?* auf. Schicke ich dir zu. Okay, nächste Frage. Wo benutzt du Cold Reading?«

R »Immer. Ständig. Jeden Tag.«

T »Nur für formale Readings?«

R »Nee. Echt überall. Wenn zum Beispiel im Supermarkt einer die Kassiererin anpöbelt, also wenn der Typ vor mir so ein richtiges Arschloch ist … das kannste ja für das Buch rausnehmen, dass ich Arschloch gesagt hab[5] … und die Kassiererin ist so richtig gestresst. Dann kann ich Cold-Reading-Techniken benutzen, um das, was da kaputtgemacht wurde, wieder zu fixen.«

T »Und wie machst du das?«

R »Wenn ich zum Beispiel ihren Namen sehe, am Namensschild, dann spreche ich sie erstmal an und mache dann ein Statement, basierend auf der Situation, die ich grade gesehen habe, und beziehe das Ganze auf mich, zum Beispiel: ›Na Sabine … oder Frau Schmidt … das war jetzt aber ganz schön stressig, was? Mein Tag war auch nicht viel besser als Ihrer. Ich hatte vorhin auf der Arbeit auch *genau* so einen Idioten. Wann ham'se denn Feierabend?‹ Ich projiziere also ihr Problem auf mich, und sie fühlt sich verstanden und verbunden. Wir teilen etwas miteinander. Das, was da vorher an menschlicher Beziehung kaputtgemacht wurde, stelle ich durch Projektion wieder her.«

T »Du gibst ihr erst das Gefühl verstanden zu werden, und dann gibst du ihr eine positive Message mit. Ihr kommt erst auf ein Level, und dann hat deine Message viel mehr Einfluss. Richtig?«

R »Genau! Du gibst ihr das Gefühl, gesehen zu werden. Gesehen werden ist verstanden werden. Eigentlich möchte jeder nur verstanden werden. Dafür ist Cold Reading gut. Das ist quasi eine Anleitung, kein Arschloch zu sein. Du zeigst der Person Wertschätzung. Es ist eh eine Schande, dass da in der Wertschätzung Unterschiede zwischen einem Klomann oder einer Müllfrau und irgendeinem Manager gemacht werden.«

T »Total. Das schwingt traurigerweise immer noch in unserer Sozialisierung mit. Als ob der Job irgendwas über die Menschlichkeit oder den Wert einer Person sagt.«

5 Nope.

(Kathi fragt, ob sie Zeit für noch einen Kaffee hat. Ich verspreche, mich mit dem Interview zu beeilen.)

T »Nächste Frage. Was empfiehlst du meinen Lesern als den besten Einstieg ins praktische Cold Reading im Alltag?«

R »Ja, dat sind natürlich die Barnum-Statements. Aber die sind wie gesagt nur das Zeug, das die Zahnräder lockert.«

T »So eine Art mentales Gleitgel?«

(Rainer lacht mich aus.)

T »Ich meine Öl! So Motoröl! Wegen der Zahnräder! Mann …«

R »Schreib das rein. Mentales Gleitgel. Geil. Schreib das unbedingt rein. Aber ja, genau so. Barnum-Statements helfen dir, deine Intuition ins Rollen zu bringen. Als Einstieg und Gerüst sind die perfekt. Und um schnell Rapport mit Fremden zu bauen, wie du mir das vorhin beschrieben hast, auch.«

T »Manchmal können die eigenen Worte ja auch, ohne dass man das weiß, richtig viel Einfluss bei Fremden haben. Wenn man Rapport hat, hat man das vielleicht etwas besser im Blick.«

R »Stimmt. 2010 hatte ich mal eine Frau auf der Bühne. Ich hab ihr angemerkt, dass da irgendwas nicht so ganz entspannt war. Dann hab ich ihr aus dem Bauch heraus so ein kurzes Reading gegeben, von wegen sie soll sich trauen, Veränderung ist wichtig. Ich hab auf mein Gefühl vertraut. Acht Jahre später sitz ich in Köln am Flughafen, kommt da 'ne Frau auf mich zu, ich wusste das gar nicht mehr. Sie umarmt mich und sagt: ›Ich bin's, Barbara!‹ Das war die Frau aus der Show. Und dann erzählt sie mir, dass sie wegen dem, was ich da gesagt hab, endlich den Mut gefunden hatte, ihre Scheidung durchzuziehen und ihren Job zu wechseln, weil sie da voll unglücklich war. Ihre Freunde hatten ihr das natürlich schon tausendmal gesagt, aber sie brauchte einfach diesen Tritt von einem Fremden.«

T »Und das muss ja nicht mal so ein dramatisches Beispiel sein. Manchmal haben sogar ganz kleine Bemerkungen unwissentlich einen riesigen negativen oder positiven Einfluss auf unser Gegenüber.

R »Ja. Stell dir vor, du gehst feiern und flirtest mit einem Mädchen, aber sie sagt dir: ›Ne, du bist mir zu hässlich.‹ Das macht dich wahrscheinlich fertig, auch wenn du sie gar nicht kennst. Gerade weil du sie nicht kennst. Wenn ich dir hier sage: ›Timon, deine Haare gehen gar nicht‹, dann hat das wahrscheinlich viel weniger Effekt bei dir.«

T »Soll das eine Andeutung sein?«

(Ich fahre mir unsicher durch die Haare.)

R »Nee. Ja. Vielleicht. Ist ja auch egal. Der Punkt ist, man muss sich des negativen und positiven Impacts bewusst sein, den man auf andere haben kann. Du und Max und alle haben mir zum Beispiel dauernd gesagt, dass ich mal mehr Sport machen soll. Aber dann kam Kathi irgendwann im Treppenhaus auf mich zu, und wir kannten uns kaum, und sie meinte: ›Rainer, du musst mal was machen, ich geh ab jetzt joggen, komm doch mit.‹ Und plötzlich hab ich's gehört, und jetzt gehen wir jeden Tag joggen. Aber sie hat's halt auch konstruktiv verpackt, statt einfach zu sagen ›Du bist zu fett‹.«

(Kathi winkt grinsend vom Sofa aus. Rob regt sich langsam aus seinem Tiefschlaf.)

R »Ich glaube, worum es mir bei Readings letzten Endes geht, ist, dass Leute lernen, einander wahrzunehmen. Wenn du Cold Reading lernst, lernst du zugleich, aktiv Wertschätzung zu zeigen. Und das wird heutzutage immer wichtiger.«

T »Danke für das Interview.«

R »Immer doch, Jung'.«

(Zwischen Tisch und Sofa erhebt sich ein schläfriger Hund. Kathi hat ihren mittlerweile dritten oder vierten Kaffee ausgetrunken. »Auf, auf«, sagt sie und zeigt auf Rainer, »genug mit der Ablenkung. Jetzt wird gejoggt.«)

Rainer Mees Technik der Projektion unterteilt sich in zwei Bereiche: die interne und die externe Projektion. Bei der internen Projektion geht es darum, die Situation deines Gegenübers verbal auf dich selbst zu beziehen. So schaffst du eine Verbindung über eine geteilte Erfahrung. Bei der externen Projektion geht es darum, Kritik am Gegenüber auf eine andere, nicht anwesende Person zu beziehen. So machst du es deinem Gegenüber leichter, über diese Kritik nachzudenken und sie auf eine reflektierte Art und Weise anzunehmen.

In Kapitel 9 hast du ein Sprachmuster kennen gelernt, das von interner Projektion Gebrauch macht: die »Interne Projektion plus Barnum-Statement«. In Kapitel 10 hatte ich dir mit dem »Modernen Pacing« eine Technik gezeigt, die sich auf externe Projektion stützt.

2020, Amsterdam, Niederlande

In meiner Wohnung, hinter sieben Türen, steht eine Truhe. In meiner Truhe, hinter drei-mal-sieben Schlössern, liegt ein Buch. Gebunden in Leder, geschrieben von Hand, mit sieben Siegeln zum Schutz, trägt es Impressionen aus dem Innersten des Geistes in sich. Drei-mal-elf Exemplare sind über die Welt verteilt, bei den Mentalisten, den Magiern ums Eck, den besten Wundermachern, von denen du noch nie gehört hast. Mehr darf ich dir darüber nicht erzählen. Vermutlich wirst du es niemals sehen, aber manchmal ist es schön zu wissen, dass es sie gibt: diese Stücke Magie, die großen Geheimnisse, die Zauberbücher unserer Fantasie.

Kapitel 19

Der 10-Sekunden-Persönlichkeitstest – oder: Orakel in den Bergen Israels

2018, Norden Israels

Ein knallender Schlag ertönt von der Unterseite unseres Wagens. Kurz keucht der Motor und mich ergreift die augenblickliche Sorge, dass wir gerade hier, gerade jetzt eine Panne haben. Dann beruhigt sich das Auto, und wir fahren wieder mehr oder weniger bequem über die sich windende Kiesstraße. »War wohl nur ein Stein«, sage ich und trommle mit den Fingern auf dem Lenkrad. »Wahrscheinlich«, erwidert Sarah, zeigt mit einer vagen Handbewegung aus dem Fenster und sagt: »Aber verirrt haben wir uns trotzdem.« Ich nehme den Fuß vom Gas, lasse den Wagen zum Stillstand kommen und blicke mich um. Wein, so weit das Auge reicht. Beziehungsweise: Weinstöcke. Vor knapp zwei Stunden habe ich auf dem Weg zum Haus der Eltern einer Freundin auf Google-Maps eine »Abkürzung« entdeckt. Sarah hatte so ihre Zweifel, ob der Weg durch die Weinberge wohl die beste Idee sei. Ich wusste es besser. Auf halber Strecke verloren wir das Signal, seitdem irren wir hier umher. Sarah schaut mich zu Recht vorwurfsvoll an. »Soso«, sagt sie, »weißt du noch, in Island…« – »Jap.« Wie könnte ich meine »Abkürzung« über den eisbedeckten Gletscher bei Schneesturm vergessen? In einem Versuch, die Stimmung aufzuheitern, merke ich an: »Zumindest können wir hier nicht verhungern«, und zeige auf die uns umgebenden Früchte. Sarah seufzt, schaut auf die Berge und sitzt aufrecht, als ein streunender Hund den Weg entlanggelaufen kommt. »Guck mal«, sagt sie, »ein Hund.« – »Muss wohl ein Bordeaux-Collie sein«, antworte ich und lache über meinen eigenen Witz. Sarah legt den Kopf in die Hände. »Bordeaux liegt in Frankreich, Babe. Wir sind in Israel«, sagt sie, scheinbar genervt. (Ich glaube aber, dass sie insgeheim doch ein bisschen lachen muss. Vielleicht aber vor allem ob meiner fehlenden geografischen Kenntnisse.)

Ich öffne die Tür, steige aus und knie mich auf den Boden. Dann strecke ich meine Arme dem Hund entgegen, klatsche in die Hände und sage: »Hier, hier! Komm!« Statt vier Pfötchen treten aus einem kleinen Seitenweg zwei schwere, matschbedeckte Stiefel in mein Blickfeld. Zu den Stiefeln gehört ein dreckiger Overall mit darauf sitzend einem alten, sonnengegerbten und breit grinsenden Gesicht. »דובא אתה םאה?«, fragt der Mann. Ich blicke ihn mit blankem Gesichtsausdruck an. »I don't speak Hebrew«, sage ich und ziehe entschuldigend lächelnd die Schultern hoch. Der Mann kneift die Augen zusammen und macht ein langes, nachdenkliches »Hmmmmmmm«. Dann hellt sich sein Gesicht auf. »Lost?«, fragt er. Ich springe auf und sage: »Yes. Yes! Lost! … Malle Tzwia?« Er nickt und wiederholt: »Ma'ale Tzviya?« – »Yes! Ma'ale Tzviya! Where?« Ich wedle mit meinem Armen in alle vier Windrichtungen und hoffe, dass er versteht, was ich meine. Tut er. Er dreht sich um, winkt uns, ihm zu folgen (»Here, here! Come!«, sagt er und klatscht in die Hände) und stapft durch die Weinreben davon. Ich setze mich mit Sarah ins Auto und folge dem Unbekannten hoffnungsvoll. Eine Ecke weiter holen wir ihn ein, er ist gerade dabei, in einen kleinen Trecker zu steigen. Der Motor des Treckers erwacht mit Qualm und Gebrüll zum Leben. »Ma'ale Tzviya!«, ruft der Mann uns über den Lärm zu, winkt noch einmal in der universellen »Folgt mir«-Geste und tuckert langsam davon. Wir fahren ihm in ebenso gemächlichem Tempo hinterher. Es scheint, als hätten wir Glück gehabt: Den sich windenden Wegen und unzähligen Kurven nach zu urteilen, hätten wir niemals wieder den Weg aus diesen Bergen herrausgefunden. Eine halbe Stunde später erreichen wir eine kleine, asphaltierte Straße, die steil einen Hügel hinaufführt. Wir kämpfen uns unseren Weg bergauf (naja – der Trecker kämpft sich bergauf, wir folgen) und kommen schließlich vor einem zweieinhalb Meter hohen Metalltor zum Stehen. »Ma'ale Tzvyia!«, schreit uns unser Retter zu und wendet den Trecker, noch bevor wir ein Wort des Dankes herausbekommen. Wir bieten ihm noch ein glückliches »Thank you!« an, doch er winkt uns nur nochmals fröhlich über die Schulter zu und macht sich auf den Rückweg. Ich drehe mich zu Sarah und sage: »Wie schön, dass es einfach nette Menschen gibt.« – »Ja«, erwidert sie, »und wie schön, dass dieser nette Mensch anscheinend wirklich eine Abkürzung kannte.« Sie stößt mich an der Schulter an. Wir müssen beide lachen. »Aber du hast Recht: Wirklich schön, dass es noch einfach nette Menschen gibt.«

Ma'ale Tzviya ist nicht: groß. voll. bekannt. Ma'ale Tzviya ist: geschützt. ruhig. ein bisschen geheim.

Ma'ale Tzviya hat nicht: schwimmbad. bar. supermarkt. Ma'ale Tzviya hat: see. gemeinschaftshaus. gemüsegarten.

Hat nicht: 328 Einwohner. Hat: 327 Einwohner. heute plus 2 Gäste: 329 Menschen.

Wir werden warm von Mr. und Mrs. Dotan (»No, no, no ›Mister‹ and ›Missus‹, just Eitan and Irit, welcome my dears, welcome!«) empfangen. Ofer, eine von Sarahs Studienfreundinnen, ist hier aufgewachsen und hat uns trotz ihrer eigenen Abwesenheit in ihr Zuhause eingeladen. Hotels sind schön und gut, aber Zuhauses sind besser.

Hotel hat nicht: selbstgemalte gemälde. kinderfotos von freunden. alte familienrezepte. Zuhause hat: kaffeegeruch im flur am morgen. umarmungen von eltern-von-freunden-die-jetzt-auch-freunde-werden. kinderzimmer.

»Und dort, beim See, haben wir unser Gemeinschaftshaus gebaut. Dort kommen wir alle zusammen und teilen: unser Essen, unsere Fähigkeiten, unsere Kunst, Sorgen, Träume, Zeit.« Eitan deutet auf einen kleinen See in der Ferne. Nach einem ersten Kennenlernen geleitete man uns samt Saft und Wein auf die Terrasse. Unser Blick schweift über das bildhübsche von Weinbergen umgebene Tal, in welches das Dorf Ma'ale Tzviya eingebettet ist. In unseren Gläsern spiegelt sich das Sonnenlicht, der Wind trägt leise Sommerhits vom Plattenspieler heran. Wir berichten von unserem Weg durch Jordanien, dann Israel und bekommen über den spirituellen Weg von Ma'ale Tzviya zu hören: die Philosophie der *Emin*, in der alle Kinder von allen Einwohnern gemeinsam im Dorf erzogen werden. Ich frage: »Und welche Philosophie steckt dann genau dahinter? Eine Religion? Jüdisch? Christlich?« Eitan schüttelt den Kopf und erklärt: »Jede Philosophie. Und keine. Unsere Kinder werden mit allen großen und kleinen Weltphilosophien vertraut gemacht, sodass sie im Leben ihren eigenen Pfad wählen können.« Wir blicken auf die unterschiedlichen, vom Berg ins Tal führenden Wege: manche gradlinig, manche verschlungen, einige steil, manche flach, ein paar asphaltiert und manche wenig mehr als Buschpfade. Sie alle führen, letzten Endes, zum See im Herzen Ma'ale Tzviyas.

Terrasse in Amsterdam: sitzsäcke. zigarettenstümmel. manchmal regen. Terrasse in Ma'ale Tzviya: warme holzstühle. grillenzirpen. hausgemachte shakshuka.

»Mentalist?«, fragt Irit, »was macht man da?« Ich zweifle kurz, bevor ich antworte: »Hauptsächlich versuche ich, Menschen zu verstehen.« Eitan wirft ein: »Verstehen! Darum geht es bei uns auch. Wir bringen unseren Kindern bei, sich anderen Menschen auf ehrliche Weise zu öffnen. Sie lernen, freiheraus zu geben und sich zu bemühen, andere Menschen zu verstehen.« Irit nickt zustimmend und fragt nach: »Und das machst du als Mentalist also auch?« Ich weiß nicht genau, wie ich antworten soll: *»Nein, ich errate PIN-Nummern, weil Leute das generell ganz geil finden«*, klingt irgendwie unpassend.

Bühne: scheinwerfer. live-band. applaus. Hier: fragen. stockende schallplatte. sanftmut.

Sarah und Irit machen einen Spaziergang, Eitan und ich sitzen noch immer auf der Terrasse. Wir reden über Menschenkenntnis. Eitan bietet an: »Hast du Lust auf ein kurzes Spiel?« Ich stimme zu. Er streckt mir seine Hand mit nach oben gedrehter Handfläche entgegen und instruiert: »Leg deine Hand auf meine.« Ich lege meine Hand vorsichtig auf seine. Er lässt seine Hand langsam nach unten sinken, meine Hand verharrt schwebend in der Luft. »Jetzt kenne ich dich«, sagt Eitan. Ich schaue ihn verwirrt an. Er lacht lang und herzlich, bevor er mir erklärt, was er gerade gemacht hat.

Eitans 10-Sekunden-Persönlichkeitstest

Wie zu Anfang von *Kennen wir uns?* schon angedeutet, gibt es neben dem Cold Reading auch noch das sogenannte *Hot* Reading: das Lesen von Menschen, wenn du schon Informationen über sie hast. Beim Hot Reading könntest du zum Beispiel versuchen, die Körpersprache oder Mimik deines Gegenübers zu lesen. Dazu gibt es eine beachtliche Menge an Literatur. (In meinem vorigen Buch *Du bist Mentalist!* habe ich mich mit diesem Thema eingehend beschäftigt, wie schon viele sehr kompetente Autoren vor mir.) Deshalb zeige ich dir in diesem wie im nächsten Kapitel nur eine einzige Technik, die sich auf der Schwelle zwischen Hot und Cold Reading befindet und hoffentlich dein Verständnis vom Menschenlesen noch ein bisschen erweitert. Danach erkunden wir zusammen, wie wir uns selbst zum Ziele der Selbstreflexion mithilfe von Cold-Reading-Techniken lesen lernen können.

Was Eitan, Vater unserer Freundin und warmer Gastgeber für unsere drei Nächte in Ma'ale Tzviya, mir in der Abendsonne auf seinem Balkon gezeigt hat, war verspielt und tiefgründig zugleich. Es handelte sich um einen kurzen Persönlichkeitstest, der nicht länger als 15 Sekunden dauert. Dieser Test ist dabei nicht unbedingt wissenschaftlich akkurat, getestet oder besonders detailliert. Funktionieren tut er trotzdem ganz gut und ein schöner Eisbrecher ist er auch. Mir hat er viel Freude bereitet, und vielleicht hast du damit, quasi zum Einstieg in diesen zweiten Teil des Buches, auch ein bisschen Spaß. Ich erkläre dir den Test hier genauso, wie Eitan ihn mir 2018 in Ma'ale Tzviya beigebracht hat.

Der Test läuft an sich genauso ab, wie ich ihn oben beschrieben habe: Du legst deine Hand auf meine, ich lasse meine Hand nach unten sinken und kann dir danach etwas über dich erzählen. Der eigentliche Persönlichkeitstest verläuft dabei in fünf kurzen Phasen. Jede Phase beleuchtet einen anderen Aspekt der Persönlichkeit.

Phase 1: Verspieltheit/Offenheit für neue Erfahrungen

Zu Beginn fragst du deinen Gesprächspartner, ob er Lust auf ein kurzes Spiel oder einen kurzen Versuch hat. Je nachdem, wie und wie schnell er antwortet, kannst du eine Einschätzung zu seiner Offenheit für neue Erfahrungen oder zu seiner Verspieltheit machen. Eine Person, die schnell zustimmt, ist vielleicht offener oder abenteuerlustiger, eine Person, die erst nachdenkt oder wissen will, worum es geht, ist vielleicht eher vorsichtig, skeptisch oder bedacht.

Phase 2: Geben/Nehmen

Sobald dein Gegenüber zustimmt, streckst du deine Hand mit der Handfläche nach oben zu ihm aus und bittest es, seine Hand auf deine zu legen. Legt es seine Hand mit seiner Handfläche nach *unten* auf deine Hand, ist es geneigt zu geben. Vorsicht, wenn es seine Hand ebenfalls mit der Handfläche nach *oben* auf deine Hand legt, ist diese Person eher geneigt zu nehmen.

Phase 3: Ego

Achte darauf, mit wie viel Kraft dein Mitspieler seine Hand auf deine legt. Drückt er deine Hand regelrecht nach unten, hast du einen eher autoritären Menschen vor dir, womöglich mit einem großen Ego. Legt er seine Hand besonders leicht auf deine, hast du eine sanftmütigere Person, die vielleicht eher den Fokus auf andere als sich selbst legt.

Phase 4: Kontrolle

Zuletzt lässt du deine eigene Hand langsam absinken. Wenn dein Gegenüber seine Hand mit absinken lässt, hast du jemanden vor dir, der sich einfach entspannen und die Kontrolle abgeben kann. Vermutlich vertraut er dir auch schon. Hält dein Gegenüber seine Hand hingegen in der Luft (und behält also Spannung in seinen Muskeln), hast du jemanden, der sich eher weniger schnell entspannt und gerne die Kontrolle behält.

Ob die Interpretationen dieses kurzen Persönlichkeitstests stimmen, mag anzuzweifeln sein – ich würde zumindest keine absoluten Wertungen und Entscheidungen daran festmachen. Vielleicht probierst du ihn für dich selber aus und beurteilst die Resultate. Trotzdem ist er sowohl in sozialen als auch professionellen Situationen schnell zu einem meiner Lieblingseisbrecher geworden. Dieses Persönlichkeitsspielchen dauert nicht lange, macht Menschen Spaß und schafft eine verspielte Kontaktbasis. Die Tiefgründigkeit von Eitans Test liegt für mich in der Erkenntnis, dass es manchmal nicht viel oder lange braucht, um einen Menschen von einer neuen Seite kennen zu lernen (und dass es mehr als einen Weg gibt, das zu tun).

Es sei noch angemerkt, dass die Hand einer Person an sich einiges über sie verrät: Ist die Hand eher rau oder weich? Warm oder kalt? Nass oder trocken? Schmutzig oder sauber? Aus all diesen Faktoren kannst du womöglich Schlussfolgerungen zur Persönlichkeit und zum Gemütszustand dieser Person ziehen.

Kapitel 20

Interview mit Mick Wilson – oder: Davon, Magie zu geben

Sie treffen sich: an den Orten, die *dazwischen*liegen. In im Gewimmel von Bahnhofshallen verlorenen Cafés, in nächtlichen Flughäfen und versteckten Hotels. In den Theatern verschlafener Dörfer. In einer Stadt, die niemals schläft.

Sie tauschen: Erfahrungen, Hoffnungen, Träume.

Sie handeln: Geheimnis gegen Gegenstand, Gegenstand gegen Gegenstand, Geheimnis gegen Geheimnis.

Sie geben: an, ab, zu. Sie leben: er, aus, be.

Viele wollen wissen, ohne zu lernen. Einige wollen lehren, ohne zu wissen. Manchmal versprechen sie, häufig verschweigen sie, meistens sprechen sie, zu selten wird geschwiegen.

2019, Newcastle, England

Geheimes Treffen einiger Mentalisten, Newcastle, England. Mick Wilson. Zylinder, Pentagrammkette, viele Ringe. Der erste Mentalist, bei dem das alles nicht wie ein Kostüm wirkt. Visitenkarte, »*Seeing is Disbelieving*«. Grauer Bart, dünnes Haar, Mitte 50. Lachfalten schmiegen sich um wachsame Augen. Gestern: Mick Wilson lehrt uns in kleiner Runde seine Cold-Reading-Techniken. Heute: Obwohl wir uns noch nicht kennen, stimmt er zu, mir ein Interview für *Kennen wir uns?* zu geben. Wir spazieren durch Newcastle. Die Stadt ist schrecklich, der Tag dafür schön.

T »Danke, dass du dem Interview zugestimmt hast. Viele Kollegen halten ihre Techniken lieber geheim.«

M »Ich möchte, dass so viele Menschen wie möglich Cold Reading erlernen. Diese Techniken bringen in der Form von Empathie etwas sehr Wichtiges in die Welt.«

T »Magie?«

M »Magie.«

(Mick lacht.)

M »Darum freue ich mich besonders über dein neues Buchprojekt. Wegen des Empathieanteils von Cold Reading.«

T »Genau darum geht es mir bei diesem Buch: meinen Lesern Empathie und Einfühlungsvermögen für sich und andere ans Herz zu legen. Da können wir gleich nochmal drüber sprechen, aber erst einmal: Was ist da letzte Nacht passiert?«

M »Du meinst in der Bar, nach meinem Vortrag?«

T »Genau. Ich hab die Leute ausflippen gehört, war aber leider zu spät …«

M »Ich habe einer Freundin und ihrem Mann die Karten gelegt. Beide haben, nacheinander, drei Tarotkarten aus jeweils einem Spiel gezogen. Als sie die erste Karte umdrehten, war es die gleiche: die *Liebhaber.* Das war schon ein starker Zufall. Als sie die zweite Karte umdrehten, war es bei beiden das *Rad des Schicksals.* Ich verspreche dir, da war kein Trick dabei, einfach Zufall. Ich fand das fast gruselig. Wenn die letzte Karte jetzt auch noch dieselbe ist, hab ich gesagt, dann raste ich aus. Sie dreht ihre Karte um. Es ist die *Herrscherin.* Er dreht seine Karte um, es ist nicht die gleiche …«

T »Sondern?«

M »Der *Herrscher!* Die perfekte Partnerkarte zu ihrer.«

T »Und glaubst du, da steckte mehr dahinter?«

M »Nein, das war Zufall. Ich gebe seit vielen Jahren mehrmals täglich Readings, und ab und an ergibt sich dann auch mal ein besonderer Zufall. Aber deshalb ist das nicht gleich übernatürlich.«

T »So ein Moment kann natürlich trotzdem magisch sein, ohne dass er übernatürlich sein muss.«

M »Sicher. Man kann solche Momente des schönen Zufalls genießen und ihnen selber die Bedeutung der Magie zuschreiben.«

T »Man darf dann nur nicht vergessen, dass diese Bedeutung intern, also aus einem selbst, und nicht extern, als von einer etwaigen übernatürlichen Quelle, rührt.«

M »Ganz genau. Meine Readings gebe ich zwar mit traditionellen Orakeln, sie formen aber eher einen Kanal, durch den meine Klienten zur Selbstreflexion eingeladen werden. Ich zeige ihnen nur den Weg.«

T »Lass uns zur ersten Interviewfrage über Cold Reading kommen.«

M »Ich muss dich warnen. Wenn es um Cold Reading geht, kann ich tote Esel in den Schlaf reden.«

T »Erste Frage – wieso sollte jemand überhaupt Cold Reading erlernen?«

M »Cold Reading braucht man gar nicht zu lernen. Wir machen das alle ohnehin schon den ganzen Tag.«

T »Wie meinst du das?«

M »Wenn du zum Beispiel in einen Supermarkt gehst, und du siehst eine Reihe Kassen, und manche Kassierer und Kassiererinnen verhalten sich gesprächiger als andere, dann wählst du wahrscheinlich aufgrund deiner eigenen Stimmung eine bestimmte Kasse wohl oder nicht aus. Je nachdem, ob du Lust hast zu plaudern oder nicht.«

T »Klar.«

M »Oder wenn du in eine Bar gehst, neue Leute kennen lernst und aufgrund ihres Verhaltens sofort im Blick hast, wer offen ist, wer sich als Kopf der Gruppe sieht, wer ein Arschloch ist.«

T »Du sagst, du erkennst das am Verhalten. Ist das nicht eher Warm Reading als Cold Reading?«

M »Ja. Aber wenn du mit echten Menschen arbeitest, arbeitest du sowieso niemals kalt. Ich verstehe unter Cold Reading die Fähigkeiten, die es dir erlauben, deine Mitmenschen einzuschätzen und dich auf sie einzustellen.«

T »Und welche Fähigkeiten sind das? Worauf basieren unsere Einschätzungen anderer?«

M »Wir verlassen uns dabei auf unsere Lebenserfahrung. Wenn du all deine Zeit vor dem Computer oder am Handy verbringst, gewinnst du wenig Erfahrung im Umgang mit Menschen. Aber wenn du dich viel mit deinen Mitmenschen beschäftigst und sie bewusst beobachtest, erkennst du irgendwann sich wiederholende Muster in ihrer Art, ihren Persönlichkeiten, ihrem Denken und ihrem Verhalten.«

T »Wir sind als Menschen ja ohnehin darauf ausgelegt, Muster in unserer Umgebung zu suchen und zu erkennen.«

M »Genau. Das ist beim Cold Reading ein Vorteil, weil es uns erlaubt, Stereotype zu entwickeln und zu erkennen.«

T »Was genau meinst du mit Stereotypen?«

M »Ich benutze den Begriff hier nicht im politischen Sinne, sondern meine damit Menschen mit ähnlichen Verhaltensmustern und Persönlichkeiten. Das einfachste Beispiel: Wenn ich jemanden sehe, der mich in seiner Verhaltensweise stark an meinen besten Freund erinnert, dann kann ich zunächst davon ausgehen, dass er meinem Freund vielleicht auch in anderen Bereichen ähnelt. Sie gehören dann für mich zum selben Stereotypen.«

T »Vielleicht kannst du das nochmal im Detail erklären. Wie lernt man diesen Ansatz zur Nutzung von Stereotypen zur Menschenkenntnis am besten?«

M »Der erste Schritt ist, dir ein paar Leute zu suchen, die du schon sehr gut kennst. Das sind deine Startpunkte. Für mich könnten das zum Beispiel zwei gute Freunde von mir, Michael Murray und Karl Scott, sein. Sie sind grundverschieden voneinander.«

T »Okay, und dann …«

M »Jetzt schaue ich mir an, was diese Personen ausmacht. Mike ist zum Beispiel ein sehr großzügiger Mensch. Aber was sind seine anderen Eigenschaften? Er ist geduldig, hört gerne zu. Er wird niemals ein Millionär sein, weil er viel lieber verschenkt als zu verkaufen. Er ist aufmerksam und achtet auf die Details. Das speichere ich alles ab. Wenn ich jetzt eine neue Person kennen lerne und *irgend-*

eine dieser Eigenschaften sehe, dann denke ich sofort: Aha, das ist ein ›Mike‹. Mike ist jetzt meine Gedächtnisstütze für diesen Stereotyp Mensch.«

T »Verstehe. Wenn du also zum Beispiel eine geduldige Person siehst, wie Mike es eben auch ist, dann gehst du davon aus, dass diese Person auch Mikes andere Eigenschaften teilt? Weil viele Eigenschaften oft Hand in Hand gehen?«

M »Ganz genau. Oder ich sehe jemanden, der im sozialen Umfeld zu jeder Situation einen Witz parat hat, immer dabei sein muss und immer nochmal lauter als der Rest einen draufsetzen will. Dann denke ich sofort: Aha, das ist ein ›Dave‹ – ein anderer Freund von mir. Jetzt weiß ich aber von Dave, weil wir uns sehr gut kennen, dass er sich zwar oft als echter Partytyp gibt, privat aber ziemlich zurückgezogen und unsicher ist. Wenn ich also einem Menschen begegne, der sich auf der Party wie Dave verhält, dann habe ich den Verdacht, dass er sich privat vielleicht auch zurückzieht und mit vielen Unsicherheiten zu kämpfen hat.«

T »Menschen, die du gut kennst, helfen dir also, dir eine Vielzahl an Charaktereigenschaften zu merken, die oftmals Hand in Hand gehen. Wie eine Art menschliche Mindmap.«

M »Ganz genau. Und weil ich die Menschen, die meine Gedächtnisstützen bilden, schon so gut kenne, es sind ja meine besten Freunde oder Familienmitglieder, brauche ich mir nichts zu merken. Ich muss mir bloß diese bekannte Person und ihre Persönlichkeit vor Augen führen, um eine neue Person einzuschätzen.«

T »Das ist genial.«

M »Genial würde ich es nicht nennen, aber es funktioniert schon ganz gut. Die genauen Details sind übrigens von Person zu Person verschieden, das ist ja klar, aber im Großen gibt es oftmals ziemlich gravierende Übereinstimmungen zwischen Menschen des gleichen Stereotyps.«

T »In den Details sind wir verschieden, im Großen sind wir gleich. Aber bräuchte man dann nicht eine ziemlich große Anzahl an Gedächtnisstützen, um jede neue Person abzudecken? Ich gehe davon aus, dass du mit mehr als drei Stereotypen arbeitest…«

M »Ja und nein. Wenn ich zum Beispiel eine Dame vom Typ ›Dave‹ treffe, dann aber später eine Typ-›Mike‹-Eigenschaft bei ihr feststelle, kreiere ich in meinem Kopf eine Art Venn-Diagramm[6]. Und so entsteht für mich ein neuer Stereotyp ›Jennifer‹. Irgendwann hast du genug fertige Stereotype im Kopf, um sie neuen Bekanntschaften direkt zuzuordnen. Wobei ich nach Jahren merke, dass ich mich zum Großteil auf einige wenige, fünf oder so, Stereotype verlasse und aus ihnen dann mentale Venn-Diagramme für neue Personen forme. Aber je mehr Stereotype du grundsätzlich kennst, desto besser. Letzten Endes geht es immer wieder um Erfahrung.«

T »Kannst du mich einem von deinen Stereotypen zuordnen?

M »Habe ich schon, nachdem ich deine Show gestern Abend gesehen habe. Kompliment an deine Musiker übrigens.«

T »Das richte ich gerne aus[7].«

M »Du bist einer von meinen Venn-Diagramm-Typen. Du hast zwei sehr ausgeprägte Seiten. Als ich gestern nach deiner Show nach Hause ging, war ich mir sicher, dass du privat eigentlich auch so wie auf der Bühne bist, nur ein paar Gänge zurückgefahren. Aber dann gibt es eben auch diese andere Seite: Obwohl du am liebsten immer direkt ins Tiefe springen würdest, untersuchst du jedes Thema bis in seine Spitzen, lernst, so viel du kannst. Und obwohl du dich sehr offen und kooperativ verhältst, bist du, glaube ich, eigentlich ziemlich unabhängig und würdest Dinge meistens lieber selber und auf eigene Faust regeln.«

T »Stimmt. Ich musste lange lernen, Verantwortung abzugeben und Hilfestellungen anzunehmen.«

M »Und in meinem Kopf setzt sich dieses Bild eben aus zwei meiner menschlichen Stereotype zusammen.«

---

6 Ein Venn-Diagramm (Mengendiagramm) besteht aus zwei oder mehr teils übereinander gelegten Kreisen, A und B. Der Bereich, in dem sie sich überschneiden, beschreibt geteilte Eigenschaften oder einen neuen Bereich, C.

7 Hi Henning, hi Kevin, Kompliment an euch von Mick Wilson.

T »Noch einmal zurück zur Anfangsfrage: Warum sollte jemand überhaupt Cold Reading lernen?«

M »Cold Reading erfordert Aufmerksamkeit. Um einer Person erfolgreich ein Reading zu geben, muss sie für dich für einen Moment das Wichtigste auf der Welt sein. So viel Aufmerksamkeit musst du dieser Person schenken. Und wenn du das tust, bekommst du eine ganze andere Verbindung zu ihr und lernst sie wirklich kennen. Stell dir vor, wenn alle so miteinander umgehen würden ...«

T »Der Wert liegt also nicht nur darin, dass du eine Person lesen kannst oder sie davon überzeugst, dass du sie verstehst ...«

M »... sondern auch darin, dass du lernst, jemandem deine Aufmerksamkeit zu schenken, statt nur bei dir selbst zu sein, ja. Und in der Verbindung. Wenn du jemanden liest, kannst du dein Verhalten dementsprechend anpassen. Stell dir vor, ein Zauberer möchte einer Person einen Zaubertrick zeigen. Dann muss er diese Person erst lesen, um zu erkennen, auf welchem Level sie zueinander stehen. Wenn er einer nervösen Person förmlich ins Gesicht springt, gibt es keine Verbindung.«

T »Nur geht es bei uns nicht um einen Zaubertrick, sondern um Kommunikation. Der ›Trick‹, für den wir die Verbindung brauchen, ist die erfolgreiche Kommunikation mit unserem Gegenüber.«

M »Richtig.«

T »Cold Reading öffnet die Tür zu einem Raum, der die Möglichkeit einer erfolgreichen Kommunikation bietet. Was danach kommt und wie die Kommunikation dann abläuft, ist losgelöst davon.«

M »So ist es. Cold Reading kreiert Verbindung und Vertrauen. Vertrauen ist auch sehr wichtig. Echtes Vertrauen formt sich nämlich nur dann bei deinem Gegenüber, wenn du es wirklich respektierst. Wie ein Zauberer, der seine Zuschauer respektieren muss ... was übrigens oftmals leider so gar nicht der Fall ist.«

T »Leider ...«

M »Und wenn du deinem Gegenüber wirklich deine Aufmerksamkeit schenkst und es einfach als Mensch anerkennst, unabhängig vom Hintergrund oder Geschlecht oder Aussehen, dann kommt der Respekt zu dieser Person auch fast von selbst. Weil du dann merkst, dass ihr euch ähnlich seid.«

T »Weil ihr beide einfach *Mensch* seid.«

M »Du hast es verstanden. Die anderen dürfen einem nicht, entschuldige den Ausdruck, dürfen einem nicht scheißegal sein. Das fand ich an deiner Show gestern Abend so schön. Du kommst raus und du lächelst, und man merkt, dass dir das Publikum nicht egal ist.«

T »Wir machen die Show, um mit dem Publikum Magie zu kreieren. Ohne Publikum gäbe es keine Show, gäbe es keine Magie, und darum bin ich jeden Abend unfassbar dankbar, dass diese Leute da sind. Egal ob es zwanzig, hundert oder tausend sind.«

(Wir laufen ein Stück in Stille. Eine grölende Gruppe junger Männer in Biene-Maja-Kostümen drängelt sich an uns vorbei. Ich versuche mich daran zu erinnern, dass wir alle einfach Mensch *sind. Verbindung – Verbindung – Verbindung. Mir schwappt Bier auf den Schuh. Manchmal brauche ich noch etwas Übung in Sachen Empathie …)*

T »Nutzt du Cold Reading auch außerhalb des Kontexts eines Readings, Mick?«

M »Jeden Tag. Ich bin zwar eigentlich ziemlich laut und extrovertiert, aber wenn ich Menschen zum ersten Mal treffe, halte ich die Klappe und versuche sie erstmal zu lesen. Damit ich weiß, wie ich am besten mit ihnen umgehe und sie in keine unangenehme Situation bringe.«

T »Statt dich interessant zu geben, bist du erstmal interessiert.«

M »Genau. Wenn ich eine Person kennen lerne, interessiere ich mich aufrichtig für sie. Wer bist du? Was kannst du mir über dich erzählen? Und dann halte ich die Klappe und höre zu. Basierend darauf weiß ich dann, was ich für sie tun kann, um ihr die Situation so angenehm wie möglich zu gestalten.«

T »Ich liebe diesen Ansatz zu Cold Reading. Statt der Person etwas über sich selbst zu erzählen, nutzt du deine Einschätzung, um dein eigenes Verhalten zugunsten deines Gegenübers anzupassen. Liegst du manchmal auch daneben mit deiner Einschätzung? Entweder im sozialen Kontext oder bei einem formalen Reading?«

M »Auf jeden Fall. Manchmal sind meine Readings oder Aussagen nicht akkurat, aber es ist auch gar nicht mein Ziel, akkurat zu sein.«

T »Was ist dein Ziel?«

M »Herb Dewey, ein alter Hase der Wahrsagerszene, sagte einmal: Lass deine Klienten immer besser zurück, als du sie gefunden hast.«

T »Eine gute Philosophie.«

M »Mein Ziel ist ein gutes Gespräch, eine menschliche Verbindung und, in einem formalen Reading, dass mein Gegenüber etwas über sich selber lernt. Dafür muss nicht alles, was ich sage, akkurat oder beeindruckend sein.«

T »Und wenn man aufmerksam ist, lernt man in jedem Gespräch, mit sich selbst oder mit anderen, etwas über sich selbst.«

M »Auch das. Am Ende eines Readings frage ich mein Gegenüber immer: Fühlst du dich besser? Und wenn die Person sich besser fühlt, war mein Reading zu 100 Prozent erfolgreich. Sogar, wenn es nur zu 5 Prozent akkurat war.«

T »Diese Einstellung kann man, glaube ich, gut in jeden anderen Lebensbereich übertragen: die Kunst, ein Meeting, ein Gespräch, ein Date, eine geschäftliche Beziehung. Wenn sich dein Gegenüber nachher besser fühlt als zuvor, dann war der menschliche Austausch zu 100 Prozent erfolgreich.«

M »Ohne Zweifel. Jeder, der mit dieser Einstellung durchs Leben geht, gibt der Welt etwas unglaublich Wertvolles.«

T »Magie.«

M »Magie.«

T »Danke, für deine Zeit.

Kapitel 21

Das Umkehrprinzip – oder: Der menschliche Spiegel

Dass wir alle uns im Großen eigentlich ziemlich ähneln, trifft nicht nur auf unsere menschlichen Erfahrungen, sondern auch auf unser Verhalten und ganz spezifisch auf unsere angeborene Körpersprache zu. Obwohl große Teile unserer Mimik und Gestik erlernt und kulturell beeinflusst sind (schau zum Beispiel nach Italien, wo ganz anders gestikuliert wird als hier), sind ihre Grundformen angeboren und werden von allen Menschen weltweit geteilt. Die Wissenschaft hat das schon häufig eindrucksvoll belegt. Eine bekannte Studie von Jessica Tracy und David Matsumoto untersuchte zum Beispiel das Verhalten an mehreren Athleten, die von Geburt an blind waren. Wenn diese Athleten einen Wettbewerb gewannen, warfen sie ausnahmslos vor Freude den Kopf in den Nacken, lachten und schmissen die Arme in die Luft. Wenn sie einen Wettstreit verloren, ließen sie allesamt betrübt Kopf und Schultern hängen. Genauso, wie du und ich das wohl auch tun würden. Der Punkt dabei ist, dass keiner dieser Athleten jemals einen anderen Menschen diese Bewegungen hat ausführen sehen, sie waren ja von Geburt an blind. Die Schlussfolgerung: Bestimmte Facetten unserer Körpersprache sind angeboren.

Anderes Beispiel: Dr. Paul Ekman, Entdecker der sogenannten Mikroexpressionen, besuchte einen von der Außenwelt weitestgehend abgeschlossenen Stamm in Neuguinea. Er zeigte den Stammesmitgliedern Fotos von Menschen, die in ihrer Mimik verschiedene Emotionen ausdrückten (etwa Freude, Trauer oder Wut). Mithilfe eines Übersetzers stellte Ekman fest, dass die Menschen dort jeden Gesichtsausdruck problemlos der korrekten Emotion zuordnen konnte. Wieder war die Schlussfolgerung: Teile unserer Mimik sind angeboren, ebenso wie das instinktive Verständnis dieser Mimik. Dieses Wissen um die Universalität von Mimik und Gestik machen wir uns beim sogenannten *Umkehrprinzip* zunutze, um uns in unser Gegenüber hineinzuversetzen.

Gedanken beeinflussen den Körper … und umgekehrt

Wenn du dich traurig fühlst, wie verhält sich dein Körper dann? Richtig: Du machst dich klein, sinkst zusammen, verlierst womöglich Spannung und Haltung. Wenn du dich glücklich fühlst, wie zeigt dein Körper das? Genau: Du richtest dich auf, ziehst die Schultern nach hinten, machst dich groß und bringst gesunde Spannung in die Körperhaltung. Wenn du dich traurig fühlst, dann aber eine positive Körperhaltung einnimmst und lächelst, was passiert dann? Erstaunlicherweise fühlst du dich besser. Das liegt daran, dass unsere Emotionen und Gedanken zwar den Körper beeinflussen, das Ganze aber auch umgekehrt funktioniert. Positive Körperhaltung ist direkt mit positiver Emotion verbunden, negative Körperhaltung mit negativer Emotion. Wir sind darauf konditioniert, uns bei bestimmten Körperhaltungen oder bestimmten mimischen Ausdrücken auf eine bestimmte Art und Weise zu fühlen.

Auch das ist bei allen Menschen im Grunde gleich. Das bedeutet, dass du, wenn du zwei Menschen mit ganz ähnlicher Körperhaltung und ähnlichem Gesichtsausdruck siehst, zu Recht davon ausgehen kannst, dass sie sich zumindest vergleichbar fühlen. Die Gründe ihrer Emotion sind wahrscheinlich andere (vielleicht ist die eine Person sauer, weil sie sich den kleinen Zeh gestoßen hat, und die andere Person, weil sie sich gerade mit einer Kollegin gestritten hat), aber die unterliegende Emotion ist ähnlich. Um das Umkehrprinzip zu verstehen und anzuwenden, müssen wir die folgenden beiden Punkte im Kopf halten:

- Die Basis der Körpersprache ist bei allen Menschen gleich.
- Emotion beeinflusst die Körpersprache, und Körpersprache beeinflusst die Emotion.

Das Umkehrprinzip ist im Grunde sehr simpel. Du nimmst die Körpersprache deines Gegenübers an und erlaubst deiner Körpersprache, deine Emotion zu verändern. So fühlst du, was dein Gegenüber fühlt, und kannst dich effektiv in es hineinversetzen. Das ist natürlich etwas leichter gesagt als getan, weshalb ich dir die Lernkurve dieser Technik in vier Schritte unterteilt habe.

Schritt 1: Bewusstwerdung

Oftmals merken wir gar nicht bewusst, wie sich unsere Körpersprache mit unserer Emotion verändert. Der erste Schritt zur Meisterung des Umkehrprinzips ist deshalb Bewusstwerdung. Versuche, bewusster darauf zu achten, wie sich deine Körpersprache in bestimmten Situationen verhält. Manchmal sind die Unterschiede ziemlich subtil. Lenk deine Aufmerksamkeit auf deine Schultern (Sind sie straff zurückgezogen, oder hängen sie schlaff nach vorne?), deine Füße (Stehst du breit, schmal, gar auf einem Fuß?), deine Beine (Stehst du stabil oder wackelig?), deinen Kopf (Hältst du ihn stolz oben, oder lässt du ihn wortwörtlich hängen?). Für diesen Schritt brauchst du deine Körpersprache noch nicht zu ändern. Es geht nur darum, dass du merkst, wie sehr Gefühl und Körpersprache miteinander verbunden sind.

Schritt 2: Bewusste Änderung

Der nächste logische Schritt ist natürlich anzufangen, deine eigene Körpersprache bewusst zu ändern. Nimm bewusst eine andere Körperposition ein oder verändere deine Mimik und fühle, wie sich deine Emotionen in Folge dessen ebenfalls verändern. Anfangs hilft es, deine Körpersprache ins genaue Gegenteil deiner momentanen Gefühlslage zu ändern (wenn du dich gut fühlst, nimmst du zum Beispiel eine traurige Haltung ein und umgekehrt). So bekommst du den spürbarsten Unterschied. Später nimmst du kleinere Änderungen vor und lernst, auch subtile Gefühlsschwankungen bewusst wahrzunehmen.

Schritt 3: Bewusst die Körpersprache anderer kopieren

Sobald du ein Gespür für deine eigenen Emotionen und ihre Verbindung mit deiner Körpersprache bekommen hast, ist es an der Zeit anzufangen, die Emotionen deiner Mitmenschen zu spüren. Statt deine Körperhaltung beliebig zu verändern, achtest du jetzt auf Menschen um dich herum und versuchst, ihre Körpersprache, soweit es geht, zu kopieren. Cafés sind ein guter Ort, um das zu üben. Such dir einen Tisch aus, der etwas entfernt von dir steht, und kopiere Gestik und Mimik einer der daran sitzenden Personen. Achte darauf, wie du dich dabei fühlst (neben der vermutlich kurzfristig einsetzenden sozialen Unbehaglichkeit und Angst davor, entdeckt zu werden … alternativ kannst du auch Leute aus Talkshows im Fernsehen oder in Onlinefilmchen auf diese Art kopieren). Irgendwann wirst du merken, dass es reicht, die Körperhaltung anderer Personen nur anzudeuten, um einen Gemütswandel bei dir selber hervorzurufen. Übung macht diesen Prozess schneller und zuverlässiger.

Schritt 4: Denke dich in deine Mitmenschen hinein

Die Körpersprache physisch einzunehmen, ist im Grunde eine Hilfestellung. Du wirst schnell realisieren, dass es reicht, wenn du die jeweilige Körperhaltung deines Gegenübers nur andeutest oder sogar nur daran denkst. Wenn du dir detailliert vorstellen kannst, wie es wäre, die Körpersprache deines Gegenübers zu kopieren, wird auch das einen Wechsel im Gemütszustand bei dir hervorrufen. An diesem Punkt bewegst du dich weg vom bewussten Einsatz des Umkehrprinzips und hin zum intuitiven (sprich: automatischen, unbewussten) Eindenken in dein Gegenüber.

Das Umkehrprinzip wird mitunter von Profilern in Amerika genutzt, um ihnen unbekannte mimische Ausdrücke eines Verdächtigen im Verhör zu deuten. Sie wiederholen bewusst den Gesichtsausdruck der zu verhörenden Person, um festzustellen, wie diese sich bei einer bestimmten Aussage vermutlich gefühlt hat. Diese Technik liest sich relativ simpel, ist aber extrem effektiv, um dir auf authentische Art und Weise ein Gefühl für dein Gegenüber zu verschaffen.

Kapitel 22

Interview mit Enrique Enriquez – oder: Was uns Toffifee über das Schicksal lehren – oder: Wie man mit den Vögeln spricht

In diesem Buch hast du mich oftmals gegen Astrologie, Tarotkarten und andere Horoskope wettern hören. Dabei bin ich gar nicht gegen diese Werkzeuge an sich. Viele Horoskope bringen eine reiche kulturelle Vergangenheit mit sich und sind konzeptuell wunderschön erdacht. Das, wogegen ich mich ausspreche, ist die nicht fundierte Autorität, die solchen Orakeln oftmals zugesprochen wird. Also der Gedanke, dass solche Orakel sich externer höherer Mächte bedienen, die dann Antworten und Hilfestellungen geben können, die sich über das menschliche Maß erstrecken.

In meiner Arbeit als Coach habe ich tatsächlich häufig verschiedene Orakel benutzt, um meinen Klienten zu neuen Einsichten zu verhelfen. Der Ansatz dabei ist aber keiner, der dem System bestimmte Kräfte zuspricht, sondern es ist vielmehr so, als würde ich dem Klienten mithilfe des Orakels einen Spiegel vorhalten. Oder vielleicht eher, als würde er sich mithilfe des Orakels selbst Zutritt zu einem ganzen Spiegelkabinett verschaffen, in dem er seine Situation aus einer Vielzahl neuer Blickwinkel betrachten kann.

Ich sehe also durchaus den Mehrwert in der reflektierten Nutzung von Orakeln. Sogar so sehr, dass ich mir manchmal selber die Karten lege, um mich einem Problem mit einer neuen Sichtweise zu nähern. Das ist nämlich genau der Nutzen von Orakeln: Sie funktionieren als eine Art Zufallsgenerator externer Stimuli (zum Beispiel in Form einer zufällig gezogenen Orakelkarte), die wir dann mithilfe unserer Mustererkennungsnatur an unsere vorliegende Situation zu koppeln versuchen. Gerade *weil* diese Stimuli absolut zufällig generiert werden, müssen wir in diesem Prozess neue Verknüpfungen legen. Sagen wir, ich frage mich, was ich studieren sollte. Medizin oder Philosophie?

»Medizin«, sagt mir die eine Hälfte meiner Freunde, »da verdienst du mehr Geld.« – »Philosophie«, sagt die andere Hälfte, »das ist mehr dein Ding.« Ich ziehe eine Tarotkarte. (*Der Tod.* Fuck … okay, neue Karte.) *Der Narr.* Okay, denke ich jetzt, wie verhält sich diese Karte zu meinem Problem? Abgebildet ist ein junger Mann auf Reisen. Vielleicht ist das die bessere Option? Erstmal ein Jahr reisen? Plötzlich eröffnet sich mir eine Option, an die ich vorher nicht gedacht habe. Vielleicht mache ich das auch wirklich. Aber dann eben nicht, weil die Karten es mir vorhergesagt haben, sondern weil ich durch sie einen neuen Lösungsansatz auf ein altes Problem gefunden habe. Es könnte auch sein, dass ich denke: ›Der Narr, ein Künstler, ein Entertainer, eine Art Clown. Vielleicht studiere ich weder Philosophie noch Medizin, sondern Theater! Ich werde Entertainer!‹ Und wieder hat sich ein neuer Lösungsansatz gefunden. Oder ich denke: ›Der Narr, ein Freigeist, ein Denker, das passt eher zu Philosophie.‹ Und dann merke ich, dass ich dem Gedanken eigentlich gar nicht so abgeneigt bin und es eigentlich nicht besonders schade fände, nicht Medizin zu studieren. Wieder löse ich mein Problem über den zufällig generierten neuen Blickwinkel mithilfe eines Orakels. Dir ist vermutlich klar, dass obiges Beispiel mit *jeder* Karte und *jedem* Problem funktioniert (oder auch mit *jedem* anderen Orakel). Nur sind wir so gut darin, Muster zu finden, dass wir uns beim Tarotlesen im Nachhinein selber davon überzeugen, dass nur *diese eine* Karte gepasst hätte, dass ihr Erscheinen Schicksal war, dass die Karten wirklich eine höhere Autorität besitzen. Wer sich solchen Gedanken hingibt, begeht wieder die *Transcendental Choice*: den Fehler, sich selbst Glauben zu machen, dass ein bestimmtes Orakel wirklich eine externe Macht besitzt, anstatt sich daran zu erinnern, dass es sich dabei um ein zwar magisches, aber nicht übernatürliches Spiel mit dem eigenen Geist und dem menschlichen Interpretationsvermögen handelt.

Hier ist eines meiner liebsten Orakel, welches ich vor allem im Frühling und Sommer fast jeden Tag bei meinem morgendlichen Spaziergang benutze. In Amsterdam, im Park bei mir vor der Tür, lassen sich jedes Jahr viele Elstern nieder. Es gibt einen alten englischen Reim, der besagt, dass die Anzahl der gesichteten Elstern (oder alternativ Krähen, aber ich mag Elstern lieber) uns die Zukunft offenbart:

One for sorrow
Two for joy
Three for a girl
Four for a boy
Five for silver
Six for gold
Seven for a secret
never to be told
Eight for a ring
Nine for a kiss
Ten for a bird
you don't want to miss

Es gibt eine Reihe von Variationen auf diesen Reim, aber der Grundgedanke ist immer derselbe. Je nachdem, wie viele Elstern du siehst, weißt du (angeblich), was dich erwartet. Siehst du zwei Elstern: Glück gehabt! Da kommt Freude auf dich zu. Siehst du sechs Elstern: Gold! Welche Art von Gold das wohl sein mag? Siehst du nur eine Elster … dann such besser noch nach einer zweiten.

In unserem modernen Ansatz zur Arbeit mit Orakeln drehen wir den Prozess um. Statt bei einer Elster zu denken: ›Oh nein, mich erwartet Sorge‹, nutzen wir die Anzahl Elstern als zufällig generierten Stimulus, um unsere momentane Reaktion zu reflektieren. Welche Sorgen beschäftigen uns grade? Und was können wir dagegen tun? Oder, bei sieben Elstern: Welches Geheimnis tragen wir mit uns? Wäre es besser, wenn wir es lüften würden? Vermuten wir ein Geheimnis bei anderen? Sollten wir sie darauf ansprechen? Je nach Situation interpretieren wir dasselbe Resultat unseres Orakels anders und nutzen es so als Sprungbrett, um uns unseren Gedanken, Überzeugungen und Sorgen auf neuartige Weise zu nähern.

Es gibt einen Mann, Enrique Enriquez, der besonders viel über das reflexive Potenzial der Orakel weiß. Im Folgenden teile ich mit dir einen Auszug aus unserem (sehr langen, sehr merkwürdigen, sehr tiefgründigen – glaube ich zumindest) Austausch per E-Mail.

Der Mann, der mit den Vögeln spricht

2019 oder 2011 oder 2013, vielleicht auch 2023,
New York, USA, wahrscheinlich

Mittwochmorgen, im Park steht ein Mann, auf seinem Kopf trägt er einen Fedora (und es ist ein schöner Zufall, dass *Fedora* und *Feder* fast gleich klingen, und dieser Mann weiß, dass man schönen Zufällen schöne Bedeutungen zusprechen darf), auf seinem Schnabel eine Brille, ein Glas rund, das andere quadratisch (er hat vergessen, ob das linke oder rechte Glas rund oder quadratisch ist, aber das macht nichts, denn er weiß, dass *links* und *rechts* genau wie *du* und *ich* manchmal ihre Plätze tauschen). In der einen Hand hält er ein Loch. Um das Loch herum befindet sich eine Postkarte. In seiner anderen Hand hält er ein zwitscherndes Holz. Er spricht mit den Vögeln, und die Vögel sprechen zurück.

Der Mann hört zu. Er interpretiert. Er geht nach Hause.

Wo er stand, bleibt ein Loch zurück. Ein Wirbelwind aus blau-weiß glänzenden Federn trägt es mitsamt seiner Postkarte davon.

---

1. Januar 2020

Ich schreibe:

> Lieber Enrique Enriquez,
>
> danke, dass du dich bereiterklärt hast, mit mir zu sprechen. Mein Buch *Kennen wir uns?* handelt, wie bereits erwähnt, von der Anwendung von Cold-Reading-Techniken, um eine authentische Verbindung mit unseren Mitmenschen aufzubauen.
>
> Ich bin neugierig: Wie definierst du Cold Reading? Und was sind die Grenzen des Cold Reading?
>
> Liebe Grüße aus Amsterdam
>
> *Timon*

—

1. Januar 2020

Enrique Enriquez schreibt:

Hallo Timon,

wenn ich dem anderen meine leere Hand zeige, wird er sein eigenes Schicksal in den Linien meiner Handfläche lesen.

Heraclitus schreibt, dass das Orakel von Delphi weder offenbarte noch verschleierte, sondern dass es schlichtweg Zeichen gab. Wir sind als Orakel in unsere eigenen Stimmen verliebt. Wenn wir endlich ein für alle Mal still sein könnten, würden wir merken, dass die Stille nicht lange leer bleibt. Sobald wir uns zurückziehen, füllt unser Gegenüber die Leere. Ein Zeichen zu geben, bedeutet, ein undurchsichtiges Objekt anzubieten, das von jedem Blickwinkel aus durchleuchtet werden kann. Orakel limitieren sich selbst, weil sie stets versuchen, richtig zu liegen. Erst wenn wir falsch liegen, kreieren wir neuen Raum.

Um ein Orakel als generierenden Prozess zu verstehen – als die Eröffnung eines Raums, in dem nicht rationale Antworten zu unerwarteten Intuitionen führen –, müssen wir Poesie kultivieren. Eine Welt ohne Poesie wird reduziert auf den Tanz zwischen Schwindler und Angeschwindeltem.

Wir machen aus allem einen Spiegel. Deshalb bevorzuge ich die Undurchsichtigkeit. Ich schalte das Licht aus und warte, dass mein Gegenüber es wieder anschaltet. Denn um das Licht wieder anzuschalten, muss mein Gegenüber zuallererst realisieren, dass es Klarheit braucht.

All my best, EE

—

In meinem Zimmer hängt ein Bild, hängt ein Spiegel, hängt ein Bild, hängt ein Spiegel, hängt kein Bild, steht eine Wand, steht ein Spiegel. Neben der Wand ein Bücherschrank (ein Spiegel). Neben dem Bücherschrank eine Tür, neben der Tür ein Lichtschalter.

10. Januar

Ich schreibe:

Lieber Enrique,

danke für deine Antwort. Dazu habe ich zwei Gedanken.

Erstens: Wenn wir still bleiben, wird die Stille sicher gefüllt. Sind Orakel demnach falsch benannt? Seine Wurzeln hat der Name im lateinischen *orare* – »sprechen«.

Zweitens: Wenn wir, als Orakel, danebenliegen, bringen wir unser Gegenüber dazu, einen Prozess der Übersetzung anzugehen. Wenn wir richtigliegen, wird die Information eins zu eins aufgenommen und akzeptiert. Liegen wir falsch, muss unser Gegenüber selber nach Bedeutung suchen und die »falsche« Information für sich passend übersetzen. Übersetzung ist der Grundstein von Inspiration und Kreativität.

Gute Gedanken aus Amsterdam,

Timon

—

11. Januar

Enrique Enriquez schreibt:

Hallo Timon,

das Orakel spricht, aber es ist eine undurchsichtige Stimme. Die Unergründlichkeit des Orakels bringt den Fragenden dazu, selber Bedeutung zu finden. Es ist dieser Prozess der Bedeutungsfindung, der wertvoll ist, nicht das Resultat.

Stille ist eine Eigenschaft der Sprache. Ich verstehe Stille nicht nur als die Abwesenheit des Wortes, sondern auch als einen Rückzug. Poesie ist nicht an Sprache gebunden. Du hast richtig erkannt, dass poetisches Wissen nicht eins zu eins als Information übertragen wird. Ich weiß selbst meistens nicht, was ich eigentlich meine, und hoffe, dass mein Gegenüber es mir verrät.

Vor einigen Jahren fing ich an, Menschen, die mich kontaktierten, Nachrichten mit Vogelgeräuschen zu schicken. Dafür benutze ich Vogelstimmen: kleine Artefakte aus Holz und Metall, die das Zwitschern eines Vogels imitieren.

(Das alles hat mit meiner Obsession rund um die sogenannte Sprache der Vögel zu tun: eine poetische Legende, die ich seit 20 Jahren verfolge. Meine Vogelstimmen sind der direkte Ausdruck dieser Legende. Ich nehme diese Stimmen auf und schicke sie jedem, der mich während dieses Tages kontaktiert.)

Manchmal bekomme ich »This is exactly what I needed to hear today!« oder »Wenn ich deine Vogelstimmen bekomme, weiß ich, dass alles in Ordnung sein wird!« zurück. Manchmal hören Menschen aber auch ganze Nachrichten oder die Stimmen ihrer Verstorbenen in meinem Vogelgezwitscher. Einmal schrieb mir jemand, dass er meine Vogelstimmen im Notfallsaal des Krankenhauses hörte, als er wiederbelebt wurde.

All my best, EE

—

Einmal sprach eine Elster zu mir.

»Geh heute Abend spazieren«, sagte sie, »geh an die frische Luft.«

Eigentlich sagte sie: »*Tschip-tschippe-tschippe-tschip-tschiptschip.*« Aber der Rhythmus ihrer Worte, die gefundene Bedeutung, waren für mich eindeutig.

»Geh heute Abend spazieren. Geh an die frische Luft.«

(Die Sprache der Vögel wird nicht gesprochen, sondern gehört.)

—

22. Januar

Ich schreibe:

Enrique, nochmal zu meiner vorigen Frage: Hast du Tipps für meine Leser, wie sie den Prozess des Orakels nutzen können, um sich selber zu lesen?

—

22. Januar

Enrique Enriquez schreibt:

birdvoices.mp3 – recorded wednesday morning, central park

—

23. Januar

Ich schreibe:

Thank you. I love your bird voices. This is just what I needed to hear today.

—

23. Januar

Enrique Enriquez schreibt:

Timon, sag deinen Lesern, es würde uns allen guttun, eine Beziehung zum Unsichtbaren aufzubauen. Nicht nur, um es sichtbar zu machen, sondern auch, um es in seiner Unsichtbarkeit zu akzeptieren. Die Beziehung zum Unsichtbaren ist eine indirekte Beziehung über die Welt der Formen. Formen haben einen emotionalen Einfluss auf uns, sogar dann (oder gerade dann), wenn wir ihn nicht in Worte fassen können. Formen sind nicht dasselbe wie Bilder. Bilder sind die Stimme der Formen. Mit Bildern meine ich jede tastbare Erfahrung: ein Bild, eine Frucht, ein Teil des Bürgersteigs, dessen wir uns plötzlich bewusst wurden, weil wir einem Riss im Asphalt ausgewichen sind. Wenn wir der Stimme der Formen unsere Aufmerksamkeit geben, können wir anfangen, die Welt als Text zu verstehen. Wir werden der Ursprung des Orakels. Wir erlegen der Welt um uns herum symbolische Bedeutung auf. Wir brauchen uns nicht länger auf ein externes Werkzeug zu verlassen, weil durch uns alles zum Symbol werden kann.

All my best, EE

—

Ein Spiel mit dir selbst: An wie vielen Orten kannst du in deinem Leben die Zahl 23 finden?

Ich lebte im Haus Nummer 32, 23 umgekehrt; ich komme regelmäßig an Gate 23B an und fliege oft genug von 23C ab (B ist der zweite, C der dritte Buchstabe im Alphabet); mein Name hat 5 Buchstaben (2 und 3 sind 5); um 23:23 wünsche ich mir was; im Kino suche ich uns Platz 23 und 24 aus, oder Reihe 3 Platz 2, oder Reihe 2 Platz 3, oder (noch besser) Reihe 5 Platz 2 und 3; meine Hotelzimmertür: 23.

Eine Toffifee-Packung hat 23 Löcher. Was lehrt uns das über das Schicksal?

14. Februar 2020

Enrique Enriquez schreibt:

Timon,

zwei Menschen blicken auf einen Knoten. Der eine möchte heiraten, der andere möchte fort. Der erste sieht einen Segen, der zweite einen Fluch. Erst wenn ihre Blicke sich kreuzen, verstehen wir das gesamte Wesen des Knotens.

Das Orakel der Zukunft wird jemand sein, der in der einen Hand einen Locher, in der anderen Hand einen Stapel weißer Karten hat. Wenn eine Person kommt und nach Antworten sucht, stanzt das Orakel ein Loch in eine Karte und gibt sie der Person, ohne ein Wort zu sagen.

Wenn ein Orakel ein undurchsichtiges Objekt ist, dann ist in diesem Fall die Karte das Undurchsichtige. Das Loch erlaubt es der Person hindurchzublicken, *to see through. Trou* ist das französische Wort für »Loch« und *trouver* bedeutet »finden«. Ein französisches Wort für »Karte« ist *lame*, welches ein Doppelleben als *l'ame*, »die Seele«, führt. Ein Loch in die Karte zu stanzen, ist, durch die Seele zu blicken.

All my best, EE

—

Brückenrestaurant, Autobahn Nähe Bremen. Auftritt abgeschlossen, Pause auf dem Nachhauseweg. Als wir die Raststätte verlassen, fällt unser Blick auf einen gläsernen Automaten. In roten Lettern auf beigem Untergrund steht »Zoltar«. Hinter der Scheibe: eine Puppe mit starrem Gesicht, vergilbtem Turban auf dem Kopf und einer angeschlagenen Kristallkugel auf dem Schoß. Dazu ein Versprechen: »Offenbart die Zukunft für nur einen Euro.«

Die Münze klickt, Gewinde klappern, in der Kristallkugel flackert ein Licht. Ein Kärtchen fällt unten am Automaten heraus. Ich entfalte mein Horoskop und verstehe kein Wort: Der Text ist auf Italienisch.

3. März 2020

Enrique Enriquez schreibt:

Hallo Timon,

schön von dir zu hören. In Lower Eastside gibt es auch so eine Wahrsagemaschine, direkt vor dem Gem Spa, einem miesen kleinen Lädchen, das

Zigaretten und Illustrierte verscherbelt, welches aber berühmt ist, weil Ted Berrigan, der bekannte Poet, direkt davor, auf dem Bürgersteig, Versammlungen abhielt und mit seinen Jüngern über Poesie sprach.

All my best, EE

—

4. März 2020

Enrique Enriquez schreibt:

Vielleicht hat so ein Automat einen Vorteil gegenüber dem menschlichen Orakel oder dem Cold Reader. Nämlich dass der Suchende nicht auf eine Erklärung wartet, sondern den Akt des Entschlüsselns, der Sinnsuche, einfach akzeptiert. Der Stimme des Orakels wohnt Poesie inne. Sie konstruiert Bedeutung. Der spanische Philosoph María Zambrano schrieb, dass die Frage immer philosophisch, doch das Finden immer poetisch ist.

Orakel basieren auf Zufall. Früher oder später wird eine zufällige Konfiguration der Welt der Formen uns beinahe wundersam erscheinen. Die Autorität, die wir in solchen Momenten dem Orakel zuschreiben, ist der einzige Unterschied zwischen einem Orakel und Poesie.

All my best, EE

Mitte März 2020, alle Shows abgesagt, alle Reisepläne aufgegeben, eine Krankheit geht um die Welt, ich sitze auf meinem Balkon und mache mir Sorgen. Auf dem Kirchdach gegenüber sitzt, *one for sorrow,* eine einzelne Elster.

Mein Blick fällt auf ein Stückchen Papier auf dem Tisch. Bei näherer Betrachtung: eine Postkarte mit Loch. Ich schaue noch genauer hin: ein Loch, mit Postkarte drumherum. Ich schaue noch genauer hin und blicke hindurch. Auf dem Vordach der Kirche erblicke ich lachend eine zweite Elster. Im Park hinter dem Haus fangen sich Sonnenstrahlen in einem blau-weiß glänzenden Wirbelwind aus Federn.

Kapitel 23

Die Kunst der Bibliomantie – oder: Pro captu lectoris habent sua fata libelli

Ein Leben als Leser hat mich drei Wahrheiten gelehrt.

Du kannst das gleiche Buch, aber nie dieselbe Geschichte nochmal lesen.

Sogar dann, wenn du das zuvor Gelesene in der Zwischenzeit vergessen hast. Die Geschichte ist nicht, was schwarz-weiß gedruckt fest auf den Seiten des Buches steht. Sie ist stattdessen eine Synthese aus Symbol, oder den Worten, und dem Sinngebenden, dir.

Wenn du ein Buch liest, liest du immer auch dich selbst.

Diese Synthese entsteht aus einem Prozess, der in zwei Richtungen funktioniert. Die (ursprünglich bedeutungslosen) Symbole auf dem Papier (ihre Formen erlangen ihre Bedeutung schlichtweg durch soziale Absprachen und ein geteiltes Verständnis) werden durch dich, den Leser, und deine Erfahrungen mit Bedeutung aufgeladen. Zugleich wird dir über die an die Symbole geknüpften Assoziationen (Wortbedeutungen, Erinnerungen, bestimmte Bilder, implizierte Gedankengänge) ein frischer, reflexiver Blickwinkel auf deine Erfahrungen eröffnet. Teile ihrer Sinnhaftigkeit rücken ins Licht, während andere, oftmals zuvor scheinbar wichtige, Teile sich im Schatten verlieren.

Pro captu lectoris habent sua fata libelli.[8]
(Je nach Fähigkeit des Lesers finden die Büchlein ihre Schicksale.)

Deshalb entsteht jedes Buch (im Sinne des geschriebenen Wortes, nicht als gedrucktes Objekt), genau wie jedes andere Kunstobjekt (egal ob

8 Vers 1286, *De litteris, de syllabis, de metris*, Terentianus Maurus

tastbar oder nicht), mindestens zweimal: einmal zwischen Autor und Buch, im Schreiben, und nochmal zwischen Buch und Leser, oder Zuschauer, während des Lesens. In diesem zweiten Entstehungsprozess finden die Bücher, je nach Verständnis und Gedankenwelt des Lesers, ihr jeweiliges Schicksal.

Die Kunst der Bibliomantie

Bibliomantie (oder Bibliomantik) umschreibt das Wahrsagen mithilfe von zufällig aufgeschlagenen Buchseiten. Ursprünglich wurden dafür heilige religiöse Texte und Bücher benutzt, zum Beispiel die Bibel. Du kannst Bibliomantie aber natürlich mit jeder Art von Buch praktizieren.

Die Technik ist sehr simpel. Du denkst fest an eine Frage oder ein Problem, schlägst ein Buch auf und liest die ersten Worte, die du siehst. Dann reflektierst du darüber, wie diese Worte dir eine Antwort auf dein Problem sein könnten, und gelangst hoffentlich zu neuen Einsichten. Das Buch funktioniert also in diesem Fall als Zufallsgenerator für externe Stimuli, die du dann für dich als Orakel zur Selbstreflexion nutzt. Du kannst denselben Effekt natürlich mithilfe jedes anderen Orakels erreichen: Karten, Runen, Elstern. Vergiss dabei nur nicht, dass das Orakel keine Autorität darstellt. Die Sinngebung kommt immer von dir.

Ich selbst praktiziere drei Arten der Bibliomantie zum Vergnügen sowie zum tieferen Verständnis meiner selbst.

Zufällige Bibliomantie

Wenn du das nächste Mal vor einem Problem stehst, schau doch, ob ein zufällig generierter Akt der Bibliomantie dir weiterhilft. Nimm dazu das heutige Datum (oder irgendeine andere zufällige Zahl: per Zufallsgenerator, die Anzahl deiner Online-Follower, die Uhrzeit …) und addiere die Zahlen in diesem Datum zueinander. Der 23. März wird so zum Beispiel zur Zahl 26 (23 + 3). Oder, mit Jahr, zu 46 (23 + 3 + 20) oder zu 28 (23 + 3 + 2 + 0). Wie genau du die Zahlen miteinander addierst, ist egal. Das Ziel ist es, eine zufällige Zahl zu erhalten.

Stell dich jetzt vor dein Bücherregal (oder vor eines deiner Bücherregale) und zähle, angefangen von oben links, an den Büchern entlang, bis du zu deiner Zahl kommst (falls du aufgrund der Anzahl deiner Bücher eine größere oder kleine Zahl brauchst, versuche einfach, deine Zahl zu verdoppeln oder zu halbieren). Zieh das Buch, bei dem du auskommst, aus dem Regal. Schlag die mit deiner Zahl korrespondierende Seite auf (oder berechne nach Belieben eine weitere, zufällige Zahl). Auf dieser Seite zählst du ein letztes Mal bis zu deiner Zahl, und zwar Wort für Wort. Wenn du bei deinem zufällig generierten Wort angekommen bist, lies den dazugehörigen Satz oder Absatz. Wenn du möchtest, notiere dir den Satz oder mach ein Foto davon. Denke den Rest des Tages darüber nach, wie dieses Stück Text sich zu deinem Problem verhält und welche Erkenntnisse du daraus ziehen kannst. Solltest du nach einer Weile feststellen, dass du mit dem Ergebnis unzufrieden bist, kannst du den Prozess noch einmal mit einer neuen Zahl wiederholen.

Oftmals wird es auf den ersten Blick scheinen, als ob der Text rein gar nichts mit deinem Problem zu tun hat. Das ist aber genau der Sinn der Sache. Dieser Prozess des Zufalls zwingt dich, dein Problem aus einem neuen Blickwinkel zu betrachten.

Intuitive Bibliomantie

Statt ein Textstück zufällig auszuwählen, kannst du dich auch auf dein Bauchgefühl verlassen. Denk fest an dein Problem und stell dich vor dein Bücherregal. Lass deinen Blick frei über die Bände schweifen. Erlaube dir, einfach ein Buch aus dem Schrank zu ziehen (am besten, du denkst nicht bewusst darüber nach, welches Buch du wählst). Öffne das Buch an einer zufälligen Stelle, und lies den ersten Satz (oder Absatz), den du siehst. Schließe das Buch, und fahre fort wie oben beschrieben.

Längerfristige Bibliomantie

Du kannst ein zufällig gewähltes Textstück, oder ein Textstück das dich besonders anspricht, über einen längeren Zeitraum bewusst mit dir tragen und immer wieder reflektieren. Dieses Textstück wird, genau wie das wiederholte Lesen eines Buches, sowohl seine Bedeutung ändern als auch neue Einsichten liefern.

Für mich ist ein solches Textstück ein Zitat aus Richard Bachs *Jonathan Livingston Seagull* (*Die Möwe Jonathan*). Es begleitet mich schon seit meiner Kindheit und offenbart mir noch immer neue Facetten, sowohl über sich selber als auch über mich:

> »If our friendship depends on space and time, then when we finally overcome space and time, we've destroyed our own brotherhood. But overcome space, and all you have left is Here. Overcome time and all you have left is Now. And in the middle of Here and Now, don't you think that we might see each other once or twice?«

Bibliomantie hilft dir dabei, dich selber zu lesen. Im Grunde betreibst du jedes Mal, wenn du ein Buch liest, schon einen Prozess der Bibliomantie. In der Synthese aus Symbol und Persönlichkeit erschaffst du deine eigene Geschichte.

Nachwort

2020, Hamburg, Deutschland

»Eigentlich möchte jeder doch nur geliebt werden«, philosophiere ich. Henning schaut mich an. Seine Brille funkelt, ein bisschen gefährlich, ein bisschen weise. Er setzt zu einem Schluck von seiner Colada (nicht Virgin) an, hält inne, lässt seinen Blick erneut durch die Bar schweifen. Dann stellt er sein Glas ab, lehnt sich nach vorne, antwortet: »Nee. Nicht geliebt. Eigentlich möchte jeder bloß *verstanden* werden.«

Der Raum schwingt im langsamen Rhythmus des Dark Jazz weiter. Die Gespräche der Pärchen um uns herum klingen ein bisschen wie Vogelgezwitscher. An einer Wand sehe ich das Bild einer Möwe im Sturzflug. ›Jonathan?‹, denke ich und schlürfe an meinem Erdbeercocktail. Henning dreht sich zu mir und sagt: »Aber wenn man jemanden wirklich versteht. Also wenn man jemanden so richtig versteht, sich selbst oder jemand anderen, oder wenn man sich zumindest echt darum bemüht …«

»Was dann?«

»Ich glaube, dann kann man diese Person gar nicht nicht lieben.«

Wir kennen uns

Was für ein Glück, dass ich so viele schöne Menschen kennen darf! Einige davon haben zur Realisierung dieses Buches beigetragen.

Unsere Gastlehrer:

Richard Webster, mein Freund und Mentor.
Ian Rowland, Freund, Autor und Veranstalter geheimer Feste.
Rainer Mees, Freund und Tüftler, der Magie und Kaffee schenkt.
Mick Wilson, Freund und Lebemann trotz Gegenwind.
Enrique Enriquez, Freund und Meister der Sprache der Vögel.

Menschen, die hinter den Kulissen wirkten:

Danja Hetjens, Freundin, Lektorin, konstruktivste Kritikerin.
Karin Struckmann, Freundin und menschliche Resonanzkammer.
Joachim Schwochert, Freund und menschlicher Wegweiser.
Max Seidenstücker, Freund, Manager, und Hobby-Ornithologe.
Familie, Freundinnen, Freunde und Liebste.

Danke!

DU KANNST MIR HELFEN

Ich hoffe, dass dir *Kennen wir uns?* gefallen hat. Mir hat das Schreiben großen Spaß bereitet, und es ist mein Wunsch, dass diese Seiten etwas von meiner Freude auf dich übertragen konnten.

Wenn du magst, kannst du mir ein bisschen unter die Arme greifen. Als Künstler und Autor lebe ich vor allem von zweierlei: nämlich von Buch- und Ticketverkäufen. Hinterlasse deshalb gerne ein ehrliches Review oder eine Empfehlung zum Buch online, oder erzähl deinen Lieben davon. Vielleicht kommt ihr auch mal zu einer meiner Live-Shows. Ich würde mich geehrt fühlen.

Danke für deine Zeit und hoffentlich bis bald!

Quellen

Kapitel 1

Webster, Richard, *Quick and Effective Cold Reading*, 1985

Kapitel 2

Bayne, Rowan, *Interpretations and uses of research on »Barnum« personality statements*, 2007

Diamond, Michael Jay & Bond, Michael H., *The Acceptance of »Barnum« Personality Interpretations by Japanese, Japanese-American, and Caucasian American College Students*, 1974

Dickson, D. H. & Kelly, I. W., *The »Barnum effect« in personality assessment: a review of the literature*, 1985

Dmitruk, V. M., Collins, R. W. & Clinger, D. L., *The Barnum effect and acceptance of negative personal evaluation*, 1973

Forer, Bertram, *The Fallacy of Personal Validation: A Classroom Demonstration of Gullibility*, 1949

Furnham, Adrian & Schofield, Sandra, *Accepting personality test feedback: a review of the Barnum effect*, 1987

Stagner, Ross, *The Gullibility of Personnel Managers*, 1958

Gauquelin, Michel, *»Serienmörder Experiment« über Anzeige in der Zeitung »Ici Paris«*, 1968

Glick, Peter, Gottesmann, Deborah & Jolton, Jeffrey, *The Fault Is Not in the Stars: Susceptibility of Skeptics and Believers in Astrology to the Barnum Effect*, 1989

Hyman, Ray, *Cold Reading: How to Convince Strangers That You Know All About Them*, 1977

McLaren, Karla, *Bridging the Chasm Between Two Cultures, Sceptical Inquirer*, 2004

Milgram, Stanley, *Behavioral Study of obedience, 1963*

Poškus, Mykolas Simas, *A New Way of Looking at the Barnum Effect and its Links to Personality Traits in Groups Receiving Different Types of Personality Feedback*, 2014

Rogers, Paul & Soule, Janice, *Cross-Cultural Differences in the Acceptance of Barnum Profiles Supposedly Derived From Western Versus Chinese Astrology*, 2005

Schroeder, Harold E. & Leise, Carolee K., *Judging personality assessments: Putting the Barnum report in perspective*, 1976

Kapitel 4

Cattell, Raymond B. & Cattell, Heather E. P., *Personality Structure and the New Fifth Edition of the 16PF*, 1995

Cheung, Fanny M., Kwok Leung, Jian-Xin Zhang, Hai-Fa Sun, Yi-Quin Gan, Wei-Zhen Song, Dong Xie, *Indigenous Chinese Personality Constructs: Is the Five-Factor Model Complete?*, 2001

Costa, Paul & McCrae, R. R., *A five-factor theory of personality*, 1999

Heine, Steven J. & Buchtel, Emma E., *Personality: The Universal and the Culturally Specific*, 2009

Langer, Ellen, Blank, Arthur & Chanowitz, Benzion, *The Mindlessness of Ostensibly Thoughtful Action: The Role of »Placebic« Information in Interpersonal Interaction*, 1978

O'Keefe, Damian F., Kelloway, Kevin & Francis, Robbie, *Introducing the OCEAN.20: A 20-Item Five-Factor Personality Measure Based on the Trait Self-Descriptive Inventory*, 2012

Kapitel 5

Baucom, Donald H. & Greene, Roger L., *The Universality of Generalized Personality Statements*, 1979

Lorayne, Harry & Lucas, Jerry, *The Memory Book*, 1974

Kapitel 6

Carnegie, Dale, *How to Win Friends and Influence People*, 1936

Webster, Richard, *Numerology Magic*, 1999

Webster, Richard, *Chinese Numerology*, 2005

Kapitel 7

Navarro, Joe, *What Every Body Is Saying*, 2008

Kapitel 9

Dobelli, Rolf, *Die Kunst des klaren Denkens*, 2012
Rowland, Ian, *The Full Facts Book of Cold Reading*, 1998
Rowland, Ian, *Cold Reading For Business*, 2019
Rowland, Ian, *Super Psychic Readings*, 2019

Kapitel 10

Bandler, Richard, *The structure of magic*, 1975
Bandler, Richard, *Frogs into princes*, 1979
Erickson, Milton H. & Rosen, Sidney, *My Voice Will Go With You: The Teaching Tales of Milton H. Erickson, M. D.*, 1982
Grinder, John & Bandler, Richard, *Trance-Formations: Neuro-Linguistic Programming and the Structure of Hypnosis*, 1981
Heller, Steven, *Monsters and Magical Sticks*, 1987
Jacquin, Anthony, *Reality is Plastic: The Art of Impromptu Hypnosis*, 2008
Krause, Timon, *Hypnosis & Consciousness – An Examination of the Relationship Between Hypnosis and the Concept of Consciousness*, 2019
Rasmussen, Jørgen, *Provocative Hypnosis: The No Holds Barred Interventions of a Contrarian Change Artist*, 2008
Rasmussen, Jørgen, *Provocative Suggestions: A No Bullshit Combination of Hypnosis, NLP and Psychology with Difficult Clients*, 2015
Sommer, Carol, *Conversational Hypnosis: A Manual of Indirect Suggestion*, 1992

Kapitel 11

Lakoff, George & Johnson, Mark, *Metaphors We Live By*, 1980

Kapitel 12

Aristoteles, *Physiognomonica*
Beins, Bernard C., *Using the Barnum Effect to Teach About Ethics and Deception in Research*
Briggs, Katharine Cook, *Meet Yourself Using the Personality Paint Box*, 1926
Briggs, Katharine Cook & Myers, Isabel Briggs, *Briggs Myers Type Indicator Handbook*, 1944
Chalmers, Alan, *What Is This Thing Called Science?*, 1976
Erikson, Thomas, *Surrounded by Idiots*, 2014
Gauch, Hugh G., *Scientific Method in Practice*, 2002
Jung, Carl Gustav, *Psychologische Typen*, 1921
Marston, William Moulton, *Emotions of Normal People*, 1928

Medawar, Peter, *Advice To A Young Scientist,* 1979
O'Keeffe, Ciarán & Wiseman, Richard, *Testing alleged mediumship: Methods and results,* 2005
Taleb, Nassim Nicholas, *The Black Swan,* 2007

Kapitel 13

Hyde, Lewis, *Trickster Makes This World,* 1998
Krause, Timon, *Sartre & Magic,* 2017
O'Keefe, Daniel, *Stolen Lightning: The Social Theory of Magic,* 1982
Rowland, Ian, *The Full Facts Book of Cold Reading,* 1998
Rowland, Ian, *Cold Reading For Business,* 2019
Rowland, Ian, *Super Psychic Readings,* 2019
Sartre, Jean-Paul, *Sketch for a Theory of the Emotions,* 1939

Kapitel 14

Maslow, Abraham, *A Theory of Human Motivation, 1943*

Kapitel 15

Dantes, *[unbenanntes Dokument],* 1944
Gould, Roger, *Transformations,* 1978
Killion, Neil, *Life Cycles,* 2008
Shakespeare, William, *As You Like It,* 1623
Sheehy, Gail, *Passages,* 1974

Kapitel 18

Dr. Byung-Chul Han, *Vom Verschwinden der Rituale,* 2019
Mees, Rainer & Heine, Thomas, *Impressions From The Inner Mind,* 2006

Kapitel 21

Ekman, Paul, Sorensen, E. Richard & Friesen, Wallace V., *Pan-cultural elements in facial displays of emotion,* 1969
Ekman, Paul & Friesen, Wallace V., *Constants Across Cultures in the Face and Emotion,* 1971
Krause, Timon, *Du bist Mentalist!,* 2018

Matsumoto, David & Willingham, Bob, *Spontaneous facial expressions of emotion of congenitally and noncongenitally blind individuals*, 2009
Tracy, Jessica L. & Matsuomot, David, *The spontaneous expression of pride and shame: Evidence for biologically innate nonverbal displays*, 2008

Kapitel 22

Enriquez, Enrique, *Linguistick*, 2013
Enriquez, Enrique, *Tarology*, 2011
Enriquez, Enrique, *En Terex It: Encounters Around Tarot*, 2012
Enriquez, Enrique, *Ex Itent Er: Encounters Around Tarot*, 2012

Kapitel 23

Bach, Richard, *Jonathan Livingston Seagull*, 1970
Terentianus Maurus, *De litteris, de syllabis, de metris*, ca. 300

Timon Krause
Du bist Mentalist!
Wer Gedanken liest,
ist klar im Vorteil

2018. 256 Seiten

Auch als E-Book erhältlich

Erreiche, was du willst!

Willst du nicht auch schon immer wissen, wie deine Mitmenschen ticken und wie es gelingt, sie für dich einzunehmen? Timon Krause, amtierender »Best European Mentalist« und mit 23 Jahren der Jüngste, der je diesen Titel verliehen bekommen hat, verrät die wirkungsvollsten Tricks, mit denen du Menschen lesen, Lügen erkennen, dein Gegenüber beeinflussen und den eigenen Geist vollständig nutzen kannst.
In einem 24-Stunden-Programm lernst du, wie du dir Schritt für Schritt die bewährtesten Mentalisten-Techniken aneignen und Menschen dazu bewegen kannst, in deinem Sinne zu handeln. Der Clou: Niemand wird sich dabei manipuliert fühlen, sondern tatsächlich überzeugt.
Mit Timon Krause wirst auch du Gedanken lesen können!

campus.de

campus
Frankfurt. New York